イタリア料理の技法
Tecnica della Cucina Italiana

　イタリア料理は地方料理の集大成といわれるように、何々風という地方名のついた伝統料理が実に多い。そうした地方による違いや、素材ごとの特質、調理方法による分類、ソースによるバラエティと、いろいろな座標軸が複雑に絡みあって成り立っているのが、イタリア料理の特徴であり、おもしろさでもある。この多彩な側面を持つイタリア料理を、あるひとつの切り口でくくろうとすることはむずかしい。それならば結局、アット・ランダムにリチェッタをこなしていくだけしかないのか。頭の中で、自分なりに整理することはできないのか。この本では、あくまでもそのひとつの方法として、技法からのアプローチを試みた。どうしたらおいしいイタリア料理を作ることができるのか。たとえば煮込み料理においては、どこを手抜きせず、どのポイントを押さえればよいのか。もっとも素朴な疑問に立ち帰りたいと考えた。そこから、技法による共通性や展開の構図が、おぼろげながらにでも見えてくることを期待して。

イタリア料理の技法 目次
Tecnica della Cucina Italiana

技法からのアプローチ

●ゆでる
ボッリート・ミスト………19
ジェノヴァ風チーマ………24
ローマ風コッパ………26

　　肉のブロード………21
　　魚介のブロード………22

●揚げる
アーティチョークのユダヤ風………32
魚介のフリット………34
小魚の甘酢漬け………36
脳みそと胸腺肉のフリット………38
モッツァレッラ・チーズの重ね揚げ………40
ミラノ風仔牛のカツレツ………42

●煮る
サルサ・ボロニェーゼのガルガネッリ………49
ミネストローネ………52
カポナータ………54
トラステヴェレ風トリッパの煮込み………56
ピアチェンツァ風ストラコット………58
カッスーラ………60
仔羊のブロデッタート………62
ミラノ風オッソブーコ………64
ズッパ・ディ・ペーシェ………67
イカ墨のリゾット………70

　　スーゴ・ディ・カルネ………46
　　サルサ・ディ・ポモドーロ………48

●焼く
仔牛のスカロッピーネ、ロンバルディア風……74
アーティチョーク詰め仔牛のインヴォルティーニ…74
サルティンボッカ、ローマ風………75
仔羊のカッチャトーラ………80
鶏のジャンボネット、猟師風………83
ヴェネチア風レバーのソテー………86
腎臓のソテー………88
ミックス・グリル………90
メカジキのインヴォルティーニ………92
鶏の悪魔風………94
スズキの香草焼き………97
アリスタ………100
牛フィレ肉の紙包み焼き………104
ナスのパルミジャーナ………106
（ウイキョウのパルマ風………107）

●酢漬け・オイル漬け
海の幸のマリネ………110
野菜の酢漬け………112
野菜のオイル漬け………112
ヒシコイワシのオイル漬け………114

●技法に関する用語解説………118

プリーモ・ピアットの探究

- ●イタリア全国生パスタ紀行………134
- ●小麦とは、小麦粉とは、パスタとは………141
- ●パスタのクオリティを決めるもの………144
- ●パスタをゆでるキーワード………146
- ●自家製パスタ
  - フェットゥッチーネ………148　トマトペーストを練り込んだラヴィオリ………152
- ●17のリチェッテから探るプリーモ・ピアットのおいしさのコツ

PASTA
- ニンニクと赤トウガラシのスパゲッティ……156
- スパゲッティ・カルボナーラ……157
- アサリのスパゲッティ……158
- ジェノヴァ・ペーストのスパゲッティ……159
- リングイーネ、カニとアカザエビのソース……160
- ヴェジタリアン風ペンネ……162
- フズィッリ、グリーンアスパラガスと
  　ケイパーのクリームソース……163
- 鴨のラグーのフェットゥッチーネ……164
- トウモロコシとマスカルポーネ・チーズの
  　フェットゥッチーネ……166
- 鯛とホタテ貝のラヴィオリ、セージ風味……167

RISOTTO
- ミラノ風リゾット……168
- ポルチーニ茸と
  　いろいろなキノコのリゾット……171
- 魚介類のリゾット……174

GNOCCHI
- ジャガイモのニョッキ、
  　フォンティーナ・チーズのソース……176
- サーモン入りのニョッキ、オーロラソース……179

PIZZA・FOCACCIA
- ピッツァ・マルゲリータ……181・182
- フォカッチア………181・183

[座談会] **イタリア料理をより深く理解するために**………9

　　　　吉川敏明(カピトリーノ)
　　　　室井克義(ホテル西洋銀座「アトーレ」)
　　　　久保脇敏弘(ミオポスト)

- 第1部　イタリア料理の学び方………10
- 第2部　厨房からのメッセージ………123

イタリアの風土………4
アチェート(酢)の基礎知識………185
オリーブ油の基礎知識………188
メニューを書くためのイタリア語入門………192

　　　　　　　　主素材別料理名さくいん………191

指導｜吉川敏明(カピトリーノ)
　　　室井克義(ホテル西洋銀座「アトーレ」)
　　　久保脇敏弘(ミオポスト)

イタリアの風土

　イタリアは、わずか130年ほど前まで小国家群に分裂し、それぞれが独自の伝統と文化を築いていた。国家統一が成ったのは19世紀も後半である。近隣諸国によって統治された時代もあり、長い年月、都市国家間の競合の中にあったイタリアは、政治的・社会的・文化的に、いまなお、強い地方性を残している。その歴史的背景を受け継いだ形で、現在国家は、行政上の区分として20の州（regione）に分けられている。

　地理的にみると、国土は全長約1300kmと南北に長い。凹凸の激しい地形は山勝ちで、北はジェノヴァ付近でアルプスにつながり、南はシチリア島まで延びるアペニン山脈が、ちょうど長靴型のイタリア半島を縦断するように走る。さらに半島部分は、リグーリア海、ティレニア海、イオニア海、アドリア海という四つの海に囲まれ、気候風土は変化に富む。

　ここでは、イタリア料理の根ざす地方性を理解するために、州別に気候風土、食習慣、特産物などを簡単にまとめてみたい。

VALLE D'AOSTA
ヴァッレ・ダオスタ（アオスタ渓谷）

東京都とほぼ同じくらいの、イタリアでもっとも小さな州。スイス、フランスの国境と接する緑深き谷である。モンテ・ビアンコ（モンブラン）、チェルビーノ（マッターホルン）、モンテ・ローザなどの名峰に囲まれ、他の地域から隔離されたようなアオスタ渓谷には、高山植物群や珍しい野性動物など、手つかずの自然が多く残っている。冬はすっかり雪で埋もれ、ウインタースポーツのメッカに、夏はトレッキングやアルピニストたちの憧れの地となる。フランス語が第二公用語で、フランス名や、フランス語的な方言が多々ある。州都はアオスタ。古代ローマの兵士のキャンプに始まる古い街で、アウグストゥス帝の名に由来する。フォンティーナ・チーズはこの州特産のチーズ。

PIEMONTE
ピエモンテ

ピエディ・ディ・モンティ（piedi di monti）、すなわち山の足、山の麓という意味。ヴァッレ・ダオスタ州と同様、スイスとフランスの国境に接し、アルプスとアペニン山脈の高い山々に囲まれている。フランス料理の影響が強く、ワインやバター、チーズ等の乳製品を使った料理が多い。ちょうどイタリア半島の付け根を横断するように流れるポー川の源の地であり、その流域には広大なパダーナ平野をかかえる。この一帯は、イタリア第一の穀倉地帯で、イタリアの米作の五分の三が、この地域のヴェルチェッリとノヴァーラに集中しているといわれる。州都はポー川畔の街、トリノ。古い伝統の残る文化都市であるとともに、自動車産業を中心とする大工業都市でもあり、周辺の自動車、繊維、製鉄工場などは、イタリアの工業生産を支える大きな力である。白トリュフ（アルバ産）や、ロビオーラ、ゴルゴンゾーラ、カステル・マーニョなどのチーズは有名。

LOMBARDIA
ロンバルディア

アルプスを挟んでスイスに接する、商工業、畜産、農業の発達した豊かな州。紀元前6世紀にイタリア半島を征服したランゴバルド族に由来する名である。州の北側には、マジョーレ湖、ガルダ湖、コモ湖など、大小多くの湖が点在する。アルプスの雪解け水はこの湖水地方に流れ込み、やがてポー川に注いで、イタリア有数の穀倉地帯である肥沃なパダーナ平野をつくりあげている。ロンバルディア州が擁する中部の平原地帯では稲作が盛んで、季節になると一面に田園風景が見られる。州都ミラノは、イタリアの経済上の中心地で、ファッションの都としても有名。人工密度も最大のビジネス都市である。近郊には、コモ、ブリアンツァ、マントヴァ、ブレーシャ、ベルガモ、クレモーナなど、それぞれ繊維、石油化学、製鉄、機械、食品工業などを営む都市が点在し、活動的な地域を形成している。酪農も盛んで、ベル・パエーゼ、マスカルポーネ、ゴルゴンゾーラ、タレッジョなど、チーズ類も豊富。

TRENTINO-ALTO ADIGE
トレンティーノ＝アルト・アディジェ

オーストリアと国境を接する、イタリアで最北端に位置する州。アルプス山系の山々に囲まれて、スキー場も多く、ウインタースポーツが盛んである。公用語にドイツ語が取り入れられているなど、文化的にドイツ、オーストリアの影響が色濃い。トウモロコシの粉から作ったポレンタや大麦などのスープをよく食べる。

VENETO
ヴェネト

ポー川とその支流の形成する沖積平野からなり、北方では一部オーストリアとの国境に接し、東側はアドリア海に面する。平野部では、米、トウモロコシ、小麦などが栽培され、アドリア海からはカニやシャコ、ホタテ貝など豊富な魚介類が水揚げされる。アスパラガス、ラディッキオ（赤チコリ）、グラッパの産地として有名。州都ヴェネチアは、東方との貿易で繁栄した港町で、ここを経由して香辛料や砂糖、塩などがヨーロッパにもたらされた。

FRIULI-VENEZIA GIULIA
フリウリ＝ヴェネツィア・ジュリア

北イタリアではもっとも東に位置し、オーストリア、旧ユーゴスラヴィアと国境を接する。オーストリアやスロヴェニアの影響を強く受けてきた。州都はトリエステ。かつては東洋の国々との交易が盛んに行なわれていた港町である。美しい海岸線と砂浜は、夏のバカンスシーズンには多くの人々でにぎわう。養蚕業、トウモロコシや果物の栽培が主な産業。気温が低く、乾燥した風土が生み出すサン・ダニエーレの生ハムは有名。

EMILIA-ROMAGNA
エミリア＝ロマーニャ

ロンバルディア州との境に位置するピアンチェンツァから、アドリア海沿いのリミニにかけて、州の中央を貫通するようにエミリア街道が走っている。古代から交通の要衝として発達した州で、エミリア街道沿いにはパルマ、レッジョ・エミリア、モデナ、州都であるボローニャなどの町が並ぶ。ロンバルディア州との境を流れるポー川流域は豊かな穀倉地帯で、小麦とビートの栽培はイタリア随一。ぶどう栽培、牛や豚の飼育も盛んである。コマッキオと呼ばれる潟湖地帯ではうなぎ漁が行なわれ、アドリア海からの魚獲量も多い。パルマの生ハム、モデナのアチェート・バルサミコ、ボローニャのモルタデッラ（ソーセージの一種）、パルマ、レッジョ・エミリアのパルミジャーノ・レッジャーノ・チーズと、豊かな特産物に恵まれる。

LIGURIA
リグーリア

リグーリア海に面して、フランスまで細長く伸びるリグーリア州。美しいリヴィエラ海岸を有することで知られる。州都ジェノヴァは、イタリア最大の港湾都市で、中世には、ヴェネチアやピサと並んで海軍王国として繁栄した。このジェノヴァを境に、西側を「西リヴィエラ」、東側を「東リヴィエラ」という。リグーリア海から豊富な魚介類が揚がるいっぽう、州の北側には、アルプス山脈とアペニン山脈によって作られた渓谷地帯が続く。太陽に恵まれた温暖な気候は、オリーブや香草、花を豊かに育み、リグーリアをオリーブ油の一大産地にした。ペスト・ジェノヴェーゼの材料、バジリコをはじめとする香草類の産地としても有名。ジェノヴァという貿易港をかかえるこの地には、中近東やギリシア、サルデーニャからもたらされた料理も多い。

TOSCANA
トスカーナ

州都フィレンツェは、ルネッサンス発祥の地、芸術の町として名高い。──なだらかな丘陵地帯には小麦畑、ぶどう畑、オリーブ畑が連なり、ところどころに糸杉の並木、小高い丘の上には、中世の名残りをそのままとどめたような城郭都市が建つ──トスカーナの典型的な風景である。いっぽう海岸に向かっていくと、かつて海洋都市として繁栄を誇ったピサをはじめ、リヴォルノなどの海岸沿いの町があり、新鮮な魚介類が豊富に揚がる。フィレンツェ南部に位置するキャンティのワイン、フィレンツェ風Tボーンステーキに欠かせないキアーナ峡谷産の牛肉などは、世界的に知られている産物である。また、豆をよく食べることでも知られ、ルッカのいんげん豆畑は有名。

UMBRIA
ウンブリア

イタリアのほぼ中央に位置する。州都はペルージア。聖フランチェスコの地として名高いアッシジをはじめ、オルヴィエートやスポレートなど、中世の町並みが残る宗教的な町が多い。また、「緑のウンブリア」といわれるように、森、湖、川、牧草地、谷、丘陵と、豊かな自然に恵まれた、穏やかな地でもある。内陸部に位置するが、気候は温暖で、良質のオリーブ油を産する。ノルチャは黒トリュフ、豚の産地として有名。

MARCHE
マルケ

マルケ州とエミリア・ロマーニャ州の州境に、サン・マリーノ共和国がある。アドリア海に面して直線的な海岸線を

持ち、豊富な海の幸に恵まれている。州都アンコーナは歴史ある港町で、現在も重要な港湾都市。ウルビーノは美術の町として有名である。

LAZIO
ラツィオ

州都ローマはイタリアの首都であり、キリスト教世界の中心であるバチカン市国を擁する。ティレニア海とアペニン山脈の間に位置し、海の幸、山の幸の両方に恵まれている。羊の放牧も盛んで、羊乳から作るペコリーノ・ロマーノ・チーズは有名。乳飲仔羊はローマではアッバッキオと呼ばれ、好んで食べられる。トスカーナ州のマレンマからガエタに至るラツィオ地方は、ローマ文明の発祥の地だが、オスティアのような古代からの港はことごとく沖積土で埋め立てられ、砂浜となってしまった。唯一、チヴィタヴェッキアが、現在も港としての機能を果たしている。

ABRUZZO/MOLISE
アブルッツォ/モリーゼ

アブルッツォの州都はラクイラ。モリーゼの州都はカンポバッソ。アペニン山脈がもっとも荒々しい様相を見せる地であり、豊かな自然とともに厳しい気候をもたらしている。アドリア海で獲れる魚介類と、内陸部で放牧される羊や豚の料理が中心。羊のトゥランスマンツァ（家畜の季節移動）によって、南部の影響を受ける。赤トウガラシを使った料理が多く、サフランの産地としても有名。

CAMPANIA
カンパーニャ

州都は世界三大美港の一つといわれるナポリ。ナポリ湾を抱くようにしてそびえるヴェスヴィオ火山、カプリ島やソレント半島など、風光明媚な観光地を擁する。ナポリ湾を囲む土地は肥沃で、麻、タバコ、ぶどう、オリーブ、穀物の畑が広がる。ティレニア海からはムール貝、アサリ、イワシなど新鮮な海の幸が水揚げされ、太陽の恵みを受けて育つ野菜は色鮮やかで、中でもトマトの栽培では世界的に知られている。ピッツァ発祥の地であり、モッツアレッラ・チーズ、カチョカヴァッロ・チーズはこの州の特産物。

PUGLIA
プーリア

長靴型の半島のちょうどかかとにあたるプーリア州は、アドリア海とイオニア海の両方に面している。ターラントや、州都であるバーリの港には豊富な魚介類が揚がり、中でもターラントのムール貝は有名。平地では、小麦を中心とした穀類、ぶどう、オリーブ、アーモンドなどが栽培されている。大規模なパスタ工場や、オリーブ油工場があることでも有名で、オリーブ油の生産量の世界的なシェアは10%に達するともいわれている。また、バーリの港は、中近東との貿易を担っており、明らかに中近東やギリシア、東洋などの影響を感じさせる建物や料理も多くある。

BASILICATA/CALABRIA
バジリカータ/カラブリア

バジリカータ州またはルカーニア（LUCANIA＝バジリカータ州の古代名）と、カラブリア州は、どちらも内陸部に1300〜2000m級の高い山をかかえ、乾燥した不毛の大地によって、長く産業の発展を阻まれてきた。最近になってようやく、工業やリゾート開発に力が入れられるようになってきたところだ。バジリカータの州都はポテンツァ。羊、山羊、豆類、穀類などをパスタに添えて食べるのが一般的な食事で、暑い土地柄、料理には赤トウガラシがよく使われる。カラブリアの州都はカタンザーロ。かつては豚肉、ソーセージ、サラミなど、こってりした料理が中心だったが、最近は、時代に合わせた軽めの料理も作られるようになってきた。やはり赤トウガラシはよく使われる。

SARDEGNA
サルデーニャ

シチリア島に次ぐ面積を持つ地中海第二の島。州都はカリアリ。イタリア半島から200km、フランス領のコルシカ島からはわずか12kmで、自然環境はコルシカ島と似ている。美しい海岸線を持つ島でありながら、海賊を恐れ、島民の生活は内陸部が主体であった。島の半分以上が牧草地帯で、紀元前の時代から牧畜がサルデーニャ島の重要資源。羊乳から作られるチーズ、ペコリーノ・チーズはこの島の特産品である。西海岸にはスペインの影響が強く残るなど、独特の文化をもっている。現在島の北部一帯は、世界的にも有名な一大リゾート地。伊勢エビが多く獲れる。

SICILIA
シチリア

州都はパレルモ。地中海最大の島。全体に起伏の激しい山勝ちの地形で、最高峰のエトナ火山は3340m。地震が多い。地中海の覇権に重要な意味を持つ地理的条件から、常に、異民族の支配下におかれ、それがこの島に独特の文化を形成した。ギリシア、ローマ、ビザンチン、アラブ、アフリカ、ノルマン、ドイツ、フランス、スペインなど、さまざまな文化の影響を受けた遺跡や風習が残る。北アフリカ料理のクスクスや、アラブ特有の香辛料のきいたものも郷土料理として残っている。冬でも温暖な気候を生かし、レモンやオレンジなど、柑橘類の栽培が盛ん。ぶどうやオリーブも栽培されている。漁業も活発で、メカジキをはじめ、イワシやマグロなど、新鮮な魚介類にも恵まれている。

座談会

イタリア料理を より深く 理解するために

今、イタリア料理の世界に身を置こうとする人にとって、その間口はけっして狭いものではない。明るくオープンな雰囲気は、イタリア料理の魅力の大きな要素であり、それが世界中で人気を維持している理由のひとつでもあろう。しかし、自分なりにもっと奥へ足を踏み入れようとすると、イタリア料理の持つ いい意味でのラフ(rough)な面が、とまどいや、つかみどころのなさにつながってしまうこともある。イタリア料理をより深く理解するためにはどうすればいいのか。ここでは、日本でそれぞれにイタリア料理を追究され、後進の指導にも尽くされている3名の方に、座談会を通してアドバイスをいただく。

吉川敏明氏

1946年、東京生まれ。'64年にホテル・ニューオータニに入社。'65年にイタリアへ渡り、ローマのENALC(国立職業訓練学校)に入学する。卒業後、ローマ市内のリストランテやホテルで修業する。'69年に帰国し、「カーザ・ピッコラ」の料理長を経て、'77年に「カピトリーノ」を開店。

室井克義氏

1951年、東京生まれ。フランス料理店勤務を経て、'79年にイタリアへ渡る。ローマに1年滞在後、ピエモンテ州アレッサンドリアのリストランテで4年半修業。'85年に帰国し、「ビザビ」料理長を経て、'87年よりホテル西洋銀座のイタリアンレストラン「アトーレ」の料理長に就く。

久保脇敏弘氏

1954年、長崎県生まれ。'71年に調理師専門学校を卒業し、郡山グランドホテル等でフランス料理を学ぶ。'77年にイタリアへ渡り、ローマとボローニャのホテル、リストランテ計5軒で修業。その間にENALCでも2年間学ぶ。'82年に帰国し、翌年の「ミオポスト」開店と同時に料理長に就く。

●第1部●
イタリア料理の学び方

日本でやるべきこと、イタリアでやるべきこと

——第1部は、イタリア料理をどのように学んでいけばよいかをテーマに、これからの時代を担う若い世代に向けてアドバイスとなるお話をお聞かせください。まず、みなさんがイタリア料理の道に入ってから、どのように学んでこられたのか。それぞれイタリアでも長期間修業されていらっしゃいますが、その学び方を含めてお話しいただければと思います。

室井 吉川さんは、日本人として初めてエナルク（当時の国立職業訓練学校ホテル部門）に入学されていますし、そのころはイタリアへ渡って料理の勉強をするという人がほとんどいなかった時代ですから、相当の覚悟をもって行かれたんでしょうね。

吉川 私がイタリアに渡ったのは昭和40年。まだ日本にイタリア料理と呼べるものがほとんどなかった時代ですからね。せいぜいスパゲッティ・ナポリタンやミートソースくらいが知られていた程度。ですから、すべて一からの勉強でした。絞り込みができるほどの情報もなかったし、手当たり次第何でも吸収して、それを積み重ねていくという感じでしたね。

室井 それこそノートと鉛筆と辞書だけを携えて、自分で見聞きしたことを書いて、覚えて……、その積み重ねでやってこられたわけでしょう。それに加えて、異国の中で日本人はたった一人。精神的にも大変だったと思います。でも今の人は違う。イタリアへ行く前に、いろいろなガイドブックや料理書から情報を得ているし、向こうに行けば日本人もたくさんいて情報交換も頻繁にできる。恵まれた環境にあるのは確かですね。

　私がイタリアに行ったのは昭和54年ですから、日本でイタリア料理の基盤ができつつあるころでしたが、それでもパスタやピッツァの専門店とひと握りのレストランがあった程度でした。私がイタリアに行こうと決心したのは、日本で覚えたイタリア料理を自分の目で確認したい、それと、当時日本にあったイタリア料理以外のイタリア料理をもっと知りたいと思ったからです。まだまだイタリアには知らない世界があるはずだと。

久保脇 私は最初にフランス料理を勉強していたので、本当はフランスに行くつもりだったんです。それが、たまたまイタリアにいる知人に誘われてイタリアに行ったのが今につながっています。年代的には室井さんより少し前の、昭和52年です。それまで学んでいたフランス料理とイタリア料理との違いに面食らいつつ（笑）、だんだんイタリア料理のおもしろさにはまっていったという感じですね。

——みなさんが新人だった時代と現在では、日本のイタリア料理のおかれている状況がかなり変わってきているわけですね。日本に居ながらにしてレストランの実地ではもちろん、料理書や雑誌でもかなりのことを学べますし、イタリアにも行きやすくなっている。恵まれた環境の中での修業のむずかしさとはどんなことでしょうか。

室井 知識ばかりの頭でっかちになって、イタリアに行ってもすべてがわかったつもりになってしまうところに落とし穴があるんじゃないかな。知識があるだけに感動も少ない。ああ、この料理はこういうものだとうわべだけで簡単に納得してしまったり……。

　でも、料理の勉強というのは違います。ひとつの料理が、その土地の人々の暮らしの中でどのようにして生まれ、どういうふうに食べられてきたのか、そこを見ることが大事だと思うんです。生活の中での料理のあり方というのかな。それを理解することで、なぜこういう調理法にするのか、なぜこんな食べ方をするのかといった、レシピだけでは見えないところがわかってくる。イタリアでこそ学べることを見失わないことだと思います。

吉川 今の日本人は、イタリア人以上に知識をもっているといってもいいかもしれませんね。イタリア人って信じられないくらい、ほかの地方に対する関心が薄いですから（笑）。日本人のほうが、ずっと北から南までを知り尽くしてますよ。せっかく、それだけの知識と情報を身につけているのだから、それらを自分の中で整理して、奥を深めていくことですよね。単にたくさんのレシピを集めて知識を膨らませるより、少ないレシピでもその奥にあるものを理解して知識に厚みをもたせていく。そういった学び方をすることだと思います。

久保脇 私が特に感じるのは、日本で知られているイタリア料理にはかたよりがあるということ。シチリアやサルデーニャは、日本人にとってまだまだ未知の領域だと思うんです。シチリアはスウェーデンやギリシアなど9カ国近い国々の影響を受けていますから、いろいろなタイプのものが交じり合っておもしろい料理の体系ができている。これからは、こういうところで修業をする人が

増えていってくれるといいと思います。

室井 イタリアに行く期間も、人によって事情はさまざまなので、何が何でも長くいるべきだとはいえませんが、もし1年という限られた期間でイタリアに行くのであれば、日本での勉強方法も決まってくるし、イタリアでの過ごし方も変わってくる。何を学ぶためにどこでどう過ごすのか、そういった目的と計画をきちんと立てておくことでしょう。

——室井さんはいつも、イタリアに行ったら1カ所にできるだけ長くとどまって、その土地の四季を肌で感じ取ることが必要だとおっしゃっていますね。非常に大事なことですが、現実にイタリアは地方によってまったく料理が違うということを聞かされていると、いろいろなところを見たい、見なければいけないと思ってしまう。そのへんはどうアドバイスしたらよいでしょう。

室井 少なくとも1年間、四季の移り変わりの中に身をおくことが大事だと思うんです。一つのレストランでなくてもいい。一つの土地に住むということ。そこを拠点にしてふだんはその土地で働き、休みの時期に短期間でも別の地方に行ってみればいい。実際、季節によって見えてくるものは違うはずです。気候が違い、人々の暮らしが違い、素材が違う……。だから料理も違ってくるわけです。こういう生活を送りながら、拠点の数を増やしていければいい。南も見たい、北にも行きたいと動き回っていたら、それこそ観光と同じでしょう。

久保脇 日本のレストランでも同じですね。どこそこで半年働きましたといって移ってきた人に、どこからどう教えたらいいのかむずかしいですからね。本人の技術も中途半端になりやすい。実績のない人にいきなり大事なポジションを任せられないですよね。

吉川 私は、イタリアに行ったらあまり調理場にいすぎるな、なるべく外へ出なさいとアドバイスするんです。修業とは料理を知ることだけでなく、イタリアを広く理解することだと。調理場の中では、その店の料理の作り方やオペレーションがわかるだけですからね。町に出てトラットリアやピッツェリアで食べてみるのもいい、市場に行ったり、店先のショーウインドウを眺めたり、休みの日にはイタリア人の家を訪ねるのもいい。イタリア人としての生活をするということです。そうしてこそイタリアの慣習がわかってくるし、その視点から食の世界を見ることが大事でしょう。

そして逆に、日本ではできるだけ調理場にいるように言っています。基礎技術を学ぶための準備期間ですから。

——吉川さんの店では、3年間日本で経験を積ませてからイタリアへ行かせているとか。

吉川 将来の目的として、いずれ教える立場にならなければいけないということを前提にしていますから。それには幅広く、じっくり勉強する必要がある。そこで日本にいるうちに短期間で徹底して基本を覚えさせ、その分イタリアでの生活を長くして、深く掘り下げてくるようにという考え方なんです。

久保脇 私は当初、フランス料理の目で見ていたこともあって、イタリア料理は素材を生かしているというけれども、見た目や工程がシンプルすぎてどこか物足りないと感じたのは事実ですね。イタリア料理っておもしろいな、おいしいなと思うようになるまでに2年かかりましたから。いろいろな料理を食べたり、古い料理書も含め

て本を読むうちに、なるほどなと思わせる、レベルの高い料理がいっぱいあることに気づいたわけです。

室井 そこに気づく以前に、こんなものかと思って帰ってしまう人がいる。それではダメなんです。私もね、最初は一所懸命働いてるだけで、こんなことを覚えるだけでいいのかなと思ったことがあります。でもそれを乗り越えていくと、ああ、こんな理由でここではこうするんだ……という料理の奥が見えてきて、おもしろくなってくる。

そのためには、日本にいる間に自分で一応のことを判断できるようになっていることです。イタリアに行ってからの吸収の仕方がまったく違ってきますよ。

久保脇　私がイタリアにいた時もね、言葉がまったくわからない、調理の経験もわずかしかないという人たちがホテル学校に入ってきたんです。そうなると先生の対応も、実践だけちょっとやっていればいい、学科は聞いてもわからないだろうから出なくてもいいということになる。せっかくの機会なのに、実質的には3～4割のことしか吸収できなかっただろうと思います。日本でどれだけのことを学んでおくかはとても重要なことですよ。

私の店では、肉屋さんや八百屋さんに出す毎日のオーダーを全部イタリア語で書かせたり、調理場で使う器具もすべてイタリア語で呼ばせて、まずイタリア語を身近なものとして受け止めてもらっています。時にはイタリアの料理書を貸して翻訳させ、その料理がどんなものか、成り立ちはどんなことなのかを勉強させたり……。

室井　日本でしっかり勉強して、向こうに行って給料をもらえるくらいのコックになろう、そのくらいの気構えが必要だと思いますね。イタリア料理をちょっとやりたいからイタリアに来ました……、それでは給料はもらえません。

久保脇　これだけ働いていますから、と言えるだけのことをしていればきちんと給料をもらいなさい、でも調理場で邪魔しているようではもらえないよと、私も話すんです。イタリアは実力主義ですからね。

私がイタリアに行った時も、最初はうまくしゃべれないから給料も安かったんですけど、半年間徹底的に「ケ・ファッチョ、シェフ、ケ・ファッチョ、シェフ（何をしましょう、シェフ）」って感じでシェフを追い回して仕事を見つけてましたね。半年して、私はこんなに言葉も話せるようになった、仕事もやってます、だから給料あげてくださいと陳情して、1年半で3回上げてもらいました。イタリアでは、ダメなものはダメとはっきり言うし、よければそれなりに対応してくれますからね。

吉川　雇用の基準はしっかりしてますよ。そのためにチェルティフィカート（労働証明書）があるわけでしょう。どこの店で、どういうセクションで、どういう仕事をしていたかという証明書。これを持って次の店へ行くと、身分も給料も保証されます。証明書をきちんともらえるような仕事をすることですよね。

家庭料理から発展した料理であることを念頭において

久保脇　最近、調理師学校に講師として教えに行くことがあるんですが、そこでイタリア料理を教えている先生が、フランス料理に比べてイタリア料理は教えにくいと言うんです。工程が少ない上に、その短いプロセスの中に大事なポイントがたくさん含まれている。アッという間にそこを通り過ぎて、ポイントを表現しにくいと。学ぶ側も、そこを見つけないとおもしろさがわからないし、勘どころを外してしまうことになるんですね。

室井　フランス料理は理論的に構築されている料理、イタリア料理は幅があって、人に聞くとみんな違うことを言う（笑）。おまけに地方性が濃くて、それらが集大成されないままにきていますからね。

吉川　フランスにはエスコフィエの存在があったことが、二つの料理の体系に違いをもたらしたんだと思います。今世紀の始めにエスコフィエがまとめた『ル・ギード・キュリネール（料理の手引き）』。これは現代フランス料理の原典といわれるもので、今でも料理人のバイブルになってますよね。エスコフィエはこの本で、それ以前に出版されていたさまざまな料理を整理して、5000種を越す料理を体系化しています。それも単なる分類だけではなくて、一つ一つの技法を科学的な目でとらえて定義づけしている。

たとえば、ロティール（ローストする）とは、何を目的にどんな工程を踏むべき調理法なのか……という解説を細かく加えている。この本は、地方による違いや料理人による違いを含み込んでフランス料理の基盤となるものをまとめあげていますから、基本といえばこれが拠りどころになるわけです。でも、イタリアではこのような体系化がなされてこなかった。それが理論的に理解しにくくなっている一因でしょうね。

室井　イタリア料理では、だれがいたか……。古代ローマにさかのぼってアピーチョ（アピシウス）といってもね、今の時代とはかけ離れすぎてますし、中世のアルトゥーズィは地方的なかたよりがある。時代ごとに、それぞれの人が、それぞれの思いで作った本でしかない。

吉川　それと、フランス料理はエスコフィエの本にしてもそうですが、レストラン料理が基準になってますよね。イタリア料理はというと、家庭料理もレストラン料理も、それこそゴチャまぜで紹介されているのが現実です。そこにもイタリア料理が混沌としている原因がありますね。実は、こんなところから食べ方のマナーに誤解が生まれることもあるんです。たとえばパンをオリーブ油に浸して食べる……これは本来、ほかに食べるものがない時の空腹をしのぐための食べ方です。日本でいったら、ご飯にお茶や塩をかけて食べるようなものかな。家庭だからこそ許されることですよね。もしレストランで出すとしたら、こういう背景を理解した上でお客さまに

それとなく教える必要があると思いますよ。

室井 フランスでは早いうちからレストランが一つの産業として確立してきたのに対し、イタリアのレストランは家庭料理の延長で発展してきた、その経緯の違いが料理書のまとめ方や紹介の仕方に混乱を招いていることになっているんじゃないですか。

吉川 そうですね。わかりやすい言葉でいうと、フランス料理は外食産業であり、イタリア料理は生業から発展してきたもの。

── フランスでは、18世紀の革命を機に、それまで貴族のおかかえだった料理人たちが町へ出てレストランを興し、宮廷料理を披露することになったわけですね。イタリアにおけるレストランの設立は……。

吉川 今でもトラットリアに家族経営が多いことに象徴されるように、イタリア料理の核になっているのは家庭料理です。料理上手な母親がいて、近所やその村なり町の人たちに食べさせる食堂を作り、旦那がサービスを担当して兄弟なり子供たちが手伝うというスタイル。それが生活の糧だったわけです。そのうちに、ホテルやフランスのレストランなどで技術を専門的に習得した料理人が育ち始め、リストランテというジャンルが確立されるようになりました。フランス料理とは出発点が違うために、家庭料理とレストラン料理との境界線があいまいでわかりにくくなっているのは確かですね。

── そうした混沌としたイタリア料理でも、やはり基本となるものはあるわけですよね。それはどのような料理なのでしょうか。

吉川 イタリア料理の基本といえるのは、他の地方でも認められたものであること。それから、食材的にもある程度、広範囲な地域で使われているもの。それが基本的なイタリア料理といってもいいでしょうね。いわゆるインターナショナルな料理です。たとえば、ローマなら「サルティンボッカ」、ミラノなら「オッソブーコ」や「コトレッタ」といったものです。イタリア全土で知られていて、ホテルのメニューにものるような……。

── 地方性に関係なくイタリア料理として一つの本を作るとしたら、そういうものが集められるわけですね。

吉川 そういうことです。

室井 そこで問題になるのは、どのように作るのが基本なのかという細部の解釈の仕方です。たとえば「リゾット・アッラ・ミラネーゼ」を作る時に、タマネギではなくてポロネギを使うのが本式なのか、骨髄は大きく切るのか細かく切るのか、サフランは最初に入れるのか最後に入れるのか……といろいろな方法論が出てくる。これこそが正しいというものはなくて、どれもがミラネーゼの基本なわけです。だから、かくかくしかじかに作ったものがミラネーゼの基本だ、という限定した説明はできないということですね。

吉川 ただイメージの基本というものはあるわけで、それを守ればいいんだと思います。「リゾット・アッラ・ミラネーゼ」だったら、サフランで黄色に仕上げていなければならない。それを作るプロセスは、人によっていろいろあってもいいんです。

久保脇 そうですね。ローマでも、「スパゲッティ・アッラマトリチャーナ」にタマネギを入れなければいけないという人もいれば、入れたらダメだという人もいましたよ。シェフによって解釈は変わりますね。

── 最低限、守らなければならないことさえ押さえておけば、基本にかなうわけですね。そこにオリジナリティを加えてアレンジする余地もある……。

吉川 そう。その意味では基本といわれるものがいくらでもできてしまうんです。是非はともかくね。私がイタリアにいた時代はさほどのバリエーションもなかったから、何が基本かということがいいやすかったですよね。素材にしても、モッツァレッラといったら水牛の乳で作ったチーズのことしかいわなかった。牛の乳で作ったものは、必ずフィオール・ディ・ラッテという名前で売られていましたから。それが生産者の信用にもつながっていた。今は法律が変わって、牛の乳で作ったものもモッ

* 『La grande cucina』Luigi Carnacina著, Garzanti刊
* 『Il carnacina』Luigi Carnacina著, Garzanti刊
* 『Cucchiaio d'argento』Antonio Monti Tedeschi著, Domus刊
* 『Le ricette regionali italiane』Anna Gosetti著, Solares刊

ド・ピアットに重点をおいている人も多いですよ。素材選びから、たとえば肉だったらどの部分をどの料理に使うか、どのような形で調理していくかにどれだけ長けているか。

室井　ピエモンテの店にいたころ、出入りの業者さんが、「あいつはいいコックだ」っていう表現をよくしてましたね。料理人同士が言うことより、業者さんが認めることが多かった。

吉川　それって、自分が納めた食材をいかにうまく生かしているかを基準にしているんでしょうね。あとは私の体験からいうと、どれだけお客さんの好みのものを出せるかということです。一つの料理でも、いかに融通をきかせられるか。つまり、その時々のお客さんの状況に合わせた料理が作れるかどうかですね。向こうはメニューがあってないようなものだから。

室井　「きょうはちょっと胃の調子が悪いから、リゾットでも、米をボイルしたあっさりめのものをお願い」というお客さんもいる。そこで、どれだけおいしいものが出せるかです。スパゲッティ・アーリオ・オーリオもいい例ですよね。

吉川　あれは本来、メニューにのせる料理ではないですからね。家で食べる夜食的なもの。ただ、お客さんの体調に合わせて、そういったものも臨機応変に出すことが必要なんですね。

室井　アーリオ・オーリオは工程がシンプルですが、オイル系ソースの基本となるテクニックが集約されていて、大事なメニューでもあるんです。私は、いつも書道の「永字八法」という言葉にたとえて説明するんです。つまり「永」という一文字に、すべての文字に共通する運筆法が含まれている。アーリオ・オーリオも同じで、オリーブ油の扱い方、ニンニクの香りの生かし方、赤トウガラシと塩味の効かせ方……、イタリア料理のベーシックなテクニックが凝縮しているわけ。

──一番のポイントはどこにあるんでしょう。

室井　ニンニクをみじん切りにするか、薄切りにするかは好みでいいんです。大きさと形がそろってさえいればいい。大事なのは、冷たいオリーブ油の中にニンニクを入れ、徐々に温めながら香りを引き出すこと。そして、水分がはじけてパチパチと音が出始め、うっすら色づいてきたら火からはずし、あとは余熱で調理することです。それ以上加熱したらニンニクは焦げるし、スパゲッティも表面が揚がってしまいますよ。

──最後に、イタリア料理を学ぶために参考となる本をご紹介ください。

吉川　料理書ではありませんが、私はまず、イタリア地図と伊和辞典、和伊辞典を身近に置いておくことを勧めます。イタリアの料理名には地名のついたものが多いですから。知らない地名が出てきたら、必ず地図で場所を確認するということを繰り返していると、自然にイタリアの全国地図が頭に入り、地方ごとの特徴もまとまってくるものです。辞典も何かあったらすぐに引く。これも繰り返し続けるうちに蓄積されてきます。

室井　私が思うのは、新人のうちに、味覚に関わるものとかイタリアにまつわるものを、何でもいいから読みあさっておくべきだということ。たとえば科学的な味の根拠とは何なのか、こんなことが頭の片隅に入っていると、実際に調理場で教わる中でなるほどと合点がいくことがあるんです。イタリアのものなら、紀行文でもエッセイでも社会、経済に関することでも何でもいい。いつもイタリアを意識して考える、その姿勢が大事だと思いますね。

久保脇　イタリアの原書で料理書をそろえるとしたら、総合的にまとめられているものを1冊そろえておくといいでしょう。『*ラ・グランデ・クチーナ』『*イル・カルナチーナ』『*クッキアイオ・ダルジェント』あたりで。

吉川　『ラ・グランデ・クチーナ』と『イル・カルナチーナ』は、給仕人出身のルイジ・カルナチーナという人がまとめた本で、内容はほとんど共通しています。『ラ・グランデ・クチーナ』のほうがやや料理と写真点数が豊富ですね。ちなみに、カルナチーナはエスコフィエと親交があり、その影響を受けてイタリア料理を初めて総合的にまとめた人物です。私がイタリアに渡った際、一番最初にシェフから勧められたのがこの本でした。

久保脇　あとは、素材別や地方別にまとめたものをいくつか持っているといいですね。たとえば香草、チーズ、ワインなどをテーマにしたもの。料理のレシピは載っていませんが、食の背景にあるものが理解できると思います。

吉川　地方ごとのイタリア料理を学ぶには『*レ・リチェッテ・レジョナーリ・イタリアーネ』がお勧めです。州単位で、アンティパスト、パスタ、魚、肉、野菜、ドルチェなどの項目別に料理を整理し、詳しいレシピを載せたものですが、約2000点の伝統的な料理が集められているので、たいていのものは網羅されているといってもいいでしょう。素材のこと、料理の由来、地域ごとのバリエーション、行事食についてなど、料理ごとに付記されているコメントを読むのも楽しいですよ。写真のない文字本ですので、読むのに根気がいるでしょうが、伝統料理を徹底的に学べるのは確かです。イタリアでも、この本を持っているシェフは多いですよ。

技法からのアプローチ

「何も手を加えずに、焼いただけの料理が一番おいしい」。イタリア料理店でよく耳にする言葉である。しかし、"焼いただけでおいしい"料理を出すことは、簡単そうでいて一番むずかしい。"焼くだけ"という言葉が意味するものは、必要な手順を省略することではなく、適切な手順を積み重ねることである。素材の特質をきっちり見極めた上で、そのおいしさを最大限に引き出すために施す、それ以上でもそれ以下でもない手段が、"焼くだけ"という言葉に集約されているのだ。ここでは、ゆでる、揚げる、煮る、焼く、漬けるといった、基本的な調理方法を軸に、代表的な料理を取り上げ、素材の下処理、加熱の際の微妙な火加減から仕上げまで、おいしさのポイントを掘り下げていく。

材料欄の表記について

- 分量の記載のないものは、"適量"を示します。
- "何人分"の表記のないものは、場合によって分量のとらえ方が異なりますので、適宜判断をしてください。
- 1カップは200cc、1合は180cc、大さじ1杯は15cc、小さじ1杯は5ccです。
- コショウは、特に記載のないものは黒挽きコショウを指します。
- アンチョビーは、特に記載のないものは、オイル漬けのフィレ(三枚におろした片身)の枚数を示しています。
- ブロードは、特に記載のないものは肉のブロード(ブロード・ディ・カルネ)を指しますが、調理担当者、また料理によって、その内容は異なります。スーゴ・ディ・カルネやトマトソースについても同様に、それぞれ内容が異なりますので、分量等はあくまでも目安としてください。
- 小麦粉は、特に記載のないものは薄力粉を指します。
- チーズの表記は、イタリア語名のあとに"・チーズ"をつける形で統一しています。(例:パルミジャーノ・チーズ、グラーナ・パダーノ・チーズ、モッツァレッラ・チーズ、プロヴォローネ・チーズ など)
- "EXV.オリーブ油"は、エクストラ・ヴァージン・オリーブ油を指します。

ゆでる
lessare

Bollito misto
ボッリート・ミスト

Cima ripiena alla genovese
ジェノヴァ風チーマ

Coppa romana
ローマ風コッパ

ゆでる
lessare

ボッリート・ミスト
Bollito misto

調理　吉川敏明

ボッリート・ミストとは、ゆで肉の盛合せのこと。ピエモンテ、ロンバルディア、ヴェネトなどの北イタリアに伝わる冬の料理である。寒い日に親戚縁者など大人数が集まった時に作られる、いわばハレの料理。年配者には、柔らかく食べやすい仔牛や鶏をというように、それぞれが好みの肉を取り分けて食べられるのが大きな特徴。肉類を取り出した後のゆで汁は、こしてブロードとして使ったり、味をつけてスープとして提供したりする。モスタルダ（マスタード風味の果物のシロップ漬け）、サルサ・ヴェルデを添えるのが定番。

ボッリート・ミスト

それぞれの肉の異なった質感と、複合の旨みを味わう

●材料● 8人分
牛舌………650g
牛の外モモ肉………550g
仔牛のロース肉………1kg
若鶏………1羽（1kg強）
コテキーノ（豚の腸詰の一種）
　　　　………360g
タマネギ………1個（190g）
セロリ………1本（120g）
ニンジン………1本（150g）
ローリエ………2～3枚
クローヴ………4～5本
塩
【付合せ】
ジャガイモ、ニンジン、芽キャベツ
ブロード
サルサ・ヴェルデ、モスタルダ
イタリアンパセリ

●必ず水から火にかけてゆで、旨みをじっくりとゆで汁の中に出していく。ただし、肉にも旨みを残したいので、ここでは煮込む前に肉をさっと下ゆでし、それを水から火にかけるという手法をとっている。●腸詰や脂肪の多い肉、クセのある肉などは別にゆでて、提供時に一緒に盛りつける。初めから一緒にゆでていくと、他の肉やスープに強い味がついてしまう。

1 若鶏は中抜きの状態。煮くずれないようにタコ糸で縛っておく。コテキーノ（腸詰）は本来、生のものを布に包んでゆでるものだが、今はゆでた状態で真空パックされ、製品化されている。

2 鍋にたっぷりの湯を沸かし、牛舌、牛の外モモ肉（タコ糸で縛っておく）、仔牛のロース肉を順に入れて下ゆでする。外側が白くなったところで取り出す。

3 下ゆでした牛舌、牛の外モモ肉、仔牛のロース肉。下ゆでして肉の表面をあらかじめ固めておくと、煮くずれず、旨みを内に留めておける。

4 新たに鍋に水を張り、下ゆでした三種類の肉を入れ、クローヴを刺したタマネギ、セロリとニンジンのぶつ切り、ローリエ、少量の塩を加えて強火で30分間ほどゆでる。

5 次に若鶏を加えて、さらに煮る。若鶏は他の肉よりもあとから入れる。

6 沸騰してしばらくするとアクが浮いてくるので、そのつどすくい取る。

7 鶏はゆで上がり時間が他の肉に比べて早く、煮くずれてしまう心配がある。モモの内側に竹串を刺して血がにじまないようになったところで取り出す。

8 さらに中火の状態で、アクを引きながら加熱し続ける。残りの肉にも竹串を刺してゆで具合をみながら取り出す。肉、野菜を取り出したあと、ゆで汁は布でこしておく。

9 別の鍋に湯を沸かし、コテキーノをゆでる。香辛料の強い腸詰やクセのある豚肉、ウサギなどは、他の素材やゆで汁の風味をそこなうので、別の鍋でゆでておいて一緒に盛りつける。

サルサ・ヴェルデ（グリーンソース）
salsa verde

ピクルス2本、ケイパー30粒、ニンニク1片、パセリ1枝分をみじん切りにする。包丁で叩いて細かくしたアンチョビー2枚分を加え、白ワインヴィネガー大さじ2、オリーブ油120ccを混ぜ、塩、コショウで調味する。

ゆで肉やゆで野菜に添えられる代表的なソース。ジェノヴァではバジリコが入るなど、地方によって材料が少しずつ異なる。好みでタマネギ、ゆで卵の裏ごし、とろみづけのためのパンなども加えられる。ある程度の量を仕込む場合は、パセリだけを別にとりおき、使う直前にパセリを加えると色がきれいに上がる。

10 ゆで上がった肉類。これらを適宜切り分けて盛りつける。8のゆで汁は上質のブロードになる。また、そのまま塩、コショウで味をととのえ、別皿でスープとして提供することもある。

11 付合せは下ゆでしたニンジン、ジャガイモ、芽キャベツをブロードで煮て、塩で味をととのえたもの。モスタルダ、サルサ・ヴェルデ、イタリアンパセリを添える。

肉のブロード
brodo di carne

調理　久保脇敏弘

スープ、ソース両方のベースとされる汎用性のあるだし汁

ブロードとは、直訳すればだし汁のこと。もともと肉や野菜をゆでる料理で得られたゆで汁をスープとして飲んでいたものが、フランス料理の影響を受け、スープのベースとなるだし汁（＝ブイヨン）的な存在として位置づけられるようになった。この頁で取り上げたのはブロード・ディ・カルネ＝肉のブロードであるが（魚のブロードについては30頁参照）、その中でも、仔牛や牛の肉や骨、丸鶏や鶏ガラと、使われる材料はさまざま。また、そのまま水から煮出す手法のほか、骨や肉を軽く炒めてから煮出す方法もあるなど、店によってスタイルは異なる。ここで紹介したのは、牛バラ肉と鶏ガラ、仔牛の骨を香味野菜とともに水から煮出したもの。牛バラ肉を使うことで微妙な甘みが得られるという。

●材料●
- 牛バラ肉………4kg
- 鶏ガラ………5kg
- 仔牛の骨………2kg
- ニンジン………600g
- タマネギ………2kg
- セロリ………250g
- ホール・トマト（缶詰）………870g
- イタリアンパセリの軸
- ローリエ、ニンニク
- 黒粒コショウ
- 塩
- クローヴ
- 水

1 牛バラ肉、鶏ガラ、仔牛の骨を用意する。鶏ガラは水洗いして、あばら骨の裏についている肺を取り除く。

2 骨と肉を鍋に入れて水を注ぐ。火にかけて沸騰させ、アクをていねいに除きながら煮る。この段階で充分アクを除いておくこと。野菜を入れたあとでは野菜にアクが付着して除きにくい。

3 ニンジン、セロリを大きめに切り分ける。タマネギは4分の1に切り、クローヴを刺しておく。切り方は、煮る時間や野菜の味の強さによる。アクが出なくなったら、鍋に野菜を入れる。

4 さらにローリエ、ニンニク、イタリアンパセリの軸、黒粒コショウを鍋に加える。

5 ホール・トマト、塩を加える。

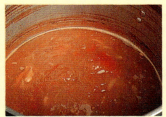

6 1日弱の間、弱火でコトコトと煮続ける。トマトがアクを吸着してくれるので、時折アクをすくい取る程度でよい。

7 布ごししてでき上がり。一両日中に使いきる分を作るのが基本だが、それ以上置く時は冷蔵庫または冷凍庫で保存する。引き上げた牛バラ肉は、別の料理に利用できる。

魚介のブロード
brodo di pesce

調理　久保脇敏弘

魚介料理の味のベースとして使うだし汁

ブロード・ディ・ペーシェは「魚介のだし汁」で、レストランではこれを常備して、さまざまな魚介料理の味のベースとして使う。ここで紹介するブロードは、魚を直接水から煮出す方法だが、あらかじめ魚を炒めたり、オーブンで焼いてから水で煮出すという方法もある。魚の鮮度がよければ臭みは出ないので、鮮度が落ちている時を除けば直接水から煮出す方法でよい。ブロード用の魚は、身を食べるわけではなくだしをとることが目的なので、姿・形や大きさにこだわらず、クセがなくて味のよく出るものを選ぶことが重要。高級魚でも小型になると非常に安く購入できるので、いかに安く質のよい魚を選ぶかがポイントになる。だしの旨みは主に頭や骨の周辺から出るので、旨みのある魚ならアラだけでもよい。

●材料●
舌ビラメ（小）………1kg
マゴチ（小）………1kg
ムール貝………1kg
アサリ………1kg
ニンジン………300g
タマネギ………300g
セロリ………3～4本
ニンニク………少量
ローリエ………1枚
タイム（乾燥）
イタリアンパセリの軸
白粒コショウ
マッシュルーム………200g
白ワイン（省略してもよい）……150cc
水………6ℓ

1 小型の舌ビラメとマゴチ、ムール貝とアサリが材料。舌ビラメもマゴチも、大型のものは値段が高いが、小さいものは非常に安く購入できるので、ブロードをとるには最適である。

2 舌ビラメの下処理。表側の頭の端にぬれぶきんをかぶせ、その上から皮をつまみ取る。素手でもできるが、ぬれぶきんを使ったほうがはがしやすい。

3 ふきんをはずし、つまみ取った皮を持って一気にはがし取る。裏の皮も同様にはがす。料理に使う時はこのように必ず両面の皮をはがすが、ブロード用には裏の皮は付けたままでもよい。

4 マゴチは頭を落とし、内臓を除いて四つにぶつ切りにする。頭も縦二つに切って使う。3の舌ビラメも内臓を除いて四つにぶつ切りする。

5 鍋に舌ビラメとマゴチのぶつ切りを入れ、水を注いで強火にかける。沸騰したら中火に落とし、出てきたアクをきれいに取り除く。白ワインを加える。

6 ニンジン、タマネギ、セロリを大きめの乱切りにし、ニンニクはつぶす。ローリエ、乾燥のタイム、イタリアンパセリの軸、白粒コショウを野菜とともにボウルに合わせ、鍋に加える。

ムール貝とアサリのブロード

ムール貝とアサリは、貝の中でも特に上質でおいしいだしが出る。貝自身に含まれている水分を補う程度に、少量の水を加えて蓋をし、殻が開くまで蒸し煮にしてだしをとる。

通常、ブロード・ディ・ペーシェは貝を使わずに魚だけでとることが多いが、ここではムール貝とアサリのブロードをそれぞれとっておき、最後に魚のブロードに加えて旨みの濃いブロードに仕上げている。

貝のブロードは、単独で魚料理や魚介のパスタ、リゾットなどに利用してもよいし、残った身は殻をはずしてむき身にし、各種の料理に使うとよい。

1 ムール貝には貝殻など固い汚れが付着していることが多いので、貝開けのような固い刃で削り落とす。そのあと、金タワシでこすりながら水洗いし、殻の表面をきれいにする。

2 殻の閉じ目から1本の足糸が出ているので、これを指でつまみ、閉じ目に沿って数回大きく振り動かしてから、引っ張って抜き取る。

3 ムール貝とアサリをそれぞれ鍋に入れ、貝の高さの半分ほどの水を加える。蓋をして強火にかける。沸騰してきたら時々鍋をふり、全体に均等に熱を加えて殻をあけやすくする。

4 すべての殻が開いたら、火からはずす。

5 目の細かいこし器でこす。貝の身のほうは料理に利用する(124頁の「海の幸のマリネ」では、このむき身を使っている)。

6 でき上がった貝のブロード。料理によって、それぞれのブロードを別々に使ったり、一緒に混ぜ合わせて使う。

7 マッシュルームも薄切りにして加える。乾燥ポルチーニ茸を水でもどして使ってもよい。

8 弱火で2時間〜2時間半かけて静かに煮込む。

9 ここにムール貝とアサリのブロード(上段参照)を加える。これを、さらしを敷いたこし器を通してこす。

10 でき上がったブロード・ディ・ペーシェ。

赤系のブロード・ディ・ペーシェ

カサゴやホウボウなどの根魚を水から煮出してとった赤系のブロード・ディ・ペーシェ。舌ビラメとマゴチで作った左頁のブロードに比べると赤みが濃く、味や香りも、魚のクセが強く出ている。

左頁で紹介したのは、クセの少ない舌ビラメやマゴチでとった「白系」ブロード・ディ・ペーシェだが、これとは別に、根魚や鯛など香りの強い魚を使って「赤系」のブロード・ディ・ペーシェを作り、料理によって使い分けるとよい。白系は香りがおとなしく、あっさりした仕上がりの味なので、通常の魚介の煮込みやリゾットなど広範囲に使えるが、赤系は魚の強い香りを出しているので、ズッパ・ディ・ペーシェなど根魚を主材料にした料理に向いている。

ゆでる
lessare

ジェノヴァ風チーマ
Cima ripiena alla genovese
<small>チーマ　リピエーナ　アッラ　ジェノヴェーゼ</small>

調理　吉川敏明

チーマは、ジェノヴァ、サンレモを中心としたリグーリア地方の方言で、仔牛の胸バラ肉のこと。そこから、仔牛の胸バラ肉に詰めものをしてボイルしたこの地方の伝統的な料理を、チーマという。ジェノヴァでも、地区や各家庭によって詰めものや作り方が多少異なるが、仔牛の挽き肉、ゆでた野菜類、木の実に加え、胸腺肉や脳みそ、脊髄といった内臓類（ゆでたもの）などが典型的な詰めものである。また、チーマは、製品としても販売されている。これに対し、他の地方では一般に、仔牛の胸バラ肉はプンタ・ディ・ペット（punta di petto）またはペットと呼ばれ、これにいろいろと特色のある詰めものをした料理「ペット・リピエーノ」が各地にある。

仔牛肉と詰めものがぴったりとなじんだおいしさ

●肉をボイルして食べる際には、必ず沸騰した湯（またはブロード）の中に肉を入れる（スープをとるのが目的の場合は、水から入れる）。●前菜としてもセコンド・ピアットとしても出せ、また、冷製にしても温製にしてもよい。ただし、温製にする場合にも、ゆで上がったらいったんあら熱をとって落ち着かせてから、切り分けること。

●材料●
仔牛のともバラ肉………1kg
詰めもの
　仔牛の挽き肉………500g
　卵………3個
　パン粉………2/3カップ
　松ノ実………大さじ2杯
　アーティチョーク………1個半分
　　（下ゆでしたものを細かくきざむ）
　グリーンピース（水煮）……1/2カップ
　パルミジャーノ・チーズ…大さじ5杯
　ナッツメグ
　マジョラム
　塩
　コショウ
タマネギ
ニンジン
セロリ
ローリエ
【サルサ・ヴェルデ】
　ピクルス
　ケイパー
　ニンニク
　パセリ
　白ワインヴィネガー
　オリーブ油
【付合せ】
酢漬け
　カリフラワー
　ニンジン
　ズッキーニ
　アーティチョーク
イタリアンパセリ

1 チーマは厚みのある胸バラ肉を使い、切り込みを入れて詰めものをするのが伝統的な手法だが、ここでは厚みのないともバラ肉（写真）を使い、袋状に縫い合わせていく方法を紹介する。

2 バラ肉を半分に折り、二辺をタコ糸で縫い合わせて袋状にする。

3 この時、破れないように、筋のある固い部分を狙って針を入れていくようにする。

4 詰めものを入れる。詰めものは、左記の材料を混ぜ合わせ、手でハンバーグよりもやや柔らかめの状態に練ったもの。

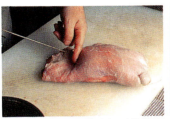
5 火を入れると詰めものが膨張するので、六〜七分目以上には詰めないようにする。

6 口を縫い合わせて閉じる。

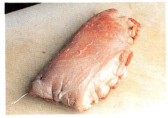
7 詰め終わった状態。

8 ガーゼで包み、さらにタコ糸で縛っていく。できるだけ全体に太さが均一になるように、形を整える。

9 ガーゼで包み、タコ糸で縛ったバラ肉。

10 鍋に水を入れ、粗切りの香味野菜（タマネギ、ニンジン、セロリ）とローリエを加え、沸騰させる。

11 ガーゼで包んだバラ肉を入れる。

12 弱い沸騰状態で、1時間半から2時間ゆでる。

13 ゆで上がったら重しをして冷まし、肉と具をなじませ、余分な水分をきる。薄く切り分けて盛り、サルサ・ヴェルデを添える。

【付合せ】
カリフラワー、ニンジン、ズッキーニ、アーティチョークの酢漬けのミックス（126頁参照）。サルサ・ヴェルデは、ピクルス、ケイパー、ニンニク、パセリ、白ワインヴィネガー、オリーブ油をミキサーにかけたもの（28頁参照）。ここではアンチョビーを加えていない。

ゆでる
lessare

ローマ風コッパ
Coppa romana

調理　吉川敏明

コッパは、イタリアの各地方によって異なるものを指す。ローマをはじめとするラツィオ、ウンブリア、マルケ、トスカーナ地方では、豚の耳や鼻、タン、頬肉などをゆで、そのゼラチン質で固めて作ったハム状のものをいい、これらは「コッパ・ロマーナ」、「コッパ・トスカーナ」などと呼ばれる。さらに豚のコメカミや豚足を加える場合もあるが、ゼラチン質を多く含む耳、鼻、コメカミ、豚足のいずれか一種が入っていれば充分に固まるので、あとは好みによって取り合わせる部位を決めればよい。いっぽうエミリア・ロマーニャをはじめとする北部では、豚の首から喉にかけての肉で作った、いわゆる市販のハムを指す（これは、南部ではカポコッロcapocolloといわれているもの）。

豚の耳、豚のタン、豚の頬肉の下処理(ローマ風コッパ用)

1 豚の耳、タン、頬肉。耳は火であぶって毛を取ったもの。

2 たっぷりめの湯に、タマネギ、ニンジン、セロリの粗切り、ローリエ(3枚程度)、塩を入れて煮立てる。ここへ、耳、タン、頬肉を入れ、1~1時間半くらいゆでる。

3 ゆで上がったらそれぞれを引き上げてあら熱をとる。写真は耳。

4 ゆで上がったタンと頬肉。

5 ゆで汁は少量を布ごしして取りおき、あとでつなぎに使う。

6 タンの皮をむく。手できれいにむけない場合は、包丁を使う。牛タンほど固くないので、皮ごと入れる場合もあるが、ここでは取り除いて使う。

7 付け根や側面など、固い部分はていねいに取る。

8 タンを適当な大きさに切る。

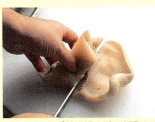
9 耳はまず付け根に近い部分と先端部分とに切り分ける。

10 付け根の軟骨を除く(軟骨については、すべて使うという人もあり、触感の好みによってどちらでもよい)。

11 適当な大きさに切る。

12 先端部分にも軟骨が通っているので、厚めで気になる部分は包丁でへぐようにしてはずし、適当な大きさのぶつ切りにする。薄い部分はそのまま一緒にぶつ切りにする。

13 頬肉も適当な大きさに切る。

ローマ風コッパ

ゼラチン質で寄せたいろいろな部位の触感のハーモニー

●素材自身に味がないので、味つけの塩や香辛料は多めに使う。●全体に均一な仕上がりが得られるよう、手ではなくレードルで袋詰めを行なう。また、下ゆでした材料ができるだけ温かいうちに作業をすすめるのも大切なポイント。
●重しをかけすぎると、ゼラチン質や旨みを含んだスープ（ゆで汁）が必要以上に外に出て、パサついた仕上がりになるので注意する。

●材料●
豚の耳………2枚
豚のタン(舌)………3本
豚の頬肉………1kg
┌タマネギ
│ニンジン
│セロリ
└ローリエ、塩
黒粒コショウ………大さじ2杯
シナモン
レモンの皮………約2個分
ゆで汁、塩
【付合せ】
赤チコリ、貝割れダイコン、トマト
オリーブ油、白ワインヴィネガー
塩、コショウ

1 黒粒コショウを肉叩きなどを使って軽くつぶす。素材自身に味がないため、コショウを多めに使って味を締めるようにする。

2 なま温かいうちに、下処理をして切り分けた耳、タン、頬肉をボウルにとり、つぶした黒粒コショウ、シナモン、すりおろしたレモンの皮を加える。

3 塩を加える。コショウと同様、塩も多めに加える。冷製料理として提供するため、塩味はより薄く感じる。塩からいと感じるくらいでちょうどよい。

4 こしてあら熱をとったゆで汁（前頁で耳、タン、頬肉をゆでたもの）を加える（200〜300cc程度が目安）。

5 全体を手でよく混ぜ合わせる。

6 木綿の布を縫い合わせて長細い袋を作り、材料を詰める。肉類、香辛料、スープが片寄らずに入るように、手ではなくレードルを使って詰めていく。

7 口をタコ糸で縛り、軽く形を整える。

8 均等に重しの重みがかかるように、まず平らなものでコッパを挟む。

9 重しをかけて、常温で冷ます。

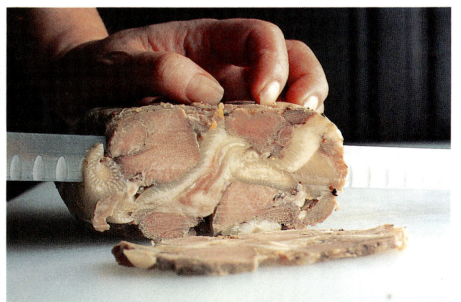

10 重しをはずし、冷蔵庫でひと晩ねかせた後、布袋から出す。3〜5mm厚さに切る。

【付合せ】赤チコリ、貝割れダイコン、皮をむいて小角切りにしたトマトを、オリーブ油、白ワインヴィネガー、塩、コショウで和えたサラダを添える。

アーティチョークの下処理

1 外側の固いガク片を取り除く。育ちすぎてしまったものほどガク片が固くなっている。柔らかい部分が出てくるまではがす。

2 茎の表面を削り取る。柔らかい芯の部分は食べられる。育ちすぎてしまった茎は切り取る（表皮が厚く芯も固く筋っぽくなっているので食べられない）。

3 蕾を反対に返し、底の固い部分を削る（中側の白く柔らかい部分が出るまで）。

4 ガク片の先端を切り落とす。鮮度のよい若いアーティチョークの場合は、この先端部分も柔らかいので食べられる。

5 縦に四つ割りにする。

6 繊毛状の雌しべをきれいに取り除く。

7 掃除したアーティチョークはレモン水（レモン汁を搾り入れ、残った皮も一緒に入れた水）に浸けて色が褐変するのを止める。

8 掃除を終えた状態のアーティチョーク。

9 鍋に水を入れ、レモン汁を搾り、残りの皮も一緒に入れて火にかける。煮立ったところへアーティチョークを入れてゆでる。

10 ゆで上がった状態のアーティチョーク。ゆで上がりの目安は茎をさわって判断する。この状態まで仕込んでおき、料理に用いる。最近、丸のまま下ゆでした冷凍品も出てきた。

ホントは知らないイタリア料理の常識・非常識 ❶

パスタをズルズルすするべからず

　日本のそばは、勢いよく「ズズーッ」と豪快な音を立ててすすります。それが粋で、モソモソ食べていたら気色悪い、と思う日本人は多いでしょう。そのように育ったから、同じ長い麺のラーメンも、スパゲッティも、ズズーとすすってしまう。でも、イタリアでこれをやったら大変。レストランだったら、周りのイタリア人は露骨に反応します。苦々しい顔、あきれ顔、嘆きの顔でこちらにふり向くこと必至。日本人にとっては、「そこまで嫌うか」と感心するほどに、現代のイタリア人にはこの音がたまらなくおぞましいのです。スープも同じく、吸い込む時にズズッと音を立てるのはダメ。日本のそば屋に入ったイタリア人が、ズズズーの大合唱にいたたまれなくなって食べる前に店を飛び出したという」話があるそうです。日本人にとっては笑い話ですが、イタリア人には神経がおかしくなるほどの切実な状況だったのでしょうね。

　日本でも、クチャクチャ音を立てて噛んだり、食べながら大口をあけて話したりするのは、はしたないというマナーはしつけられていますから、共通認識はあるはずなんです。でも、そばの習慣がついスパゲッティに出てしまう人が多いんですねえ。郷に入れば郷に従え。ここは無音でスパデッティを食べるように心しておきたいものです。

　実は、そばも、江戸時代には音を立てて食べるのが、はしたないとされていたそうです。唯一の例外は新そばで、香りを楽しむために多少の音は許されたとか。それが年中のこととなったのは明治に入ってから。寄席で、噺家が擬音でそばを食べる場面を演じたことで一般にも広まったという説があるそうです。

ホントは知らないイタリア料理の常識・非常識 ❷

ピッツァを手づかみで食べないのがイタリア流

　イタリアのピッツェリーアで、タバスコがないことと並んでもうひとつ日本人が驚く現象。それは、イタリア人がみなフォークとナイフでピッツァを食べていることです。日本ではナイフで切り分けたら手でつまんで食べるのがピッツァと理解していますね。これもタバスコと同様、アメリカのピッツァ文化です。イタリアでも、パン屋やバールで売っている「切り売りピッツァ」は手づかみで食べます。生地が厚くて、小ぶりでつかみやすくできているし、なにしろ立ち食い前提で売っているものだから。薄い円形ピッツァも、登場したての大昔は立ち食い用に売られていて、丸いものをクレープのように扇状に折って食べていました。でもテーブル席を用意したピッツェリーアができ、座って食べるようになると（これは1900年代以降）、「それならばきちんとフォーク＆ナイフで食べよう」ということになったのです。一種の気取り、お洒落感といいますか、スマートさが持ち込まれたんですね。それにコーラやビール（これがピッツァの定番ドリンク）を飲みながら食べるのに、フォーク＆ナイフなら手が汚れなくてすむし、焼きたての熱々を無理なく食べられる。上にかけたオイルが流れることもなく、サイズが大きくても食べやすいなどなど、メリットも盛りだくさんですから。

　19世紀まで、庶民はパスタを手づかみで食べていたといえども、フォーク、ナイフで食べることをしつけられた現代のイタリア人は、ピッツァを手でつかむことはしないのです。

『ホントは知らない イタリア料理の常識・非常識』吉川敏明著 柴田書店 2010年初版より

揚げる
friggere

Carciofo alla giudea
アーティチョークのユダヤ風

Fritto misto di mare
魚介のフリット

Piccoli pesci in carpione
小魚の甘酢漬け

Fritto di cervello e animelle
脳みそと胸腺肉のフリット

Mozzarella in carrozza
モッツァレッラ・チーズの重ね揚げ

Costoletta di vitello alla milanese
ミラノ風仔牛のカツレツ

揚げる
friggere

アーティチョークのユダヤ風
Carciofo alla giudea

調理　吉川敏明

　アーティチョークを丸ごとから揚げ（二度揚げ）にして塩をふっただけの、素朴なローマ料理。古くからローマのユダヤ人街でよく食べられていたのでこの名がある。中までしっかりと揚がったアーティチョークは香ばしく、ガク片から茎にいたるまで、丸ごとバリバリと全部食べられる。アーティチョークはイタリアでは春を告げる代表的な野菜。日本で一般に出まわっているアメリカ産、ニュージーランド産や国産のものとは品種が異なり、丸くて大ぶりなローマ種、小ぶりでチューリップ形のトスカーナ種ともに柔らかい。焼く、ゆでる、揚げるのはもちろんのこと、生でも食べられるほどである。中に詰めものをして蒸し煮にした〝アーティチョークのローマ風〟も、アンティパストの一品として有名。

逆さにして叩き、ガク片の間に隙間を作って中までこんがりと揚げる

●最初からガク片の間に隙間のあるものは育ちすぎていて固い。できるだけガク片の締まった柔らかいアーティチョークを選び、それを逆さにして叩いて隙間を作ることがポイント。●一度目は低温でじっくりと揚げて芯まで火を通し、二度目は高温でパリッと揚げる。●揚げる前に褐変しないよう、レモンをこすりつけるかレモン水に浸けるかして、アク止めしておく。

●材料●
アーティチョーク
（レモン）
揚げ油（サラダ油）
塩

1 アーティチョークの外側の固いガク片を手でむき取る。ただし、ガク片の付け根の肉厚部分は食べられるので、その部分を反対の手の親指で押さえて残すようにする。

2 一番外側を取り除いたら、次のガク片の先を内側に折り曲げる（これは見た目をよくするため）。

3 蕾の先端部分は食べられないので、横にして切り取る。

4 茎の周りの表皮を削り取る。ただし、茎が芯まで固い場合には、茎ごと切り取ってしまう。

5 レモンを半分に切り、切り口をアーティチョーク全体にこすりつけ、褐変するのを抑える。

6 茎を持って逆さにし、平らなところで叩き、ガク片の間に隙間ができるようにする。こうして隙間を作っておくと、レモン汁や油が全体によく行き渡り、揚げむらもできない。

7 逆さにしてレモン水（レモン汁を搾り入れ、残りの皮も一緒に入れた水）に浸ける。

8 鍋にサラダ油を入れて熱する。アーティチョークを揚げたあとの油にはそのにおいがつき、ほかの用途には使えないため、できるだけ少ない油で効率よく揚げられるよう、小さな鍋を使う。

9 油の温度が低い状態で、水気をきったアーティチョークを入れる。温度が低いうちは、気泡が小さく、数も少ない。温度が上がるにつれて気泡が大きく、多くなる。

10 全体に少し揚げ色がついた状態で取り出す。大量に作る場合には、あらかじめこの段階まで調理をすすめてストックしておくとよい。竹串を刺して上がり具合いを判断する。

11 鍋の油の温度を高温に上げ、10のアーティチョークを入れてもう一度揚げる。アーティチョークがまだ水分を含んでいるので、かなり勢いよく泡が出る。

12 時々、アーティチョークを動かして、均一に熱を加える。外側はパリッと、内側はほっくりとした状態が理想的。

13 二度揚げを終えたアーティチョーク。鍋から引き上げ、ガク片の間の余分な油をきる。塩をふりかけて皿に盛る。左頁の写真は、茎を切り、手前に盛りつけたもの。

揚げる
friggere

魚介のフリット
Fritto misto di mare

調理　久保脇敏弘

　フリットはフライ（揚げもの）の意で、魚、野菜、肉などさまざまな素材に使われる調理法である。小麦粉だけをまぶしたもの、パン粉を付けたもの、天ぷらのような衣を付けたものなど揚げ方にもいろいろな方法があるが、魚介や野菜のフリットは水（卵を加えてもよい）と薄力粉をまぶして高温の油で揚げ、ごく薄い衣を付けるのが一般的である。ズッキーニやアーティチョークなど身の固い野菜は、高温で揚げると中心が生のままで表面しか火が入らないので、いったん低温の油で揚げたあと、180度Cくらいの油で二度揚げにする。また、魚でもスナック用によく作られているフリット・ディ・バッカラ（バッカラはタラを開きにして塩漬けし、干したもの）は、天ぷらのようなふっくらした衣を付けたものである。

サクッとした軽い口当たりの衣に包まれた、魚介の凝縮した旨み

●魚介のフリットは、かなりの高温の油で、衣の水分を一気に飛ばすようにして揚げるのがポイント。油は煙が出る一歩手前くらいまで熱する。揚がった時に、衣はごく薄い膜となって、サクッとした歯ごたえになっていることが大事。
●衣用の卵水に充分な量の塩を加えているので、でき上がったフリットには塩をふる必要はない。●魚介は、このほか小型のヒメジやカマスもよい。

●材料● 1人分
芝エビ………8尾
車エビ………2尾
紋甲イカ（小）………5はい
（この紋甲イカは、甲羅、内臓、皮などが取り除かれた状態で売られているもの）
舌ビラメ（小）………1枚
卵水………下の割合で適量
　┌卵………1個
　├水………1ℓ
　└塩………35g
小麦粉
揚げ油（サラダ油）
レモン、イタリアンパセリ

1 芝エビと車エビは殻をむいてから衣を付ける。舌ビラメは両面の皮をむき、小型のものなら1尾のまま、大きな場合は二〜三等分する。紋甲イカもごく小さなものを使う。

2 ボウルに卵を割り入れ、水と塩を加える。でき上がりに塩はふらないので、この卵水に充分な塩味をつけておく。

3 泡立器でよくかき混ぜて卵と水をなじませ、塩を溶かす。揚げ油を温め始め、煙が出始める直前まで熱する。

4 魚介を卵水にさっと通して表面に卵の膜を作る。

5 ふるっておいた小麦粉をバットに広げ、卵水に通した材料を入れて全体に粉をまぶす。粉が厚く付かないよう、余分な粉は払う。このあと、もう一度卵水にくぐらせる。

6 すぐに高温に熱した油に入れる。普通の揚げものと違って油がかなり熱い分、周りにも飛び散るので充分注意する。

7 揚げている間に素材同士がくっつかないよう、網杓子などでばらす。最初は泡が一面に出るが、魚介に火が通ってくると泡立ちが少なくなる。これを目安に揚がり具合を判断する。

8 頃合いよく揚がったら油から引き上げる。時間にして30秒ほど。レモンを厚切りにして添え、あつあつの状態で提供する。

揚げる
friggere

小魚の甘酢漬け
Piccoli pesci in carpione
(ピッコリ ペーシ イン カルピオーネ)

調理　久保脇敏弘

イン・カルピオーネはピエモンテやロンバルディア州など北イタリアで使われている言葉で、揚げた小魚を甘酢漬けにした料理のこと。カルピオーネはコイを意味するカルパ（carpa）が語源で、淡水魚のニゴイ科の小魚の名前でもある。もともとこの魚を甘酢漬けにしたことから、広く小魚の甘酢のマリネをイン・カルピオーネと呼ぶようになった。漬け込む液体は、ここでは白ワインと白ワインヴィネガーを同割にしているが、白ワインだけ、あるいは白ワインヴィネガーだけで作ることもできる。また干しブドウを始めいろいろなドライフルーツを入れたり、シナモンの風味を加えてもおいしい。

しっかりと揚げた小魚を、野菜とともに甘酢に漬け込む

●魚の塩気が足りないとマリネした時にヴィネガーの酸味が勝ってしまうので、いくぶん強めに塩味をつけておく。●揚げる時は焼き色がつくまで充分に火を通しておく。揚げ方が足りないと、骨が固かったり、あとで衣がはがれたりする。●魚が温かいうちにマリネしたほうが味がしみ込みやすい。●少なくともひと晩おいて味をなじませるとよい。

●材料●
ワカサギ………1kg
塩
小麦粉
揚げ油（サラダ油）
ニンジン………400g
タマネギ………500g
セロリ………4～5本
ニンニク………1片
オリーブ油………200cc
白ワイン………1ℓ
白ワインヴィネガー………1ℓ
砂糖………150～200g
干しブドウ………200g

1 ワカサギは水洗いしたら、頭、中骨、内臓をつけたまま丸ごと調理する。ヒシコイワシなども利用できるが、その場合は頭と内臓を取り除く。

2 通常よりも若干多めに塩をふり、全体にくまなく塩が行き渡るように混ぜ合わせる。30分間くらいおいて塩分をしみ込ませる。

3 ふるいにかけておいた小麦粉をふり、手で和えて均等にワカサギにまぶす。

4 揚げ油を天ぷらと同じくらいの温度に熱し、数尾ずつ鍋に入れていく。素材同士がくっつかないよう、網杓子などを使ってばらす。

5 火が通ってくると、泡が細かくなり、沈んでいたワカサギが表面に浮いてくる。

6 中まで充分に火が通ったら油から引き上げる。淡いきつね色に色づくくらいがよい。ここで完全に揚げておかないと、骨が固いままだったり、衣がはがれやすくなる。

7 鍋にオリーブ油とつぶしたニンニクを入れ、火にかける。ニンジンとセロリのせん切り、タマネギの薄切りを加え、しんなりするまで充分に炒める。

8 白ワイン、白ワインヴィネガー、砂糖、干しブドウを加え、沸騰させる。

9 浮いてきたアクをすくい取り、全体をかき混ぜる。味見をしてワインやヴィネガー、砂糖などで味をととのえる。

10 バットに揚げたワカサギを並べ、野菜入りの甘酢をかける。ワカサギがまだ熱いうちにマリネしたほうが味がしみこみやすい。ひと晩おいて味をなじませる。1週間は保存が可能。

揚げる
friggere

脳みそと胸腺肉のフリット
Fritto di cervello e animelle
(フリット ディ チェルヴェッロ エ アニメッレ)

調理　吉川敏明

　仔羊や仔牛の脳みそや胸腺肉は、イタリア各地のフリット・ミスト(fritto misto＝フライの盛合せ)に多く使われる。フライの盛合せは、地方によって素材の組合せや衣に特徴がある。たとえばローマ風なら、仔羊の脳みそ、胸腺肉、脊髄、睾丸、野菜としてアーティチョークやズッキーニなどが入り、これらにとき卵を付けてふんわりと揚げる。いっぽう北部では、脳みそや胸腺肉も仔牛のものが使われることが多く、衣としてパン粉を付けて揚げるのが一般的である。ここで使ったのは仔羊の脳みそと胸腺肉である。

仔羊の脳みそと胸腺肉の下処理

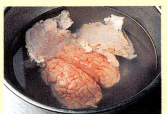

1 仔羊の脳みそと胸腺肉を流水にさらして、血抜きをする。または、何度か水を換えながら冷水にさらす。

2 クールブイヨン(水にニンジン、セロリ、タマネギ、パセリの軸、ローリエ、塩、白ワインを加えて煮立てたもの)の中で約10分間ゆでる。表面を固めて、扱いやすくするのが目的。

3 引き上げて、再度、流水にさらす。あらかじめまとめて下処理をしておく場合は、クールブイヨンの中でそのまま冷まし、冷蔵庫で保存する。

4 胸腺肉を覆っている薄皮をはがす(写真)。脳みその薄皮はあまり強く引きはがすと形が崩れてしまうので、注意が必要である。厚くて気になる部分だけを慎重にはがすようにする。

▼

香ばしい衣に包まれた、トロッとした脳みそとねっとりした胸腺肉の触感

● 脳みそは崩れやすくデリケートなので、扱いは慎重に。 ●衣で封じ込めることで、素材自身の風味が強調されることを想定して、ていねいな臭み抜きを。
●ゆでたあとの脳みそと胸腺肉は、冷ましたクールブイヨンに浸けておくか、ぬれ布巾で覆うなどして表面を乾燥させないようにし、みずみずしさを保つ。

●材料● 4人分
仔羊の脳みそ………2個
仔羊の胸腺肉………200g
クールブイヨン
　┌ニンジン
　│セロリ
　│タマネギ
　│パセリの軸
　│ローリエ
　│塩
　│白ワイン
　└水
塩
コショウ
パセリ
レモン汁
オリーブ油
小麦粉
卵
揚げ油(サラダ油)
【付合せ】
アーティチョーク(下ゆでしたもの)
ズッキーニ
イタリアンパセリ
レモン

1 オーダーが入ったら、下処理をして乾燥させないように保っておいた脳みそと胸腺肉を、約2cmくらいの幅に切り分ける。

2 それぞれに塩、コショウし、パセリのみじん切り、レモン汁、オリーブ油をふりかけて、10分間程度マリネする。ここでさらに臭みを抜く。

3 よく水気をふき取り、全体に小麦粉をまぶしてとき卵に通す。

4 中温の油で揚げる。

5 衣はカラッと軽く揚げ、中まで完全に火を通すこと。上がりに軽く塩をふる。

【付合せ】
アーティチョークはくし型に切り分け、小麦粉、とき卵を付けて揚げる。ズッキーニは、棒状に切り、小麦粉だけを付けて色よく揚げる。それぞれ上がりに塩をふる。レモンとイタリアンパセリを添えて盛りつける。

揚げる
friggere

モッツァレッラ・チーズの重ね揚げ
モッツァレッラ　イン　カッロッツァ
Mozzarella in carrozza

調理　吉川敏明

食パンを牛乳に浸し、モッツァレッラ・チーズを挟むか、または上に重ね、卵を付けて揚げた衣揚げの一種。パンとチーズの間にアンチョビーを挟んで味をつける。形が四輪馬車（carrozza）に似ているので名づけられたともいわれるナポリの料理で、ピッツェリア、トラットリアの前菜として提供される。通常、イタリアの食パンはパン粉用にされることが多いが、目のつまり具合がちょうどよいことから、この料理には食パンが使われる。ここで紹介したのは、チーズを重ねるカナッペタイプ。チーズを挟むサンドイッチタイプは、揚げる際に扱いやすいが、厚くなってかなりボリュームが出てしまう。

衣揚げにすることで、アツアツのチーズとしっとりしたパンの触感が生きる

● 日本の食パンは2〜3日おいて水分を飛ばしてから使ったほうがよい。●揚げている途中でチーズが溶けて流れ出ないように、小麦粉ととき卵は二度繰り返して付け、全体をしっかりと衣で覆う。また、油に入れたらすぐには動かさず、衣が固まってから上下を返す。

●材料● 1人分
食パン（厚さ2cm）………2枚
モッツァレッラ・チーズ………60g
アンチョビー（オイル漬け）……1枚
卵
小麦粉
牛乳
サラダ油
イタリアンパセリ

1 ねかせて固くした食パンの耳を切り取り、モッツァレッラ・チーズよりもひと回り大きく成形する。食パンは幾日か置いたほうが生地がしまり、牛乳もしみ込んで、触感がよくなる。

2 モッツァレッラ・チーズは1cm前後の厚さで30gほどに切り出し、水気をよくふき取る。水気が残っていると、揚げている途中で膨張して流れ出し、よい仕上がりにならない。

3 切り分けた食パンにアンチョビーを二分の一枚分置き、その上にモッツァレッラ・チーズを重ねる。

4 器に牛乳を注ぎ、その上に3を置いて、食パンに充分に牛乳をしみ込ませる。上からも牛乳をかける。

5 小麦粉を4全体にまぶす。食パンは牛乳を含んでいて崩れやすいので、ていねいに扱うこと。

6 ときほぐした卵の中に入れて全体に付ける。

7 再度、小麦粉をまぶす。

8 とき卵を付ける。加熱すると中に入れたモッツァレッラ・チーズが溶け出すことがあるので、小麦粉ととき卵でよく包み込むように、衣の二度付けを行なう。

9 フライパンにサラダ油を注いで熱し、中温（180度C）前後になったら、衣を付けたパンを入れてゆっくりと徐々に温度を上げながら揚げる。

10 表面が均一な色に揚がるように、小まめに反対に返すことを繰り返す。このくらいになると、モッツァレッラ・チーズが流れ出やすいので注意を要する。

11 表面がカリッとし、こんがりと色づいたところでバットに取り出し、油をきって盛りつける。仕上げに軽く塩をふる。

12 できたてのモッツァレッラ・イン・カッロッツァ。半分に割ると、中のチーズがとろけ、アンチョビーの風味が広がる。

揚げる
friggere

ミラノ風仔牛のカツレツ
Costoletta di vitello alla milanese
コストレッタ　ディ　ヴィテッロ　アッラ　ミラネーゼ

調理　吉川敏明

コストレッタは、仔牛や仔羊肉の部位名で、骨付きロース肉のこと。アッラ・ミラネーゼは、この場合、いわゆるカツレツを意味する。もともとミラノ地方でよく食べられていた、仔牛ロース肉のカツレツが、"コストレッタ・アッラ・ミラネーゼ"としてフランスへ渡り、それがいつのまにか、フランス語のコートレット（骨付きロース肉）と混同されてイタリアへ逆輸入され、コートレット→コトレッタ＝カツレツとして認識される（コトレッタだけでカツレツを意味する）ようになったといわれている。現在、一般に、骨付きロース肉のカツレツは部位名を尊重してコストレッタ、その他の骨のない肉のカツレツはコトレッタと呼ばれることが多い。

仔牛骨付きロース肉の下処理

1 骨付きロース肉の塊（肩に近いほうのコストレッタといわれる部分）を、切り分けたい箇所が自分の利き手の正面にくるように置く。まず牛刀で、肋骨1本分の肉を切り分ける。

2 背骨の部分はチョッパーに持ち替えて、その先端部分がちょうど骨に当たるように思い切ってふりおろす。脇をグッとしめて、同じ場所を数回打ち、切り口をきれいにするように心がける。

3 肉叩きを軽く水でぬらして叩く。ロース肉は柔らかいので、あまり強く叩く必要はないが、骨のきわは筋が密集して収縮率が高いため、やや強めに、回数も多めに叩くのがコツ。

4 （左）が叩く前、（右）が叩いた後。ソテーやグリルにする場合には、この状態で使うこともあるが、カツレツにする場合には、以下の手順で骨の処理、成型をしてから使うことが多い。

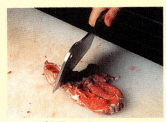
5 まず背骨の部分をチョッパーで切り落とす。熱が加わると、この骨の切り口から血がにじみ出てくるので、あらかじめバーナーで焼き固めておくか、スプーンで油をかけながら焼くとよい。

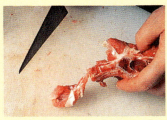
6 きれいに骨を出すように、骨すきナイフで周囲の肉をこそげ取っていく。

7 固い筋などもできるだけ取り除くようにする。

ミラノ風仔牛のカツレツ

揚げ焼きにした香ばしい衣と、ふっくらとジューシーな肉の一体感

●肉と衣がはがれないように、パン粉を付けながら肉を叩いて成型していく。
●フライパン（または鍋）は、肉がちょうど入る大きさの厚手のものを用意。隙間が多いと焼きムラができやすく、油の量も多くなりすぎてフライのようになってしまう。●火加減は、最初は必ず強火で。肉を入れる時の温度が低いと、衣が余分な油を吸って油っこい仕上がりになる。

●材料● 1人分
骨付き仔牛ロース肉（掃除したもの）
　……1枚約150g
パン粉（生）
卵
パルミジャーノ・チーズ
　（卵1個につき大さじ2/3杯程度）
塩
サラダ油
バター
【付合せ】
クレソン
赤チコリ
レモン

1 下処理をすませた仔牛の骨付きロース肉の両面に、裏ごしにかけた細かい生パン粉をまぶし付ける。大理石など固い石の上でまず、めいっぱい肉をのばす感じで両面を叩く。

2 周囲の薄い部分や、穴のあいたところなどは肉を折り重ね、適宜パン粉を付け足しながら、楕円型に成型していく。

3 パン粉を付けるのは、水分を吸い取らせるため。肉の表面が水分でベタつくとあとで衣がはがれやすくなる。ここで小麦粉を使うと逆にベタついてきれいに仕上がらない。

4 卵をときほぐし、すりおろしたパルミジャーノ・チーズと、少量の塩、サラダ油を加え混ぜる。卵1個につき、コストレッタ2〜3枚分の衣となるので、それを目安に塩の分量を決める。

5 肉をこの卵液に通し、たっぷりのパン粉の中で全体にムラなくパン粉を付けた後、軽く押さえてパン粉を安定させる。

6 縁がきれいなカーブを描くように、包丁を使って形を整える。

7 包丁の腹で軽く押さえてパン粉と肉をなじませる。

8 表になる面に、包丁の峰で筋目をつける。これは見た目をきれいにするための装飾。

9 肉がちょうど入る大きさの厚手のフライパン（または浅鍋）に、多めにサラダ油を入れて熱する。充分熱くなったところで、筋目をつけた面から肉を入れて焼く。

10 油の量は、温度が上がった状態でフライパンの縁にまんべんなく行き渡るくらいが目安。

11 きれいな焦げ色がついたら肉を返し、若干火を弱めてじっくりと焼き、中まで完全に火を通す。

12 最後にバターを入れ、全体にからませて風味をつける。初めから澄ましバターで焼くのが伝統的な方法だが、ここでは焦げる失敗が少ないよう、最後にバターをからめる方法をとっている。

煮る
cuocere in umido

Garganelli alla salsa bolognese
サルサ・ボロニェーゼのガルガネッリ

Minestrone
ミネストローネ

Caponata
カポナータ

Trippa alla trasteverina
トラステヴェレ風トリッパの煮込み

Stracotto alla piacentina
ピアチェンツァ風ストラコット

Cassoeula
カッスーラ

Agnello brodettato
仔羊のブロデッタート

Ossobuco alla milanese
ミラノ風オッソブーコ

Zuppa di pesce
ズッパ・ディ・ペーシェ

Risotto nero con le seppie
イカ墨のリゾット

スーゴ・ディ・カルネ
sugo di carne

調理　久保脇敏弘

料理の仕上げにコク出しとして使うのに適した濃厚なスーゴ

スーゴ・ディ・カルネとはもともと、肉や野菜を使った煮込み料理の煮汁を指す言葉であった。煮込んだ肉や野菜は料理として食べ、煮汁は別にパスタを和えるなど、そのままソースとして利用されていたものだ。これが近年になってフランス料理の影響を受け、フォン・ド・ヴォーに近い性質をもつ"ソースのベース"としてとらえられるようになった。その結果、改良が加えられ、店それぞれのスーゴ・ディ・カルネのスタイルが生まれた。濃厚なだしを得ることを目的としてガラやくず肉を使って長時間煮出すなど、材料や濃度もさまざまある。ここで紹介したのは、仔牛の骨とスジ肉をかなり長時間煮込んで旨みを凝縮させたもので、料理の仕上げの段階でソースにコクや色ツヤを加えるのに適したものである。

●材料●
仔牛のスジ肉………10kg
仔牛の骨………10kg
タマネギ………12kg
ニンジン………1kg
セロリ………1kg
イタリアンパセリの軸
ローリエ
サラダ油
マッシュルーム………1kg
乾燥ポルチーニ茸………30g
白ワイン………1本分
水

1 仔牛のスジ肉と骨を用意する。天板に並べ、サラダ油を少量かける。

2 オーブンで焦げ目がつくまで約30分間焼く。途中で裏返し、全体に焼き色をつける。焼き上がったら天板から取り出し、鍋に移す。ここで焼き色を淡くすると、仕上がりの色も淡くなる。

3 天板に白ワインを1本分注ぎ、火にかける。アルコール分を飛ばし、焼き汁や天板についた焦げを煮溶かす。アク引きの時に油分も一緒に除けるので、ここで天板の油をきる必要はない。

4 煮溶かした焼き汁を煮つめて、肉と骨を入れた2の鍋に加える。

5 水を入れて沸騰させる。煮立ってきたらアクが浮いてくるので、随時除く。いったん肉を焼いてあるのでそれほどアクは出ない。

6 野菜の下ごしらえをする。タマネギ、ニンジン、セロリを粗くきざむ。

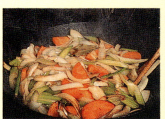
7 以上3種類の野菜と、イタリアンパセリの軸、ローリエを、サラダ油をひいたフライパンで炒める。30分間ほどかけて飴色になるまでじっくり炒め、野菜の甘みを引き出す。

8 野菜を5の肉と骨の煮汁が入った鍋に入れる。アクを引きながら、2日間煮続ける。いったん鍋の中身をこす。この段階で少し煮つめれば、充分スーゴ・ディ・カルネとして使える。

1〜4、6〜7の作業を繰り返し、焼いた仔牛のスジ肉と骨、炒めた野菜を同じ分量だけ作り、新しく8の鍋に加える。煮つまった分だけ水を足し、再びアクを引いて2日間煮込み、こす。

9 きざんだマッシュルーム、タマネギをサラダ油をひいたフライパンで炒める。

10 きつね色になるまで炒める。

11 10をこした鍋の煮汁に加える。

12 乾燥ポルチーニ茸をぬるま湯でもどし、粗くきざんで鍋に加える。

13 乾燥ポルチーニ茸のもどし汁もこして加える。さらに2日間煮込んだのち、二度ごししてでき上がり。スーゴが濃厚になるほど焦げやすいので、注意を要する。冷蔵庫で保存する。

サルサ・ディ・ポモドーロ（トマトソース）
salsa di pomodoro

調理　吉川敏明

用途を考慮した控えめなトマトソース

トマトソースにはいろいろな作り方があり、用途や好みによって、仕上がりの色も味も、香りも濃度も、さまざまである。ここで紹介するトマトソースは、あくまでもその一例で、トマトの酸味を生かしたすっきりしたタイプ。タマネギだけのソッフリットを作り、ホール・トマトとローリエを加えて強火で煮て、トマトが煮くずれたところででき上がり。必要以上に煮込まず、香味野菜や香草も最低限に抑え、塩も控えめにした、いわば個性のないトマトソースである。このソースをベースに、いろいろな味を組み立てていく。あまり手を加えないだけに、ホール・トマトの選び方も味を決める大きなポイントとなる。

●材料●
ホール・トマト（缶詰）………800g
タマネギ………¼個
ローリエ………1枚
塩
サラダ油

1 鍋にサラダ油を熱し、タマネギのみじん切りを入れて炒め、旨みと甘みを充分に引き出す。

2 タマネギが焦げないように絶えず木杓子で混ぜ、きつね色の状態にする。焦がしてしまうとソース全体に焦げ臭さが出てしまうので注意する。

3 ホール・トマトを加え、ローリエを入れて、途中で泡立器で軽く混ぜながら煮立つくらいの火加減で煮込む。7～8分間を目安に短時間で煮つめてトマトの酸味を残し、甘みを引き出す。

4 加熱しながら、泡立器でトマトをつぶす。煮つめ加減はその時に使用するトマトの状態により異なる。缶詰でも製造年によって、質にかなりばらつきがある。

5 塩を少量加えて混ぜながら2分間ほど煮るとでき上がり。ソースの濃度と塩加減は、使用する料理と関連づけて調整する。

煮る
cuocere in umido

サルサ・ボロニェーゼのガルガネッリ
Garganelli alla salsa bolognese

調理　吉川敏明

「アッラ・ボロニェーゼ」とは「ボローニャ風」の意だが、パスタ料理の場合はサルサ・ボロニェーゼを用いた料理に使われる言葉である。サルサ・ボロニェーゼは、細かく挽いた肉を赤ワインとトマトソースで煮込んだ、エミリア・ロマーニャ州の代表的な料理。いわゆるミートソースのこと。一般にガルガネッリ、ラザーニェ、タッリアテッレなどの手打ちパスタに合わせることが多い。ガルガネッリは、四角く切ったパスタ生地を細い棒に巻きつけ、ペッティネ（pettine）という筋のついた板の上をころがして作る手打ちパスタだが、最近は乾燥させたものが市販されている。ここで使ったのも乾麺のガルガネッリである。この他乾麺では、リガトーニ（筋のついた太い管状パスタ）もこのソースと相性がよい。

サルサ・ボロニェーゼのガルガネッリ

最初に肉の水分と脂分をよく取り除くかどうかがソースの味を左右する

● 脂身の多い挽き肉ではなく、赤身の牛肉を粗く挽いたものがよい（豚、仔牛、鶏の肉を使うこともあるが、牛肉の赤身だけで作るのが、もっともきれいな色に仕上がる方法）。● 最初に肉だけをフライパンに広げて弱火で加熱し、水分を完全に蒸発させてアクを抜き、脂分はこしてきれいに取り除く。これをていねいにやらないと、味に締まりのない、脂ぎったソースになってしまう。

● 材料 ●
牛の粗挽き肉………500g
ソッフリット
　タマネギ
　ニンジン
　セロリ
（みじん切りにした生の状態で
1 + 1/3 カップ程度）
小麦粉………大さじ3杯
赤ワイン………400cc
パッサータ・ディ・ポモドーロ
（裏ごしトマト）………1kg
ローリエ………1〜2枚
ニンニク（皮付き）………1きれ
乾燥ポルチーニ茸………20g
塩
コショウ
ナッツメッグ

ガルガネッリ（乾麺）………80g
パルミジャーノ・チーズ
バター

1 大きめのフライパンに牛の粗挽き肉を入れ、手でならして全体に広げる。

2 これを弱火にかけ、焦げつかないように木杓子で混ぜながら、全体に火が通るまで加熱する。

3 多量に出た水分を根気よく蒸発させて、アクや脂をしっかりと取り除くことがポイント。脂分が多い場合には、いったんザルにあけて脂分をこす。

4 全体に火が通って挽き肉の色が変わってきたら、中火にして、こんがりと焼き色をつけていく（大量に仕込む場合などには、オーブンに入れるとよい）。

5 煎るようにしてさらに加熱すると、濃い褐色に色づいて、湯気が立たなくなってくる。ここでそぼろ状にすることで、次に加える赤ワインなどの旨みを充分に吸収することができる。

6 あらかじめソッフリットを用意しておく。口に触らないよう、ごく細かいみじん切りにしたタマネギ、ニンジン、セロリ（2：1：1）を、少量の油で甘みが出るまで充分に炒めたもの。

7 ソッフリットと肉を混ぜ合わせて、底の広めの鍋に移し入れる。

8 赤ワインをヒタヒタに加え、アルコール分を飛ばしながら、肉と野菜に全部しみ込ませる。

9 水気がなくなったら、小麦粉を少しずつふり入れる。

10 さらに炒めて、粉に充分に火を通す。

11 パッサータ・ディ・ポモドーロを加えてさらに炒める。

12 たっぷりと湯を加える。

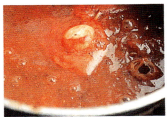

13 ローリエ、皮付きのニンニクの塊を加えて煮込む。湯を加えた直後は鍋の中に対流がなく、挽き肉が底に沈んで焦げつきやすい。沸騰するまでは目を離さず、常にかき混ぜるようにする。

14 乾燥ポルチーニ茸（ぬるま湯でもどして、みじん切りにしたもの）を、もどし汁ごと加える。

15 適宜湯を足しながら、2〜2時間半煮込み、色とコクを出す。最後に、塩、コショウ、ナッツメッグで味をととのえる。いったん冷まして、味を落ち着かせてから使う。

パスタとソースが対等にからみあったおいしさ

●パスタとのからみがよいように、パスタと合わせる前にサルサ・ボロニェーゼの濃度を調整しておく。●最後に加えるバターとパルミジャーノ・チーズの味をさしひいて、サルサ・ボロニェーゼの味をととのえておく。●ガルガネッリは生地の合わせ目がはずれることがあるので、扱いはていねいに。むやみに触らないように注意する。

1 乾麺のガルガネッリ。

2 湯を沸かし、塩を加えてよく溶かす。ガルガネッリを入れてゆでる。合わせ目がはずれることがあるので、必要以上にかき混ぜないようにする。

3 生地の重なった一番厚い部分を指で押さえてみて、ゆで上がりを判断する。合わせ目に比べて端はどうしても柔らかくなることを考慮しておく。もちろん、食べてみて判断してもよい。

4 パスタの分量に合わせたサルサ・ボロニェーゼをフライパンにとって温める。

5 ゆで上げたガルガネッリを、水気をよくきって加え入れ、ソースとからめる。

6 バターを加えてツヤとコクを出す。少し煮て、パスタとソースをなじませる。

7 すりおろしたパルミジャーノ・チーズを加える。

8 混ぜ合わせて仕上げる。

煮る
cuocere in umido

ミネストローネ
Minestrone

調理　吉川敏明

数種類の野菜と豆類、パスタや米などの穀類の入った具だくさんのスープ。「ミネストラ」はスープの総称として使われる言葉であるが、中でも、具だくさんで、豆類や穀類の入った重たいスープのことを「ミネストローネ」と呼んで区別することが多い。ミネストローネはもともと、これひと皿で夕食を賄う、いわば〝貧しい皿〞であったが、今では、プリーモ・ピアットのひと皿として、イタリア全土でレストランやトラットリアのメニューに登場している。地方色も豊かで、米を入れてトマト味に仕立てたミラノ風や、ペスト・ジェノヴェーゼ（バジリコで作ったペースト）を加え、塩味で調味したジェノヴァ風などがよく知られている。

複数の野菜の旨みと、パスタや米のでんぷん質による適度な濃度

●煮込む前に野菜を炒めて七割方火を通し、旨みと甘みを充分に引き出しておくことが大切。よく炒めておくことで、野菜の触感も残せる。●野菜はそれぞれの火の通り方や触感の特徴に合わせて、厚みや大きさなど、切り方を考慮する。●仕込んでおけるのはパスタや米を加える前の段階まで。パスタや米を加えて時間が経つと濃度がつきすぎる。

●材料● 6～8人分
タマネギ………1/2個
ニンジン………1/2本
セロリ………1本
ジャガイモ………2個
キャベツ………2～3葉
ズッキーニ………1/2本
白インゲン豆（水煮缶）………100g
トマトソース………100cc
サラダ油
ブロード………2ℓ
ローリエ………1枚
グリーンピース（水煮缶）………少量
リングイーネ（乾麺）………120g
塩
イタリアンパセリ

1 ジャガイモとセロリは約5mm厚さの色紙切りに、ニンジンは四つ割りにして約3mm厚さに、ズッキーニは四つ割りにして約5mm厚さの小口切りに、キャベツは粗い色紙切りにする。

2 鍋にサラダ油を熱し、タマネギの粗みじん切りを入れて透明感が出てくるまで炒める。

3 セロリとニンジンを加えて木杓子で混ぜ合わせながら炒める。野菜はそれぞれ火の通る時間が異なるため、大きさや厚みだけでなく、入れる順も考慮する。

4 ジャガイモとキャベツを加え、透明感が出てくるまで炒める。しばらくしてからズッキーニを加え炒める。

5 トマトソースとローリエを加え、かき混ぜながらさらに中火で加熱する。

6 全体をよく混ぜ合わせる。野菜は火が入るにしたがって、ツヤが出てきてしっとりとしてくる。同時に柔らかくなり、崩れやすくなるので、あまり強くかき混ぜないようにする。

7 ブロードを注ぎ、白いんげん豆を加えて5分間ほど煮込む。

8 リングイーネを手で3～4cmの長さに折って加え、さらに煮込む。柔らかくなったらグリーンピースを加え、塩で調味する。盛りつけてイタリアンパセリのみじん切りを散らす。

煮る
cuocere in umido

カポナータ
カポナータ
Caponata

調理　吉川敏明

揚げたナスとセロリ、炒めたタマネギ、黒オリーブなどをトマトで煮込み、砂糖と酢で甘酸っぱい味に仕上げた、シチリアの代表的な野菜料理。温製でも冷製でもよい。シチリア島は、かつてアラブとの交流が盛んだったことから、料理にもその影響が少なからず残っており、甘酢風味が多い。このカポナータも例外ではなく、煮込みの味つけに砂糖を使うケースは他ではあまり見られない。野菜類をトマトで煮込む料理は他の地方にもあるが、カポナータには必ずナスが入る。

揚げてコクを出したナスを砂糖と酢で煮込んだ甘酸っぱい風味

●切り分けたナスは塩をふってしばらくおき、アクと水分を抜いてから揚げる。揚げたナスの香ばしいコクと触感がこの料理のポイントとなる。●ナスが煮くずれないように、煮込み時間は短く、その後少し時間をおいて、味をなじませてから提供するのがよい。

●材料● 4人分
ナス………4本
セロリ………1本
タマネギ………½個
黒オリーブ………12個
ケイパー（酢漬け）………20粒
干しブドウ
松ノ実
ホール・トマト（缶詰）………200g
白ワインヴィネガー………大さじ2杯
砂糖………小さじ3杯
塩
コショウ
イタリアンパセリ
サラダ油

1 ナスはヘタを切り落とし、皮を付けたまま、ひと口大かもう少し小さい角切りにする。

2 ナスに塩をふってしばらくおき、アクと水分を抜いておく。高温に熱した油で焦げ色がつくくらいまでよく揚げる。

3 セロリもナスと同じくらいの大きさに切り分け、ナスを取り出してから高温を保った状態で揚げる。表面にしわが寄り、茶色になる程度まで揚げる。

4 色づくくらいに揚げたナスとセロリをバットに取り出して油をきる。

5 鍋にサラダ油を注ぎ、タマネギのせん切りを入れてしんなりとする状態まで炒め、風味を引き出す。

6 黒オリーブ、干しブドウ、ケイパー、松ノ実を加え、全体を混ぜ合わせながら加熱する。

7 材料をよく炒めた状態。全体的にしっとりとした感じになる。

8 4のナスとセロリを加え、全体をよく混ぜ合わせるようにして炒める。

9 つぶしたホール・トマトを加えて煮込む。

10 白ワインヴィネガーを注ぎ、塩、砂糖、コショウを加えて味をつける。

11 盛りつける直前にイタリアンパセリのみじん切りを散らす。温かいままでもよいが、どちらかというと、冷たくして提供するのに適している。

トラステヴェレ風トリッパの煮込み
Trippa alla trasteverina

調理　吉川敏明

トリッパとは牛胃の総称。多くは煮込みやスープにされる。ローマをはじめとするラツィオ、トスカーナ、リグーリアなどでは第二胃（ハチノス）が、ロンバルディアやヴェネトでは第三胃（センマイ）が使われることが多い。トラステヴェレはローマの下町の名前で、昔、隣町のテスタッチョに屠畜場があったため、この地区には内臓屋が多く軒を連ねていた。その関係で、今でも内臓料理を専門に出すレストランが多い。主にハチノスを使ってトマトで煮込み、仕上げにメントゥッチャ（mentuccia）というミントを加えるのが、トラステヴェレ風の煮込みの特徴である。ここではたっぷりの野菜を使い、少量の生ハムと白ワイン、トマトだけをベースにして、胃に負担の少ない、あっさりとした味に仕上げている。

トリッパの下処理

ここで使ったのは牛の第二胃であるハチノス。一度下ゆでをし、内側の黒い皮をきれいにむき取ったものである。日本ではこの状態で業者から納入される場合が多いが、臭みは抜けていないので、ていねいに臭み抜きをすることが大切。ゆで湯には必ず酢を加えて、野菜類を多く使うとよく臭みが抜ける。蓋をしたほうが早く柔らかくなるが、においがこもってしまうので好ましくない。また、トリッパは丸ごと1枚、切っても半分程度で、大きいまま下ゆでするのが原則。切ってからゆでると、独特の弾力がなくなる。

1 鍋に水、塩、酢、粗切りにした香味野菜(タマネギ、ニンジン、セロリ)、ローリエを入れて火にかけ、沸騰させる。

2 トリッパを入れて約2〜3時間ゆでる。煮つまったら適宜湯を足す。あとの煮込み時間と合わせて、合計5時間程度が加熱時間の目安。

3 そのまま冷まし、流水で洗う。ここでひと口大の拍子木切りにする。はじめから小さく切って下ゆですると、収縮率が高くなり、それぞれの表面が固くなって、弾力のない仕上がりとなる。

トリッパは充分に臭みを抜き、弾力を残しつつ柔らかく仕上げる

●煮込みすぎるとトリッパが柔らかくなりすぎて歯ごたえがなくなってしまう。煮込みの時間よりも下ゆでの時間をやや多めにし、ゆで終わった時点でほぼ食べられる固さになっているようにして、その後煮込みすぎないようにするのが失敗の少ない方法。●下ゆでにはたっぷりの野菜を使い、酢を加えてしっかりと臭みを抜く。●クローヴを2〜3粒つぶして加えてもよい。

●材料●
トリッパ(ハチノス)………1kg
┌水
│塩
│酢
│タマネギ
│ニンジン
│セロリ
└ローリエ
サラダ油
ニンジン
タマネギ
セロリ
(ニンジン、タマネギ、セロリを合わせた量が、ゆで上がって切ったトリッパと同量くらいが目安)
生ハム………40g
ニンニク………1片
白ワイン………400cc
ホール・トマト(缶詰)……1.2kg
ミントの葉(みじん切り)
………大さじ1〜2杯
塩
コショウ
【付合せ】
ペコリーノ・チーズ
(またはパルミジャーノ・チーズ)

1 鍋に油を熱し、ニンジン、タマネギ、セロリの拍子木切り、きざんだ生ハムとニンニクのみじん切りを入れ、充分甘みが出るまで炒める。下処理をして拍子木切りにしたトリッパを加える。

2 全体に混ぜ合わせてさらに炒め、白ワインを注ぎ入れる。

3 白ワインはヒタヒタ程度が適量。

4 泡立器で軽くつぶしたホール・トマトを加える。蓋をして、オーブンで約2〜3時間煮込む。コクを出したい時には、スーゴ・ディ・カルネを加えるか、濃厚なトマトソースを用いる。

5 煮込み終わった状態。仕上げにミントのみじん切りを加え、塩、コショウで味をととのえる。ニンニクの風味をきかせたい時には、仕上げの10分くらい前にニンニクを加えるとよい。

【付合せ】
おろしたペコリーノ・チーズ、またはパルミジャーノ・チーズを添えて提供する。

ピアチェンツァ風ストラコット
ストラコット　アッラ　ピアチェンティーナ
Stracotto alla piacentina

調理　吉川敏明

ストラコットは、牛のモモ肉（シキンボウ、外モモ、イチボなど）の塊を鍋に入れ、蓋をして赤ワインで長時間蒸し煮込みにして、肉とソースを食べる料理。ピアチェンツァ風（エミリア・ロマーニャ州）、トスカーナ風、ロンバルディア風と各地にあり、それぞれその土地の赤ワインを使うのが特徴。他に、ピエモンテではブラサート（brasato）、ローマではストゥファート（stufato）と呼ばれる赤ワイン煮込みがあるが、ストラコットのように肉が崩れるほどは煮込まない。いずれも、肉を煮込むことで得られるソースに大きな意味があり、肉は肉でセコンド・ピアットとして食べ、ソースは別にプリーモ・ピアットに仕立てるというケースも少なくない。

モモ肉を赤ワインで長時間蒸し煮込みにしたソースの旨み

●煮込みに使う塊肉は、最低でも１kg以上のものを用意する。ある程度の分量がないと、コクのあるソースが得られない。外モモやシキンボウ、イチボなど、固い部位を使う。ソースが脂っぽくなるので、脂分の多い肉は適さない。●充分深さのある厚手の鍋を使い、必ず蓋をして蒸し煮込みの状態にすることがポイント。

●材料●
牛モモ肉（塊）………１kg以上
塩
コショウ
小麦粉
サラダ油
タマネギ………１個
パンチェッタ………40g
ローリエ
赤ワイン………500〜750mℓ
パッサータ・ディ・ポモドーロ
（ホール・トマトの裏ごし）…300g
湯またはブロード
【付合せ】
ポレンタ
バター

1 牛モモ肉（ここではシキンボウ）を用意する。モモ肉に塩、コショウをすりこみ、全体に薄く小麦粉をまぶす。フライパンに油を熱し、モモ肉を入れて表面に焼き色をつける。

2 煮込んでいくうちに、肉がボロボロの状態にならないように、表面をしっかり焼き固めておく。

3 鍋に油を入れ、タマネギの薄切り、パンチェッタの細切りを入れ、タマネギがしんなりするまで炒める。

4 そこへモモ肉を入れ、赤ワインを注ぎ入れて煮る。もともとマリネをせずに煮込む料理だが、あらかじめ赤ワインでマリネして、香味野菜とともに煮込んでもよい。

5 最低でもモモ肉が三分の二程度は赤ワインに浸かっているようにする。ローリエを入れる。

6 煮立ったらパッサータ・ディ・ポモドーロを加える。

7 蓋をして、中火のオーブンで２時間から２時間半煮込む。途中時々肉を返し、水分が足りないようであれば、適宜湯または熱いブロードを足す。

8 そのままねかせてあら熱をとり、肉を落ち着かせてから、約１〜1.5cm幅に切り分ける。鍋に残ったソースの味をととのえて、温めた肉にかけ、ポレンタを添える。

【付合せ】
沸騰した湯に塩とポレンタの粉を入れて煮溶かす。弱火で約40分間、木杓子で混ぜながら練り続ける。最後にバターを加え混ぜ、ツヤよく仕上げる。

煮る
cuocere in umido

カッスーラ
カッソエウラ
Cassoeula

調理　吉川敏明

カッスーラは、ミラノを中心としたロンバルディア地方の料理で、耳や尾、骨付きの肩ロースやバラ肉、サルシッチャなど、豚のいろいろな部位や畜肉加工品とチリメンキャベツ（cavolo verza）を、白ワインとトマトで煮込んだもの。豚を屠畜して加工品を作る時季に、ちょうど一番おいしくなるキャベツを使い、一緒に煮込んだ代表的な冬の料理である。カッスーラとはロンバルディア地方の方言で、キャセロールの意。厚手の鍋や土鍋などで煮込み、そのまま食卓に持ち出して食べるのが伝統的なスタイルである。なお、カッスーラには、本来ミラノのサルシッチャ（赤ワインに浸け込んだ肉、ラルド、グラーノ・チーズ、ニンニク、各種香辛料などで作った濃厚な生ソーセージ）を使うのが基本である。

豚の旨みとチリメンキャベツの甘みが渾然一体となったおいしさ

●チリメンキャベツは特有のアクとにおいがあるため、必ず塩湯で下ゆでしてから煮込む。●サルシッチャやスペアリブは脂が多いので、そのまま煮込むと脂っぽい仕上がりとなる。あらかじめフライパンで油をひかずにソテーして、脂分とアクを出してから煮込むのがポイント。●煮込んでいるうちにサルシッチャから塩味や香辛料の味が出るので、味つけは必ず最後に。

●材料● 4人分
豚のスペアリブ‥‥‥‥8本
豚の耳‥‥‥‥2個
サルシッチャ（生ソーセージ。ミラノのサルシッチャは日本では入手不可能なため、ここではごく一般的なサルシッチャを使用）‥‥‥‥4本
チリメンキャベツ‥‥‥‥1/2個
サラダ油
タマネギ‥‥‥‥1個
セロリ‥‥‥‥1本
ニンジン‥‥‥‥1/2本
ローリエ
白ワイン‥‥‥‥400cc
ホール・トマト（缶詰）‥‥‥‥600g
塩

1 豚のスペアリブ（骨付き胸バラ肉）と耳、サルシッチャ、チリメンキャベツ。

2 耳（火であぶり細かい毛をこそげ落としたもの）を15分間ほど下ゆでする。そのまま冷まし、ぶつ切りにする。

3 チリメンキャベツの葉を沸騰した塩湯に入れてゆで、アクを除く。2～3分間で上げてそのまま冷まし、大きめのざく切りにする。

4 フライパンに油をひかずにスペアリブを入れ、あまり焼き色をつけないように弱火で焼き、余分な脂とアクを出す。

5 サルシッチャは爪楊枝で皮に小さな穴をあけたのち、油をひかずにフライパンで焼いて、脂とアクを出す。

6 鍋に油を熱し、タマネギの小角切りをしんなりするまで炒める。

7 セロリとニンジンの小角切りを加え、蓋をして、しんなりするまで加熱する。

8 ここへ、耳、スペアリブ、サルシッチャ、ローリエを加えて全体に混ぜ合わせる。サルシッチャは、必ず丸ごと煮込む。切ってから煮込むと、皮が縮んできれいな形に仕上がらない。

9 下ゆでしたチリメンキャベツを加え入れる。

10 白ワインをたっぷりと注ぎ入れてさらに煮る。

11 ホール・トマトをつぶして加え、蓋をして煮込む。途中、水分が足りなくなったら適宜湯を加え、あまり混ぜないように1時間程度煮込む。

12 スペアリブの骨と肉が簡単にはずれるくらいの柔らかさになったらよい。最後に塩で味をととのえる。1日おいて、翌日に温め直してもおいしい料理である。

煮る

cuocere in umido

仔羊のブロデッタート
Agnello brodettato
<small>アニェッロ　ブロデッタート</small>

調理　吉川敏明

　ブロデッタートは、広くはスープで煮込んだ料理のことだが、ローマでブロデッタートといえば一般に、ブツ切りにしたアッバッキオ（乳飲み仔羊）を煮込み、卵でつないで仕上げたものを指す。春先はちょうどアッバッキオがおいしい時季であり、卵を使うことから、復活祭の頃によく食べられる。ここでは角切りにした仔羊のモモ肉を使って、この伝統的なローマ料理を紹介する。同様に卵でつないで（クリームを加えることもある）、白く仕上げる煮込みは他の地方にもあり、トスカーナやリグーリアでは「フリカッセア（fricassea）」といわれている。クリーム色のなめらかなソースが特徴である。

仔羊の味を強調した、トロッとなめらかな白い煮込み

●白く仕上げるため、タマネギを炒める時も、仔羊を焼き固める時も、焦げ色をつけないように注意する。●煮込み終わった時点で、適度な水分が必要。少ないとボソボソの状態になり、多いとトロッとした濃度が出ない。●均一でなめらかな状態にするため、いったん肉を取り出して、煮汁だけを卵でつなぐ。●温め直しはできないので、そのつど卵でつなぎ、できたてを素早く提供する。

●材料●4人分
仔羊のモモ肉………600g
塩
コショウ
タマネギ………½個
生ハム………10g
オリーブ油
白ワイン………150cc
湯またはブロード
卵黄………4個分
パセリ
レモン汁………1個分
【付合せ】
アーティチョーク
グリーンピース
バター

1 鍋にオリーブ油を熱し、タマネギの薄切りと生ハムのみじん切りをしんなりするまで炒める。タマネギはみじん切りにするとブツブツした触感が気になる場合があるので薄切りにしている。

2 最後に卵でつないで白く仕上げるので、焦げ色をつけないように注意する。

3 仔羊のモモ肉を角切りにして、塩、コショウする。フライパンにオリーブ油を熱し、肉の表面を焼き固める。ここでもあまり焦げ色をつけないようにする。

4 タマネギと生ハムを炒めた鍋に油をきった仔羊を移し入れ、軽く混ぜ合わせる。

5 ヒタヒタ程度に白ワインを注ぎ入れる。

6 蓋をして、オーブンで約1時間半煮込む。途中ワインが煮つまったところで、沸騰した湯(ブロードでもよいが、ここでは仔羊の味を強調して)を加え、水分の加減をみながら煮込む。

7 煮込み終わった状態。適度に水分が残っている。なお、アッバッキオ(乳飲み仔羊)など柔らかい肉を使った場合は、1時間程度煮込めば充分である。ここまでを仕込んでおく。

8 注文が入ったら、厚手の小鍋、またはアルミ製のフライパンに人数分を取り分けて温める。

9 肉を取り出して煮汁だけを残し、弱火にする。

10 卵黄(1人前1個分が目安)、パセリのみじん切り、レモン汁を混ぜ合わせる(マジョラムのみじん切りを加えてもよい)。これを煮汁に加え、泡立器で混ぜる。

11 全体に混ざったら即座に火からおろし、さらに泡立器で攪拌してクリーム状にする。余熱を使って、トロッとなめらかに仕上げるのがコツ。火が入りすぎるとボソボソになってしまう。

12 味をととのえ、肉をもどしてなじませる。さらに濃厚に仕上げたい時は、肉をもどす前にクリームを加えてもよい。

【付合せ】
くし形に切ったアーティチョークを下ゆでし(37頁参照)、グリーンピース(缶詰)とともに軽くバターでソテーする。塩、コショウで味をととのえる。

煮る

cuocere in umido

ミラノ風オッソブーコ
Ossobuco alla milanese
<small>オッソブーコ　アッラ　ミラネーゼ</small>

調理　吉川敏明

オッソブーコは、骨髄の入った仔牛の後ろスネ肉を輪切りにしたもので、これを煮込んだ料理もそのままオッソブーコと呼ばれる。スネ肉と骨髄を、煮込んだソースとともに食べるミラノの料理。ソッフリットと白ワインで煮込み、グレモラータ（ニンニク、レモンの皮、パセリのみじん切りを合わせたもの）を加えて仕上げるのが原形で、その後、トマトなどが加えられるようになった。付合せは、伝統的には「リゾット・アッラ・ミラネーゼ（サフラン風味のリゾット）」だが、オッソブーコの風味を邪魔しないよう、バターとチーズだけで仕上げた「リゾット・ビアンコ（白いリゾット）」を添えることも多い。

しっかり噛んで味わう煮込み肉のおいしさ

● 煮込みに入る前に、肉の表面をしっかりと焼き固めておくことがポイント。ひとつひとつの肉に、一番いい状態の焼き色をていねいにつけるようにする。
● 肉と骨が簡単にポロッとはずれるようでは煮込みすぎ。軽く押さえた時にずれる程度がよい。ただ長時間煮込めばいいのではなく、肉の繊維を壊さないよう、煮込み時間や火の通し加減に注意を払う。

● 材料 ● 4人分

オッソブーコ（仔牛の後ろスネ肉）
　………4枚（厚さ3～4cm）
塩
コショウ
小麦粉
ソッフリット
　┌タマネギ┐
　│ニンジン│……生の状態で合わせて
　│セロリ　│　　1カップ程度
　│バター　│
　│（タマネギ2に対して、セロリ、ニン
　└ジンはそれぞれ1の割合）
サラダ油
バター
白ワイン………150cc
ローリエ………1枚
ブロード
グレモラータ
　┌ニンニク………1/2片
　│レモンの皮………1/2個分
　└パセリ（みじん切り）…大さじ1杯
【付合せ】
リゾット・ビアンコ
　┌米
　│バター
　│タマネギ
　│ブロード
　└パルミジャーノ・チーズ

1 きれいに骨髄の残ったオッソブーコ（3～4cm厚さ）を用意する。ゼラチン質が旨みとなるので、筋などをきれいに掃除する必要はない。両面に塩、コショウをし、軽く小麦粉をまぶす。

2 フライパンに油とバターを熱してオッソブーコを入れ、焦がさないように注意しながら、表面をしっかりと焼き固める。

3 ひとつずつ、ていねいに、きれいな焼き色をつけることがポイント。焼きが足りないと、煮込んでいくうちに骨髄が溶け出し、また、肉の旨みも外に流出してしまう。

4 用意しておいたソッフリット。ここで使うのは、みじん切りのタマネギ、セロリ、ニンジンをバターで炒め、しんなりして充分に甘みが出るまで蓋をして、オーブンで加熱したもの。

5 ソッフリットの鍋にオッソブーコを入れる。

6 ローリエを加え、白ワインをヒタヒタ程度に加えて、蓋をしてオーブンで煮込む。途中、ある程度煮つまったら、少量ずつブロードを加えて水分を補う。

7 仕上がりの5～10分前に、グレモラータを加える。グレモラータは、ニンニク、レモンの皮、パセリのみじん切りを合わせたもの。

8 木杓子で軽く押さえてみて、骨とそのまわりの肉がずれる状態になったらでき上がり。オッソブーコの大きさにもよるが、煮込み時間は1時間半程度が目安。最後に塩、コショウで調味する。

9 グレモラータを加える前の段階まで仕込んでおき、注文が入ったらいったん肉を取り出してソースを温め、グレモラータを加えて少し煮込んでから、肉をもどして仕上げるとよい。

【付合せ】

リゾット・ビアンコ。鍋にバターを熱し、タマネギのみじん切りを炒める。洗わない米を加えてさらに炒め、熱いブロードを加えて煮る。途中煮つまったら適宜熱いブロードを足し、最後にバター、パルミジャーノ・チーズを加えて仕上げる。

ソッフリット(soffritto)について

1 鍋にバターを溶かし、ごく細かいみじん切りにしたタマネギ、セロリ、ニンジンを炒める。焦がさないように注意し、ある程度火が通ったら、蓋をしてオーブンに入れる。

2 しんなりして充分に甘みが出るまでじっくりと加熱する。オーブンを使わず、直火で加熱していく場合にも必ず蓋をして、途中焦げつかないように木杓子で混ぜ、火加減に注意する。

3 ある程度まとめて作っておき、冷蔵庫で保存するとよい。使う時には、使用する分だけをあらかじめ鍋にとって温めてから、他の素材と合わせていくようにする。

ソッフリットは、タマネギなどの香味野菜（香草や生ハム、パンチェッタを加えることもある）をバターや油で甘みが出るまでじっくりと炒めたもの。煮込み料理のベースとして使われることが多い。人により、また用途によって使う野菜の種類、みじん切りの大きさや分量の割合などさまざま。ここで紹介したのは、タマネギ、セロリ、ニンジンを2：1：1で合わせたもの。セロリ、ニンジンは香りが強く、入れすぎると仕上がりの味に影響するので、使い方には注意が必要である。

仔羊の部位

① 頭　testa
② 首肉　collo
③ 肩肉　spalla
④ ロース　carré（カットしたものはcostoletta）
⑤ 鞍下肉　sella
⑥ バラ肉　petto（前方はcostine または puntine、後方はpancia）
⑦ モモ肉　cosciotto

abbacchio （ローマ地方）乳飲み仔羊
agnello da latte または *agnellino*　乳飲み仔羊
agnello　仔羊
montone　生後1年以上たった雄の羊
castrato　去勢した羊
pecora　生後1年以上たった雌の羊

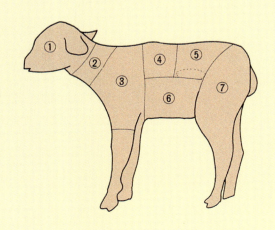

各部位の名称は、地方によって異なる場合もあります。

煮る

cuocere in umido

ズッパ・ディ・ペーシェ
Zuppa di pesce

調理　久保脇敏弘

ズッパ・ディ・ペーシェは一般に「魚介のスープ」と訳されるが、カサゴ、メバル、ホウボウなどの根魚を中心に、貝や甲殻類も加えて「魚介のごった煮」にした料理である。どちらかというと液体分が少なく、スープを飲みながら主として魚を食べるというもの（ただし、煮くずれるまで煮込み、裏ごしして液体状にしたズッパ・ディ・ペーシェもある）。イタリアの海沿いの町ではたいていどこでも作られているが、特に有名なのがトスカーナ州リヴォルノの「カッチュッコ」。トマトで煮込んでいるのが特徴だが、他の土地でもトマト味で仕上げたものが多い。イタリアの東側のアドリア海沿岸では、煮込み時間が短くあっさりした味に仕上げたものが多く、これらはブロデット・ディ・ペーシェと呼ばれている。

イイダコの下処理

1 足の付け根から袋状の胴に親指を入れる。

2 胴の身をめくるようにして裏返しにする。この時、身が多少破れてもかまわない。

3 中に入っている内臓を指先でつまんで取り除く。胴の身を元の状態に戻す。

的ダイの下処理

1 エラ蓋の脇に斜めに包丁の刃を当て、中ほどまで切り目を入れる。

2 裏返しにし、反対側も同様に包丁を当て、深く下まで切って頭を落とす。

3 切り口から内臓を取り出す。

4 内臓を覆っていた腹の身を斜めに切り落とす。

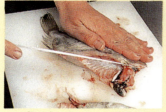
5 腹の中に残っている内臓をきれいに取り除く。

6 尾ビレ、尻ビレ、背ビレと、すべてのヒレを切り取る。

7 身のほぼ真ん中で二つに切り分ける。

ホウボウの下処理

1 長い胸ビレを持ち上げ、根元近くから垂直に中ほどまで切り目を入れる。反対側も同様にして頭を切り落とす。

2 逆さ包丁にし、肛門のあたりから頭の方向に向かって切り目を入れる。

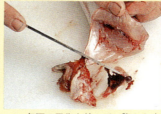
3 包丁の刃先を使って、腹から内臓を取り出す。

4 腹の薄い身を包丁で切り離す(身が薄く、煮くずれるので)。ヒレを切り取ったのち、身をぶつ切りにする。

ズッパ・ディ・ペーシェ

魚やエビを丸ごとごった煮にした複合的なおいしさ

●貝と甲殻類は、火を入れすぎると身がパサつき、旨みが抜けるので、オーダーのあった時点でソテーするようにする。これを、煮込んでおいた魚のスープに加え、温める程度に火を入れて仕上げる。●野菜は焦がさないように充分炒めること。ここではレタスの中心にある柔らかな若葉の部分を使っているが、これは古典のリチェッタから引用した方法。甘み、旨みがよく出る。

●材料●
的ダイ………1尾
黒カサゴ………1尾
メバル………1尾
ホウボウ………1尾
イイダコ………6はい
車エビ………4尾
スカンピ（アカザエビ）………4尾
ムール貝（殻をよく洗って、足糸を抜き取ったもの。31頁参照）………10個
アサリ………15個
ニンニク………1片
オリーブ油
塩
コショウ
小麦粉
┌ニンニク………3片
│レタスの中心の若葉………200g
│ニンジン………300g
└タマネギ………300g
ホール・トマト………900g
赤系のブロード・ディ・ペーシェ
　（31頁参照）………4ℓ

【付合せ】
ブルスケッタ
　（パン、塩、コショウ、オリーブ油、ニンニク、イタリアンパセリ）

1　ズッパ・ディ・ペーシェには、魚、貝、甲殻類をいろいろ取り混ぜたほうが旨みがよく出ておいしく仕上がる。魚ではだしがよく出るカサゴやホウボウが必需品である。

2　鍋を火にかけ、オリーブ油を入れて温める。ニンニクとレタスの各みじん切りを入れ、中火で焦がさないように炒める。ニンジンとタマネギのみじん切りも加え、さらによく炒める。

3　野菜はしんなりするまで、時間をかけてじっくり炒めることが必要。こうして、野菜の甘みと旨みを引き出し、スープの味のベースを作る。

4　ホール・トマトを加え、さらにトマトが隠れるくらいの量の赤系のブロード・ディ・ペーシェ（根魚で作った濃厚なブロード）を入れる。強火にして沸騰させる。

5　下処理をした魚の切り身（的ダイ、黒カサゴ、メバル、ホウボウ）に塩、コショウ、小麦粉をごく薄くまぶし、オリーブ油で焼く。きつね色に色づく程度に、表面を焼き固めればよい。

6　焼いた魚と、下処理をしたイイダコを4の鍋に入れ、中火で約1時間煮込む。

7　煮込み終わった魚のスープ。

8　別のフライパンにオリーブ油とつぶしたニンニクを入れ、火にかけて香りを出す。殻付きのアサリとムール貝、車エビ、縦に二つ割りにしたスカンピを入れ、ソテーする。

9　貝の殻が少しずつ開き始めたら、フライパンをふって殻をあけやすくする。ここでは、完全に火を入れず、すべての貝が少し口を開いた状態に火が通ればよい。

10　9の貝とエビを、たまった汁ごと7の鍋に入れる。沸騰させ、アクを取って塩、コショウで味をととのえる。サービスする直前に素焼きの器に入れて温める。ブルスケッタを添えて提供する。

ズッパとブルスケッタ（bruschetta）

ズッパ・ディ・ペーシェには、必ずブルスケッタ（ガーリック・トースト）を添える。器の底にブルスケッタを敷いて、その上に魚介のスープを盛ったり、スープとは別添えにして出したりもする。いずれにしても、ニンニクとオリーブ油の風味をつけたトーストに、スープをたっぷり湿らせて食べるところにおいしさがある。イタリアでは、日もちするように作られた皮の固い田舎パンでブルスケッタを作ることが多い。これを薄切りにして塩、コショウし、ニンニクをこすってトーストし、オリーブ油をかける。ここで添えているブルスケッタは、小さく切ったバゲットに塩、コショウ、オリーブ油をかけてフライパンで焼き、つぶしたニンニクを加えて香りづけするという方法で作っている。

煮る

cuocere in umido

イカ墨のリゾット
Risotto nero con le seppie
リゾット　ネーロ　コン　レ　セッピエ

調理　久保脇敏弘

身の中に固い甲羅を持つスミイカ（コウイカ）には大きな墨袋があり、この墨を利用してイカ墨の煮込み、リゾット、パスタなどを作る。イカ墨のリゾットには墨とブロードだけで米を煮たものもあるが、ここで紹介したのはイカの足などとともにいったんイカの墨煮ソースを作り、それを米と合わせて仕上げたリゾットである。また本来のリゾットは、米を炒めてからブロードやソースを少しずつ加え、ゆっくり煮ていくものだが、ここではあらかじめピラフに仕立てておいた米とイカの墨煮ソースを合わせる方法を取り上げた。粘りが出すぎるなどの失敗が少なく、ごく短時間で調理できるメリットがある。このピラフは、各種のリゾットやスップリ（ライスコロッケ）などにも利用できる。

スミイカの下処理と墨の取り出し方

1 スミイカ。ものによって墨袋の大小があったり、入っている墨の量も違う。足りない時は、市販のイカ墨を加えるとよい。

2 片方の手でイカの頭と足を握り、もう一方の手の親指を胴の中に入れて、内臓と身をつないでいる薄膜をはがす。

3 頭と足を引っ張り、内臓ごと引き抜く。

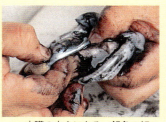

4 内臓の中心にある、銀色の細い袋状のものが墨袋。包丁で袋の両端の筋を切り離し、別においておく。

5 イカの胴を立て、両手で身をつかんで下に強く引きずり下ろす。その反動で甲羅が皮を突き破って出てくる。この甲羅を取り出す。

6 破れたところから皮を引っ張ってはがす。

7 胴の両側にあるミミを引っ張って取りはずす。

8 取り残した皮を、完全にむき取る。写真のように、初めから墨袋が破れて墨が流れ出していても、決して洗わないこと。この墨も利用して墨煮にする。

9 足と眼球の間に包丁を入れ、頭と足を切り離す。

10 足の付け根を裏返しにすると、中心にあるクチバシが飛び出てくる。これを包丁で切り離す。

11 ボウルに水を張り、4で取り出した墨袋を入れて、指でしごいて墨を絞り出す。目の細かいこし器でこしておく。水の量は適宜で。あとで墨煮を作る時に煮つめて、墨の濃度を調整する。

イカ墨のリゾット

墨の色を引き立たせ、生臭みを抑える

●墨は鮮度がよいうちに調理する。生臭みがある時は、白ワインとパセリの軸、タイム、ローリエ、セロリなどを加えて1時間ほど煮ると臭みが消える。●イカ墨は色が一番の持ち味なので、多めに使って色を引き立たせる。墨の量が足りなければ、市販のイカ墨（墨袋をそのまま冷凍したもの、墨だけを真空パックや缶詰、チューブにしたものなど）を利用するとよい。

●材料●

- スミイカの身………60g
- ニンニク………1/2片
- オリーブ油
- ピラフ………120g
- イカの墨煮ソース………100cc
- 白系のブロード・ディ・ペーシェ（30頁参照）
- イタリアンパセリ

イカの墨煮ソース
- スミイカの足………1ぱい分
- スミイカの墨袋………5袋分
- ニンニク………3片
- タマネギ………200g
- アンチョビー（オイル漬け）……2枚
- オリーブ油
- イタリアンパセリの軸
- ローリエ………1枚
- 白系のブロード・ディ・ペーシェ………1.5ℓ
- トマトソース………100cc
- 水溶きのコーンスターチ………100cc

ピラフ
- 米………5合
- タマネギ………200g
- 塩
- バター
- 水………3.5合

1 イカの墨煮ソースを作る。鍋にオリーブ油とニンニクのみじん切りを入れて火にかけ、炒めて香りを出す。タマネギのみじん切り、細かくきざんだイカの足とアンチョビーを加えて炒める。

2 イカ墨を絞り出した水（81頁、写真11参照）を加える。イタリアンパセリの軸を粗くきざんだものとローリエも入れる。

3 ブロードを加えて沸騰させる。

4 トマトソースを加える。

5 中火にして、液体が半量になるまで煮つめる。最後に水溶きのコーンスターチを加え、よくかき混ぜてわずかにとろみをつける。これで、イカの墨煮ソースのでき上がり。

ピラフ（pilaf）について

厚手の鍋を用意する。タマネギのみじん切りをバターでよく炒め、米を洗わずに加えて炒める。水と塩を加え、蓋をする。オーブンまたは直火で、芯にやや固さが残る状態に炊く。

水分の少ない、固めでさらりとしたピラフを作っておくと、手早くリゾットを作ることができる。ピラフ自体は、旨みのあるブロードよりも水で炊いておいたほうがよい。味を控えめにしておけば、いろいろなリゾットや米料理に幅広く利用できる。炊き上がって2時間後くらいが理想的な固さで、炊いてすぐのものや1日たったピラフは水分量が違ってくるので、リゾットに仕上げる際に加える、ブロードの量で調整する。

6 リゾットを作る。鍋にオリーブ油を入れ、ニンニクのみじん切りとイカの身を細かく切ったものを加えて炒める。ピラフとイカの墨煮ソースを加える。ブロードを適量入れ、混ぜ合わせる。

7 イタリアンパセリの粗みじん切りをふり、中火で2分間ほど、かき混ぜながら煮る。ブロードは、ピラフの乾燥状態やイカの墨煮ソースの濃度によって量を加減する。

焼く

cuocere in padella
cuocere alla griglia
cuocere al forno

Scaloppine di vitello alla lombarda
仔牛のスカロッピーネ、ロンバルディア風

Involtini di vitello con carciofi
アーティチョーク詰め仔牛のインヴォルティーニ

Saltimbocca alla romana
サルティンボッカ、ローマ風

Agnello alla cacciatora
仔羊のカッチャトーラ

Giambonetto di pollo alla cacciatora
鶏のジャンボネット、猟師風

Fegato alla veneziana
ヴェネチア風レバーのソテー

Rognone trifolato
腎臓のソテー

Grigliata mista
ミックス・グリル

Involtini di pesce spada
メカジキのインヴォルティーニ

Pollo alla diavola
鶏の悪魔風

Spigola arrosto
スズキの香草焼き

Arista
アリスタ

Filetto di manzo al cartoccio
牛フィレ肉の紙包み焼き

Parmigiana di melanzane
ナスのパルミジャーナ

焼く

cuocere in padella

アーティチョーク詰め仔牛のインヴォルティーニ
インヴォルティーニ ディ ヴィテッロ コン カルチョーフィ
Involtini di vitello con carciofi

仔牛のスカロッピーネ、ロンバルディア風
スカロッピーネ ディ ヴィテッロ アッラ ロンバルダ
Scaloppine di vitello alla lombarda

調理　吉川敏明

サルティンボッカ、ローマ風
Saltimbocca alla romana

調理　吉川敏明

仔牛のスカロッピーネ、ロンバルディア風

スカロッピーナとは肉などの薄切りのこと。イタリアではもともとフェッティーナ（fettina＝薄切り）という言葉があったが、フランス料理のエスカロップ（escalope＝厚さ1cm程度の薄切り）の影響で、スカロッピーナという言葉が定着した。本来スカロッピーナといえば仔牛のモモ肉と決まっていたが、現在では豚肉なども使われるようになっている。脂肪の少ない仔牛のモモ肉をソテーし、ほとんどそのままか必要最小限のソースで食べるスカロッピーナは、イタリアでもっとも軽い肉料理のひとつである。ここで紹介したロンバルディア風も、バター、レモン汁、パセリのソースで食べるごくシンプルな料理で、古くからピッカータ（piccata）というイタリア名で呼ばれていた。

アーティチョーク詰め 仔牛のインヴォルティーニ

インヴォルティーニは、薄切りにした肉や野菜、魚などで何かを巻き込んだ料理のこと。巻く素材も、中に詰める素材もいろいろで、地方によってさまざまなインヴォルティーニがある。内容だけでなく呼び名が変わることもあり、たとえばリグーリアではトマクセッレ（tomaxelle）、ミラノではポルペットゥ（polpett）、南部の多くではブラチョーレ（braciole）。しかし、これらがまた別の地方では別の料理を指す（ポルペットゥはミラノ以外の多くの地方ではミートボールのこと）といった具合いで紛らわしい。ここで紹介したのは、中にアーティチョーク、生ハム、プロヴォローネ・チーズを詰めた仔牛のインヴォルティーニのソテー。非常にオーソドックスなインヴォルティーニである。

サルティンボッカ、ローマ風

薄く叩きのばした仔牛のモモ肉に、セージと生ハムを貼り付け、フライパンで強火で素早く焼いた料理。ソースは白ワインと焼き汁で作ったシンプルなもので、これも軽い肉料理の定番である。「サルティンボッカ」とは、「口の中に飛び込む」という意。つまり、さっと焼き、さっと食べる料理を意味する。イタリアの料理人はこのような料理を「ピアット・エスプレッソ」、つまり「早い皿（料理）」と表現し、素早さとタイミングを重視する。また、いまでこそ、サルティンボッカといえばローマ料理として名が通っているが、そもそもはロンバルディア州、ブレーシャが発祥の地で、原形は仔牛のモモ肉にセージと生ハムを重ねて巻いた、インヴォルティーニのような形であったといわれている。

仔牛モモ肉の下処理

スカロッピーナ用 サルティンボッカ用

スカロッピーナやサルティンボッカに適した部位は、身のつまったモモ肉。柔らかいロース肉やフィレ肉は適さない。中でも内モモや腰肉が最適で、こうした適度な柔らかさをもったモモ肉を使う場合には、筋切りもあまり必要ない。これに対し外モモは筋が密集して固く、収縮率も高いため、かなり力を入れて叩き、筋切りも多めにすることが大切である。

1 仔牛のモモ肉は、薄い膜を取って掃除をする。そのままの大きさで輪切りにするのではなく、少し包丁を斜めにずらしながら、厚さ8mm、長径6～7cmぐらいの楕円形に切り出す。

2 大理石など、固い石板の上に肉を置き、少量の水でぬらした肉叩きで叩く。

3 長径9～10cm、短径7～8cm程度の楕円形で、厚さ5mm程度の大きさに整える。ほぼ倍くらいの大きさになっている。

4 このように肉は厚めに切り出し、肉叩きで叩いてのばし、繊維を柔らかくしてソテーする。最初から薄く切ってソテーしたのでは"噛んでおいしい触感"は得られない。

5 筋のある部分に包丁で切り目を入れる。むやみに多く入れる必要はない。

▼ 肉の叩き方のコツ

イタリアの肉料理には、「切る技術よりも叩く技術が必要」といわれる。ここで紹介した三種類のモモ肉の料理は、肉を叩くことによっておいしさが引き出される代表的な料理といえる。肉叩きは、先の部分（前半分くらい）を使い、手首のスナップをきかせて、肉叩きが肉にあたる瞬間にもっとも効率よく力が加わるようにする。この時、肉叩きは肉に対して平らにあて、垂直に力がかかるように。そして、肉の表面の組織を壊さないように、無理に引っ張ったりこすったりして摩擦を与えすぎないようにする。肉叩きに少量の水をつけたり、肉をラップ紙で覆って叩いたりするのも、肉への摩擦を少なくするためである。また、全体にまんべんなく叩くと力が分散してその効果は薄い。特に肉に厚みがあるうちは部分的に集中して叩き、少しずつのばしていくのがコツである。

インヴォルティーニ用

インヴォルティーニ用には、同様にモモ肉が適している。スカロッピーナやサルティンボッカ用に比べ、最初から大きめに切り出して、周囲から叩いて薄く大きく肉をのばす。巻き込んだ時に重なる周囲の部分はやや薄めに、中央部は具が露出することがないよう、やや厚めにするのがコツである。

1 掃除したモモ肉を、小口から厚めに切り出す（約8mmが目安）。

2 周囲から叩いて薄く丸くのばす（ここでは厚さは3mmくらいが目安。大きさは直径約12～13cm程度）。

3 周囲は薄く、中央部はそれよりもやや厚めにのばすと、巻き込んだ時にきれいに仕上がる。叩く前（左）の3倍くらいの大きさ（右）になっている。

仔牛のスカロッピーネ、ロンバルディア風

完全に火を通しつつ、中に肉汁をたっぷり残してジューシーに

●時間がたつと肉の表面が乾いてパサパサするので、オーダーが入ってから肉を切って叩き、ソテーしたら間髪を入れずに提供するのがスカロッピーナの基本。●モモ肉は、最初から薄く切り出すのではなく、ある程度の厚みに切り出したものを、叩いて薄くする。そうすることで、肉の旨みを感じる歯ごたえのある柔らかさを出すことができる。

●材料●1人分
仔牛モモ肉（2〜3枚）………80〜100g
塩
小麦粉
サラダ油
白ワイン………大さじ1杯
レモン汁………1/4個分
パセリ
バター………10g
【付合せ】
シメジタケ
ニンジン
カリフラワー
バター
イタリアンパセリ

1 叩いて薄くし、筋切りしたモモ肉の片面に塩をふり（両面では塩味が強すぎる）、両面に小麦粉を薄くまぶし付ける。厚手のフライパンにサラダ油を熱し、充分熱くなったら肉を入れる。

2 強火で加熱し、肉の縁や表面から水分がにじみ出てくる直前で返す。ここで加熱しすぎると、肉汁が流出してパサついた仕上がりになる。中まで火を通しつつ、肉汁を残すのがポイント。

3 強火のまま、両面を色よく焼く。

4 白ワインをふり入れる。

5 レモン汁をたっぷりと搾り入れて火を止める。コクがほしい場合には、ここでスーゴ・ディ・カルネを少量（小さじ1杯程度）加えるとよい。

6 肉を取り出し、パセリのみじん切りを加える。小角切りにした冷たいままのバターを入れてつなぎ、ソースとする。

【付合せ】
シメジタケ、下ゆでしたニンジンとカリフラワーをバターでソテーしたもの。イタリアンパセリを添える。

失敗例

肉を返すタイミングが遅い例。肉の縁および表面から水分がにじみ出ている。ここまで加熱すると、肉汁が肉の中に残らず、流出してしまう。

火が通る前に流出した水分は、アクとなってソースを濁らせる原因ともなる。

アーティチョーク詰め仔牛のインヴォルティーニ

肉と中身のバランス、ほどよい大きさのきれいな形が身上

●重なる部分にも均等に火が入り、なおかつ中身が破れ出ないように、周辺部をやや薄く、中央部をやや厚めにモモ肉を叩きのばす。●中に詰めるものの塩味を考慮して、肉、および全体の塩加減を決める。●どうしても肉に厚みが出てしまうので、途中で火を弱め、中まで完全に火を通すようにする。

●材料● 1人分
仔牛モモ肉（2枚）………100g
アーティチョーク………½個分
　（オイル漬け）
プロヴォローネ・チーズ………20g
　（牛乳製の糸状に裂けるチーズ）
生ハム………½枚
白ワイン………大さじ2杯
トマトソース………大さじ2杯
サラダ油
パセリ
【付合せ】
　ジャガイモ
　タマネギ
　（サラダ油、塩、コショウ）
　イタリアンパセリ

【付合せ】
皮をむいてイチョウ切りにしたジャガイモをサラダ油で炒める。そこへあらかじめ甘みが出るまで炒めておいたタマネギの薄切りを加えて混ぜ合わせ、塩、コショウで味をととのえる。イタリアンパセリを添える。

1 薄くのばしたモモ肉の中央に、拍子木切りにしたプロヴォローネ・チーズ、アーティチョーク、生ハムをのせる。肉には塩をせず、中に塩気のあるものを巻き込むのが基本。

2 左右を折り、手前から巻き込んで、爪楊枝でとめる。

3 厚手のフライパンに薄く油をひいて熱し、閉じ目を上にして、仔牛のインヴォルティーニを入れる。

4 強火でソテーして表面をきれいに色づけた後、白ワインを加え、やや火を弱め、時間をかけて中まで完全に火を通す。

5 トマトソースを加え、味をととのえて仕上げる。器に盛り、パセリのみじん切りをふって提供する。

サルティンボッカ、ローマ風

熟成した生ハムと仔牛のモモ肉の旨みを強火で素早く封じ込める

●肉を叩いて繊維をほぐし、薄くすることで、焼き縮みを抑え、かつ短い時間できっちり火が通るようにする。●加熱は強火で素早く、調理開始から提供までのスムーズな流れが一番大切。●ソースはほんの少量。旨みを補い、口当たりをなめらかにするくらいの量でよく、食べ終わった皿に残らない程度にする。

●材料● 1人分
仔牛モモ肉（2枚）………80g
生ハム………薄切り2枚
セージ………2葉
塩
小麦粉
サラダ油
白ワイン
スーゴ・ディ・カルネ
バター
【付合せ】
マッシュポテト
　（ジャガイモ、牛乳、バター）
グリーンピース
　（バター）
イタリアンパセリ

1 仔牛のモモ肉、生ハム、フレッシュのセージの葉。モモ肉は1枚30〜40g、厚さ8mm程度に切り出す。30g前後の場合は3枚、40gの場合は2枚を1人前の目安にする。

2 仔牛のモモ肉を肉叩きで薄く叩きのばし、中央にセージの葉を1枚ずつ置く。

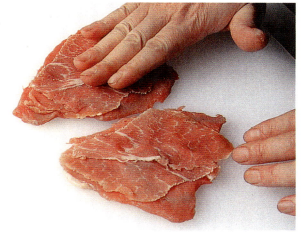

3 生ハムはモモ肉よりもひと回り小さいサイズの薄切りにする。これをモモ肉に重ね合わせ、手のひらで押さえて密着させる。

【付合せ】
マッシュポテトとバターソテーしたグリーンピース、イタリアンパセリ

4 モモ肉のほうに少量の塩をふり、小麦粉を全体に薄く均一にまぶす。多く付けすぎてしまったら、軽く叩いて余分な粉を落とす。

5 フライパンにサラダ油をなじませ、小麦粉をまぶしたモモ肉を生ハムを下にして強火で焼く。

6 肉を反対に返してモモ肉側を焼き、白ワインとスーゴ・ディ・カルネを加える。

7 モモ肉に火が通ったら、生ハムの側を上に向けて皿に盛る。残った焼き汁にバターを溶かし混ぜてソースを作り、上からかける。

生ハムについて

生ハム（プロシュット・クルード prosciutto crudo）の品質を判断する数ある要素のひとつとして、熟成の度合いがあげられる。長期熟成タイプは、イタリアではドルチェ（甘い）といわれ、塩味がこなれてまろやかな風味をもつ。逆に熟成が短いものは、イタリアではサラート（塩辛い）といわれ、塩味が強く感じられる。極端に熟成が足りないものは、塩辛いだけでなく、風味や触感が生肉に近く、好ましくない。

生ハムは、完成後も骨を通して呼吸しているといわれる。そのため、よく熟成した骨付きの生ハムを保存する時には、切り口と、乾燥して固くなりそうなところにアルミ箔かボール紙をかぶせる程度で、あとはそのまま風通しのよい涼しい場所に置いておくのが一般的である。ラップ紙などでぴったりと密閉してしまうと息ができず、湿気がこもってカビがつきやすくなる。ただし、現在日本への輸出が許可されているパルマ産の生ハム（96年春に正式に解禁となった）は、骨を抜いて真空パックしたものだけに限られている。このようにパック詰めにされた製品は、できるだけ小分けにせず、塊のままアルミ箔で覆って冷蔵庫で保存するのがよい。ただし、温度はあまり低くなりすぎないように注意する。

焼く

cuocere in padella

仔羊のカッチャトーラ
Agnello alla cacciatora

調理　吉川敏明

カッチャトーレ（cacciatore）とは猟師、狩人のこと。"アッラ・カッチャトーラ"は"猟師風の"という意味であるが、大きく二通りの料理に用いられる。ローマでは、基本的に仔羊（もしくはウサギ）を使い、酢、ニンニク、ローズマリー、アンチョビーで仕上げたソテー料理を指す。いっぽう、その他の地方では一般的に、鶏肉にキノコを加え、トマト、スーゴ・ディ・カルネなどで煮込んだ料理（またはこれをソースとしたソテー料理）を指す。ここでは、前者、伝統的なローマのカッチャトーラを紹介する。

仔羊骨付きロース肉の下処理

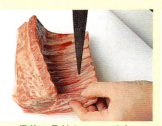
1 仔羊の骨付きロース肉（costolette）を用意する。まず、骨すきナイフで肋骨の片側に沿って脂肪に浅く切り目を入れる。

2 もう片側に沿っても、同様に切り目を入れる。

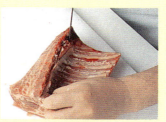
3 肋骨の付け根部分の脂肪をナイフを使って切りはがす。

4 手で引っ張りながら、2、3、で切り目を入れた脂肪も一緒にはぎ取るようにする。

5 肋骨と肋骨の間の膜を浮かせるようにしながらナイフを入れ、膜をはがし取る。

6 同様にして端まで切り進めて、膜をはがし取る。

7 ナイフを逆さに扱って、背側の脂肪を削り落としていく。

8 一度に深くナイフを入れずに、脂肪の厚みをみながら少しずつ切り進める。

9 ソテーにする場合には、あらかじめできるだけ脂を削り取っておく（グリルやローストにする場合には、肉がパサつくのを防ぐように、厚めに脂肪を残す）。

10 まず肉の部分にナイフを入れ、骨1本分に切り分ける。

11 チョッパーを使って、背骨の部分を切り分ける。一気にふりおろして、骨の切断面をきれいにするように心がける。

12 仕上がりの形を想定して、身が薄いほうの骨の周辺の肉にナイフを入れる。

13 肉をこそげ取って、骨をきれいに出す（これは見た目をきれいにするため）。

14 固い筋や、余分な脂肪が残っている場合には、きれいに取り除いておく。

15 成型の終わった骨付きロース肉。このあと、肉叩きで叩いて繊維をほぐし、厚み、形などをさらに整える。厚さを均等にするため、骨のきわは特によく叩き、何カ所か筋切りをしておく。

仔羊のカッチャトーラ

仔羊のソテーは、脂の扱い方が仕上がりのよし悪しを決めるポイント

●仔羊をソテーにする場合は、溶け出した脂が肉汁やソースを濁らせる原因となるので、最初に余分な脂をていねいに掃除しておくことが大切。ただし、アッバッキオ（生後3週間から4週間の乳飲み仔羊）を使う場合は、もともと脂がないので、その必要はない。●切り出した肉は、肉叩きで叩いて繊維をほぐしておく。

●材料● 1人分
仔羊の骨付きロース肉（掃除したもの）
　………150g（3枚）
塩
コショウ
オリーブ油
ローズマリー………小枝1本
ニンニク………1/4片
白ワインヴィネガー（酸味は好みで。半量を白ワインにして味を柔げてもよい）
アンチョビー………1枚
スーゴ・ディ・カルネ…小さじ1杯弱
パセリ
【付合せ】
ズッキーニ
ジャガイモ

1 切り出して形を整えた仔羊の骨付きロース肉を、肉叩きで叩いて繊維をほぐす。両面に塩、コショウをする。フライパンにオリーブ油を入れて熱し、肉を入れる。

2 強火にして肉の両面をきれいに焼き固める。

3 余分な油を捨て（ある程度は残しておく）、火を弱める。

4 みじん切りにしたローズマリーとニンニクを合わせたものを加える。フライパンの端で油となじませてから、肉にからめると、生のニンニクや香草の風味をやわらげることができる。

5 白ワインヴィネガーを加えて煮つめる。ここで肉の中まで完全に火を通す。フライパンの中に油が多いと、揚げものに近い状態になって、外も中も固い仕上がりとなるので注意する。

6 本来は、ワインヴィネガー、ニンニク、ローズマリー、アンチョビーを合わせてすりつぶして加えるのが一般的だが、ここでは4のように、それぞれ別々に油となじませながら加えている。

7 すりつぶしたアンチョビーを加え、最後にスーゴ・ディ・カルネを少量加えて味をととのえる。

8 パセリのみじん切りを散らして仕上げる。ペスト・ロマーノ（ニンニクとローズマリーをみじん切りにして天日干しにし、粉状にしたもの）をふりかけて仕上げる方法もある。

【付合せ】
ジャガイモとズッキーニを小角切りにし、下ゆでしたのち、オリーブ油でソテーし、塩、コショウで味をととのえたもの。

焼く

cuocere in padella

鶏のジャンボネット、猟師風
Giambonetto di pollo alla cacciatora

調理　吉川敏明

ジャンボネットは、鶏肉や七面鳥のモモ肉の骨を抜いて詰めものをし、豚のモモ肉のようにぷっくりとふくらませて、ソテーや煮込みにした料理。フランス語のジャンボン（jambon＝豚のモモ肉のハム）をもじってつけられた名前である。比較的新しい料理で、生ハムやパンチェッタ、サルシッチャなどを詰めたり、また香草だけを詰めたりと、中に詰めるものは自由。一般には、アクセントとなるような強い味のものを詰めて、淡白な鶏肉の味を補うことが多い。また、ここでいうアッラ・カッチャトーラ（＝猟師風）は、鶏肉にキノコを加え、トマト、スーゴ・ディ・カルネなどで煮込んだ料理を指し、ローマでいうところのアッラ・カッチャトーラとは異なる（92頁参照）。薄切りにして冷前菜としてもよい。

鶏モモ肉の下処理（ジャンボネット用）

1 鶏のモモ肉を用意する。

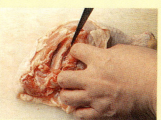
2 骨のきわに包丁を入れる。

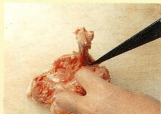
3 できるだけ骨に肉を残さないように、骨を引きはがす。

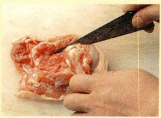
4 関節部は、その周囲を保護している筋を切るように、ぐるりと包丁を入れる。

5 さらに足首のほうまで、骨をはずしていく。

6 骨に肉を残さないように、ナイフで肉をこそげ取るようにする。

7 チョッパーを使い、足首のところで骨を切断する。

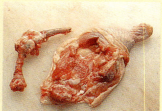
8 モモ肉とはずした骨。

鶏の部位

①胸肉　petto
②ささみ　suprêma または filetto
③モモ肉　coscia
④手羽肉　aletta

pollo　若鶏
cappone　去勢鶏
pollastra または pollastrella　卵を産む前の、やや大きめの雌鶏
gallina　卵を産み終えた雌鶏
pollo ruspante　放し飼いにした若鶏

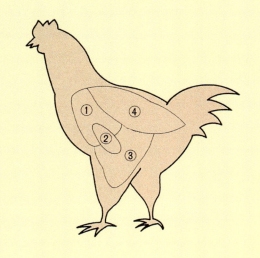

各部位の名称は、地方によって異なる場合もあります。

鶏のジャンボネット、猟師風

ソテー部分に重きをおいた、ソテーと煮込みの中間のような料理

●皮の香ばしさがポイント。最初のソテーで皮面全体にしっかりと焼き色をつける。●水分は少量で、蓋をせずに短時間で仕上げる。蓋をすると蒸し煮の状態になって皮に水分がもどり、触感が悪くなる。ただし、ひね鶏を使った場合にはある程度の時間をかけて煮込み、肉を柔らかくする必要がある。●できるだけ作りおきはしない。時間をおくと肉がパサつき、弾力もなくなる。

●材料● 4人分
鶏モモ肉………4本
詰めもの
　合挽き肉………150g
　生ハム………20g
　パセリ
　ニンニク
　ペコリーノ・チーズ……大さじ1杯
　卵………1個
　パン粉………大さじ2杯
　塩
　コショウ
塩
コショウ
小麦粉
サラダ油
白ワイン………120cc
ローリエ
ポルチーニ茸………100g
（生または冷凍のポルチーニ茸を薄切りにしてソテーしたもの。または乾燥のポルチーニ茸をもどしたもの）
トマトソース………1/2カップ
スーゴ・ディ・カルネ………1/4カップ
パセリ
【付合せ】
ズッキーニ
ジャガイモ
ニンジン
バター
イタリアンパセリ

1 詰めものを作る。材料は、合挽き肉、きざんだ生ハム、パセリとニンニクのみじん切り、おろしたペコリーノ・チーズ、卵、パン粉、塩、コショウ。

2 これらの材料を合わせて手でよく練る。

3 詰めものを棒状にまとめて、骨を取ったモモ肉の中央におく。

4 モモ肉で包み込むようにして形を整える。

5 詰めものがはみ出ないようにタコ糸で縫う。

6 きっちりと縛ってとめる。

7 全体に塩、コショウをして小麦粉をまぶし、油を熱したフライパンに入れる。

8 こんがりと、きれいな焼き色をつける。

9 鍋に移し、白ワイン、ローリエ、ポルチーニ茸を加えて煮る。さらにトマトソース、スーゴ・ディ・カルネを加え、オーブンに入れて加熱する。

10 中まで完全に火が通ったら、肉を取り出して若干煮つめ、パセリのみじん切りを加えてソースとする。アツアツの状態では皮がはがれて形が崩れるので、あら熱をとってから切り分ける。

【付合せ】
ズッキーニ、ジャガイモ、ニンジンの小角切りをそれぞれ下ゆでしたのち、バターでソテーして、塩、コショウで味をととのえたもの。イタリアンパセリを添えて提供する。

焼く
cuocere in padella

腎臓のソテー
ロニョーネ　トリフォラート
Rognone trifolato

調理　吉川敏明

トリフォラートとは、薄切りにしたものをさっとソテーした料理のこと。ごく薄く切って食べるトリュフのイメージから生まれた言葉である。この仔牛の腎臓の薄切りのソテーは、イタリア料理の中でも、仔牛のスカロッピーナ（薄切りのソテー）などと同様、「その場で素早く仕上げる料理＝ピアット・エスプレッソ」の代表格である。ここではブランデー、白ワイン、マルサラ酒、スーゴ・ディ・カルネ、ポルチーニ茸を加えて仕上げているが、アルコールの使い方や具の取合せは、地方や人によってさまざまである。

腎臓の臭みを抜き、強火でごく短時間でソテーする

●薄切りにした仔牛の腎臓をいったん弱火で加熱して中からアクを出し、流水で洗い流してからソテーするというやり方は、伝統的ではないが、注文が入ってからでも充分に対応できる臭み抜きの手法。腎臓にもソースにも、臭みやアクがもっとも残らない方法である。●腎臓は加熱しすぎると固くなり、また調理して時間がたつほど臭みが気になる。手早く仕上げ、即座に提供すること。

●材料● 1人分
仔牛の腎臓………120g
塩
コショウ
小麦粉
サラダ油
ブランデー………小さじ1杯
白ワイン………大さじ2/3杯
マルサラ酒………小さじ1杯
ポルチーニ茸………30g
スーゴ・ディ・カルネ…大さじ1杯
バター………10g
パセリ
【付合せ】
ジャガイモ
ローズマリー
サラダ油

1 仔牛の腎臓(写真はすでに外側全体を覆っているケンネ脂をほぼ取り除いた状態のもの)の窪んだ部分に残っている脂をきれいに取り除く。ナイフを入れて、こそげ取るようにするとよい。

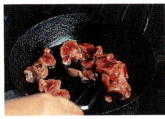
2 腎臓をひと口大に切る。伝統的な手法では、ここで塩をふりかけ、約1時間おいてアクを抜くが、ここでは腎臓をさっと洗って水気をきり、薄く油をひいたフライパンで弱火でソテーする。

3 焼くのではなく、表面の色が変わる程度に軽く熱を加えて、アクを出すことが目的である。

4 ざるにとって流水で洗い、臭みやアクを除く。

5 よく水気をふき取り、塩、コショウして、小麦粉をまぶす。

6 フライパンに油を熱し、腎臓を入れる。

7 強火でソテーする。ここからは1〜2分で素早く仕上げるのがコツである。

【付合せ】
ジャガイモを5mm厚さくらいの半月切りにし、ローズマリーとともに多めの油でソテーする。塩、コショウで味をととのえる。

8 ブランデーを加え、さらに白ワインとマルサラ酒を加える。

9 ポルチーニ茸(薄切りにして別にソテーしておいたもの)、スーゴ・ディ・カルネを加えて煮つめる。

10 最後にバターとパセリのみじん切りを加える。

11 よく混ぜ合わせて、ツヤよく仕上げる。火力は最後まで強火。

焼く
cuocere alla griglia

ミックス・グリル
グリッリアータ　ミスタ
Grigliata mista

調理　吉川敏明

「グリッリアータ・ミスタ」といった場合は、通常肉類のグリルの盛合せを指す（魚介類のグリルの盛合せの場合は、「グリッリアータ・ミスタ・ディ・マーレ」という）。5種類から8種類の肉や内臓を盛り合わせるのが一般的。牛肉、仔牛、仔羊、鶏、腸詰、それに内臓と、ひと皿に味も質も異なる肉類が盛られた迫力は、まさにこの料理ならではのもの。また、焼いている間に脂肪が落ちるので、ボリュームがあるわりには健康にもよく、イタリア人がもっとも好み、頻繁に食べる料理のひとつである。ただし、この料理がレストランで提供されるようになったのは、比較的新しい。それまでは肉を焼く料理といえばローストが主だった。しかし、ロスが多いために、それがグリルに移行していったという経緯がある。

質の異なる複数の肉を同時に、かつ最良の焼き上がりに仕上げる

●それぞれの肉質を理解し、両面を焼く時間、網目をつける時間など、すべてでき上がりからの逆算で調理を開始していく。●脂肪は肉のパサつきを防ぐので、下処理で取りすぎないこと。余分な脂肪は焼いている途中で下に落ちる。
●塩味が大きな鍵。少し思いきって塩をふることが大切。●クセのある肉や内臓類は、レモン汁、オリーブ油、ニンニクの香りをつけた油でマリネしておく。

●材料● 1人分
仔牛の腎臓（ケンネ脂付き）………70g
（レモン汁、オリーブ油）
仔羊骨付きロース肉………1枚
（オリーブ油、ニンニク、ローズマリー）
鶏胸肉………50g
牛フィレ肉………50g
仔牛モモ肉………40g
パンチェッタ………1枚
塩
コショウ
【付合せ】
レモン
赤チコリ
イタリアンパセリ

1 仔牛の腎臓（写真左上）はケンネ脂を付けたまま輪切りにし、レモン汁をぬり、オリーブ油でマリネ。仔羊の骨付きロース肉もニンニク、ローズマリーとともにオリーブ油でマリネする。

2 グリル板をよくから焼きしたのち、サラダ油を焼き面に薄くぬる。はじめに腎臓に塩、コショウをして焼く。肉類は火の通りにくい材料から順にのせていく。

3 次に鶏の胸肉に塩をふり、皮を下にしてのせる。腎臓は網目状に焼き目がつくように位置をずらす。焼き目を菱形にするには、ずらす角度を45～60度くらいにする。

4 鶏の胸肉をずらす。腎臓と鶏の胸肉の片面が焼けたところで反対に返し、次いで塩、コショウした仔羊の骨付きロース肉をのせる。

5 腎臓、鶏肉、仔羊はそれぞれ角度をずらして焼き目をつけ、新たに塩、コショウした牛フィレ肉をのせる。

6 腎臓と鶏肉はほぼ火が通る頃合い。仔羊を反対に返し、牛フィレ肉は位置をずらす。パンチェッタをのせる。

7 最後に肉叩きで叩いて薄くのばし、塩をふった仔牛モモ肉をのせる。牛フィレ肉も反対に返す。同様に仔牛のモモ肉を焼き上げる。

8 それぞれの肉が適切な焼き加減で同時に仕上がった状態。ミックス・グリルをタイミングよく提供するためには、素材それぞれの火の入り方の特徴を把握していなければならない。

網脂の使い方

1 網脂は調理する前に水洗いし、さらににおいが気になる場合には白ワインで洗う。写真で使用している網脂はきれいに掃除して1枚ずつ冷凍にした製品。

2 輪切りにした腎臓にレモン汁をぬり、オリーブ油でマリネする。塩、コショウして、網脂で包む。

牛や仔牛の腎臓の周囲を覆っているケンネ脂は、ソテーやローストの場合にはきれいに取り除くが、グリルの場合はパサつきを防ぐため、付けたまま調理する。逆にケンネ脂を除いた状態の腎臓をグリルにする場合には、上のように網脂で包んで脂肪分を補うとよい。

メカジキのインヴォルティーニ
Involtini di pesce spada

調理　久保脇敏弘

薄切りの肉や魚で、詰めものを巻いた料理をインヴォルティーニという。その際、肉の左右の端を内側に折りたたみ、完全に詰めものを包む。これに対し、両端を折りたたまずに、のり巻き状にぐるぐると巻いたものがロートロ（rotolo）。インヴォルティーニは小ぶりに作るが、ロートロは大小さまざまに作る。インヴォルティーニは肉で作ることが多いが、ここで紹介したのはメカジキを使い、グリルで焼いたもので、シチリアの代表的な料理である。シチリアの方言ではブラチュリッティーニ・ディ・スパータ（Braciulittini di spata）という。また、南イタリアでは、インヴォルティーニのことをブラチョーレ（braciole）ともいうが、この言葉は、北イタリアでは豚の肩ロースあたりの骨付きの切り身を指す。

詰めものを巻いた薄切りの魚をグリルで香ばしく焼く

●インヴォルティーニに使う肉や魚の切り身は、ごく薄くする。身が厚いと触感が悪く、味わいが半減し、詰めものにも火が通りにくくなる。スライサーを利用すれば簡単に薄く切り分けられるが、ない場合は包丁である程度薄く切り、ラップ紙に挟んで肉叩きや包丁の峰で軽く叩いて薄くするとよい。魚は肉よりも繊維が壊れやすいので、叩きすぎに注意する。

●材料●
メカジキ………70gの薄切り2枚
詰めもの(メカジキ1枚に30gを使う)
┌メカジキの切り身………100g
│パン粉………100g
│松ノ実………30g
│干しブドウ………30g
│イタリアンパセリ………10g
│ペコリーノ・チーズ………40g
│オリーブ油
│白ワイン
└塩
フレッシュのローリエ………3枚
塩
コショウ
レモン
赤チコリ

1 メカジキは脂がよくのっているものがおいしい。外側に巻くだけでなく、詰めものにも身を少量使う。

2 メカジキの切り身を、1mmほどの薄さで1枚60〜70g相当に切り分ける。両面に塩、コショウをふる。

3 詰めもの用にパン粉、松ノ実、干しブドウ、イタリアンパセリの粗みじん切り、ペコリーノ・チーズをすりおろしたもの、メカジキの薄切りを1cm角に切ったものを用意する。

4 ボウルに詰めものの材料をすべて合わせ、オリーブ油と塩を加えて練り混ぜる。白ワインを加えてさらに混ぜる。油の量の加減で固さを調節し、団子状のねっとりした柔らかさにする。

5 メカジキの切り身に詰めものをひと握り置き、手前から巻いていく。切り身1枚に対し詰めものは30gが適量。詰めものが多すぎるとメカジキとのバランスが悪く、火も通りにくくなる。

6 途中で左右の端を内側に折り、最後まで巻き込む。

7 フレッシュのローリエ3枚とインヴォルティーニ2個を、交互に金串に刺す。全体にオリーブ油をかける。

8 グリル板を熱し、オリーブ油をひいて7を焼く。両面とも、位置をずらして格子状に焼き目をつける。オーブンで5分間ほど焼いて、中まで火を通す。レモンと赤チコリを添えて供する。

焼く
cuocere alla griglia

鶏の悪魔風
Pollo alla diavola

調理　吉川敏明

　ポッロ・アッラ・ディアヴォラ（鶏の悪魔風）は、鶏肉に重しをしながら、強火で外側をカリッと焼いた料理である。ディアヴォロ（diavolo）とは悪魔の意。この料理が"アッラ・ディアヴォラ＝悪魔風"と名づけられた由来については二通りの解釈がある。一つは、カイエンヌ・ペッパーや唐辛子などで辛みを効かせるからという説。もう一つは、鶏一羽を開いた形がマントを広げた悪魔の姿に似ているからという説である。アルトゥーズィ（1820～1911年）の本では、開いた鶏をカイエンヌ・ペッパー、ローズマリー、ニンニク、オリーブ油でマリネしてソテーしているが、ここでは、塩、コショウとオリーブ油だけでソテーする伝統的なローマの方法を紹介した。

鶏一羽の下処理(悪魔風用の成型)

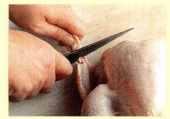

1 鶏1羽(中抜き)を用意する。基本的には1羽で2人前。その場合は1羽約600g程度が適当。もし4人前くらいにする場合は、1羽1kg以上のものを用意する。まず、足先を切り落とす。

2 尻の部分の余分な皮を切り取る。

3 腹を上にして鶏を置き、尻の部分から包丁を入れ、背骨の片方のきわに沿って、力を入れて切りおろす。

4 腹を下にして置き直し、一枚に開く。

5 チョッパーを使って背骨の部分を切りはずす。

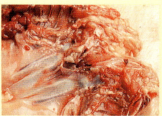

6 胸骨の中央の軟骨に軽く切り目を入れておく。こうすると、きれいに開きやすい。

7 尻の両側の皮に包丁で小さな切り目を入れる。

8 その切り目に、モモの先端を入れて固定させる。

9 両方のモモの先端を切り目に入れた状態。

10 骨をつぶさないように注意しながら肉叩きで叩いて繊維をほぐし、できるだけ平らになるように形を整える。

鶏の悪魔風

しっかりと重しをして、外側全体をパリッと素早く焼き上げる

●外側をパリッと仕上げるためには、重しを使って鶏の厚みを均一に、かつ平らにして、火の通りを早くすることが大切。重しはできるだけ平らで重たいものを使うこと。●鶏はあらかじめオリーブ油でマリネして、柔らかくしておくとよい。好みにより、オリーブ油にニンニクやカイエンヌ・ペッパー、ローズマリーなどの香草を加えて一緒に漬け込むのもよい。

●材料●
鶏（中抜き）………1羽
　（600gくらいのもの）
塩
コショウ
オリーブ油
【付合せ】
レモン
赤チコリ
ルーコラ

1　下処理をした鶏の水気をふき取り、全面に塩、コショウをしてオリーブ油をぬる。コショウは充分に効かせる。油をひかずにフライパンを強火で熱し、鶏を皮のほうから入れてソテーする。

2　鶏にぬった油を効率よく使い、揚げ焼きに近い状態で、手早くパリッと仕上げられるよう、フライパンは鶏がぴったり入る大きさのものを用意する。

3　フライパンよりひとまわり小さい蓋をして、上にしっかりと重しをする。

4　こんがりときれいな焦げ色がついたら鶏を返す。

5　鶏を返した状態。表面がパリッと香ばしく焼けている。

6　同様に重しをしてソテーする。早く仕上げたい場合は、ここで重しをしたままオーブンに入れてもよい。最後にもう一度皮目を強火で焼く。野菜類とレモンを添えて提供する。

重しについて

「鶏の悪魔風」では、重しが仕上がりを左右する大事な役目を担っている。通常この料理は、鉄板やフライパンで焼くのが一般的だが、焼き色をつけたあとオーブンで焼き上げたり、初めからグリル板で焼くなどの方法もある。しかし、いずれも上からしっかりと重しをすることで、肉の厚みを均一かつ平らにし、皮をムラなくパリッと焼き、火の通りを均一にすることが、調理上の一番大切なポイントである。ここで使うのは、できるだけ平らで、重たい重しがよい。これは肉と重しの間に隙間ができると、そこに蒸気が入って表面が柔らかくなってしまうため。イタリアではディアヴォラ専用の、柄付きの鉄製の重しが各種サイズあり、フライパンでソテーをして重しをし、そのままオーブンにも入れられるようになっている。ただし、グリル板を使う場合にあまり重たい重しをすると、肉に筋状の溝ができてしまうので、やや軽めにし、皮面を焼いて一度返したあとで重しをするなど、調整が必要である。

焼く

cuocere al forno

スズキの香草焼き
Spigola arrosto
<small>スピーゴラ　アッロースト</small>

調理　久保脇敏弘

現代では、ローストといえば大きな肉や魚の塊をオーブンで焼いたものを意味するが、オーブンの出現以前は串に刺してあぶり焼きにするものであった。イタリア語では、オーブン焼きを「アッロースト・アル・フォルノarrosto al forno」、串焼きのローストを「アッロースト・アッロ・スピエードarrosto allo spiedo」という。魚のローストは、塩、コショウに香草の風味を加え、シンプルに焼き上げるのがベーシックな方法。ただこの方法では魚が乾いてパサつきやすいので、ここでは最後に白ワインとブロード、アサリとムール貝を加えて、ローストと蒸し煮の二つの旨みを組み合わせるという応用的な技法を紹介した。また、ローストは仕上げにたいていオリーブ油をかける。この油も重要な調味の一つである。

スズキの下処理

1 スズキは1尾丸ごとを使う。頭と内臓付きで1kgのものであれば、食べられる身の部分はほぼ半分の500gである。

2 まず表面のウロコを取る。ウロコ引きを尾から頭の方向に動かし、ウロコをかき取る。

3 ヒレの周辺のウロコが残りやすいので、ヒレを持ち上げたり寝かせたりしながらていねいにかき取る。特に胸ビレと腹ビレの周囲を念入りに。ウロコを流すために軽く水洗いする。

4 片側のエラ蓋を持ち上げ、包丁の切っ先で、内側にあるエラの付け根を何カ所か切り離す。

5 エラを引き抜きながら、奥のほうの付け根も何カ所か切る。

6 スズキを裏返しにし、同様にエラ蓋を持ち上げて、残っているエラの付け根を切る。

7 ほぼ付け根を切り終えたらエラを抜き取り、切り残したところを包丁で切ってエラを取り除く。

8 逆さ包丁にして肛門のあたりに刃を入れ、カマのところまで一気に進めて腹の皮を裂く。内臓を取り出す。

9 流水をあてながら腹の内側をきれいに水洗いする。中骨の下に白い浮き袋があるので、流水をかけながら手ではがし取る。

10 浮き袋を取り除くと血合いがあるので、それも水洗いしながらていねいに取り除く。

ローストに使う香草

ローストには香草を使うことが多いが、魚でも肉でもイタリア全土でよく使われているのがローズマリー（イタリア語では、ロズマリーノ rosmarino）。このほか、ウイキョウ（フィノッキオ finocchio）の葉やタイム（ティーモ timo）などもポピュラーである。ローマでは、肉や魚の周りにジャガイモやトマトを置いて一緒に焼き、付合せにすることが多いが、こういう時はトマトとの相性がよいオレガノ（オリーガノ origano）が向いている。オレガノは乾燥品のほうが香りがよいが、その他の香草は、ローストに限っていえばフレッシュのほうが効果的。2～3種類の香草をミックスにして使ってもよいが、1種類に絞ったほうがより香りを際立たせることができる。

スズキの香草焼き

ワインと貝の旨みが加わった、しっとり感のある蒸し焼き

●魚を1尾丸ごと焼く時は、表面だけの調味では味が足りないので、腹の中と表面の切り目にもしっかり塩とコショウをまぶす。●魚を九分通り焼き終えたところで白ワインと貝類を加え、天板にこびりついた魚の旨みを煮溶かしながら蒸し煮にする。ここではブロードも加えているが、白ワインだけでもよい。また白ワインの代わりにワインヴィネガーを使うのもよい。

●材料●
スズキ………1尾（1kg強）
アサリ………10個
ムール貝（殻をよく洗って、足糸を抜き取ったもの。31頁参照）………10個
黒オリーブ
塩
粗く砕いた黒粒コショウ
ローズマリー
ニンニク………2片
オリーブ油
白ワイン………200cc
ブロード………200cc
EXV.オリーブ油
イタリアンパセリ

1 スズキの片面の中央に、包丁で真一文字に切り目を入れる。中骨のやや手前くらいの深さまで切っ先を入れる。

2 スズキの表面と切り目の内側に、塩と粗く砕いた黒粒コショウをふる。

3 腹の中にも塩と砕いた黒粒コショウをふり、指でこすりつける。

4 ニンニクをつぶし、ローズマリーとともに腹に詰める。

5 切り目にもローズマリーを挟む。

6 天板にオリーブ油をひき、スズキをのせ、上からもオリーブ油をかける。このまま高温のオーブンに入れ、ローストする。

7 途中で焼き加減を見る時は、切り目にフォークなどを刺して中骨の上をすべらせる。フォークがなめらかに動けば中まで火が通っている。引っかかるようであればさらに焼く。

8 完全に焼き上がる5分ほど前に、スズキの周りにアサリとムール貝を置いて白ワインをかける。再度オーブンに入れ、火を通す。貝の殻が開き始めたらガスレンジの上に移す。

9 黒オリーブとブロードを加える。煮立ったらEXV.オリーブ油をかけてひと煮立ちさせる。器にスズキと具を盛り、天板のソースをかける。イタリアンパセリの粗みじん切りをふる。

焼く
cuocere al forno

アリスタ
アリスタ
Arista

調理　吉川敏明

豚の骨付きロースのロースト。豚の産地といえば、ウンブリア州のノルチャの町が有名だが、その影響を受けてか、隣州のトスカーナでも豚肉料理が多い。アリスタもそのひとつで、由来は15世紀にまでさかのぼる。トスカーナの僧院で、ギリシアから来た僧侶にこの料理をご馳走した時に「アリストス（aristos：最高の意）という言葉を得、それ以来、アリスタという名で呼ばれるようになったといわれている。豚の骨付きロースの塊肉にニンニクとローズマリーを刺して縛り、丸ごとをそのままオーブンで焼き上げる豪快な料理で、もともとは冷ましたものにサラダを添えた料理だったが、現在では温かい料理としても提供され、やはりトスカーナ料理である白インゲン豆のトマトソース煮などを添えることが多い。

豚骨付き肩ロース肉の下処理

1 豚の骨付き肩ロース肉の塊。左は肉に刺して風味をつけるニンニクとローズマリー。骨付きロース肉の中でも、肩に近い部分が脂肪の付き具合いなどちょうどよい。

2 まず、骨すきナイフで肋骨の片側に沿って脂肪に切り目を入れる。ナイフの切っ先を浅く入れて脂肪だけを切るようにする。

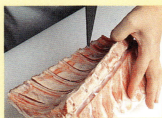
3 肋骨のもう片側に沿って切り目を入れる。それぞれ肋骨の両側に沿って脂肪に切り目の入った状態。

4 肋骨の付け根部分の脂肪をナイフを使って切りはがし、引っ張るようにして2、3で切り目を入れた脂肪も一緒にはぎ取る。肉と脂肪の間にナイフの切っ先を差し入れながら作業を進める。

5 肋骨と肋骨との間の膜を浮かせるようにナイフを入れ、徐々に切り進めて膜をはがし取る。

6 肉の向きを変え、肋骨と反対側の中心側の骨(胸椎の棘突起)を肉からはがすようにナイフを入れる。

7 中心側の骨を外側に折って取り除く。脂ですべりやすいので、タオルなどで覆ったほうが、力を入れやすい。中心側の骨は付けたままローストする場合もある。

8 肉の表面に付いている余分な脂肪を取り除く。加熱した時に肉がパサつかないよう、また脂肪が焼け焦げて肉を旨くする効果も考え、脂肪は取りすぎないよう注意する。

豚の部位

各部位の名称は、地方によって異なる場合もあります。

① 頭　testa
② ほほ肉　guanciale
③ 首肉　collo または capocollo または coppa
④ 骨付き肩ロース　carré
　（カットしたものはcostoletta または braciola）
⑤ 骨付きロース　lombata
　（カットしたものはnodino）
　Ⓐ鞍下肉（骨を取った状態のもの）……lombo または lonza
　Ⓑフィレ……filetto
⑥ 肩肉　spalla
⑦ 胸バラ　costine
⑧ ともバラ　pancetta
⑨ モモ肉　cosciotto または coscia
⑩ 前スネ　geretto anteriore
⑪ 後ろスネ　geretto posteriore
⑫ 足　zampetto または piedino
⑬ 耳　orecchio

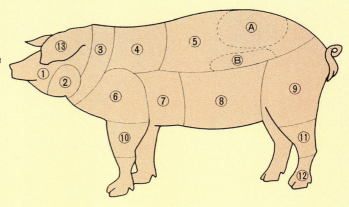

アリスタ

適度に脂のある柔らかい豚肉のストレートなおいしさを引き出す

●ニンニク、ローズマリーは、その風味が全体に行き渡るように、一番肉厚のラインを選び、等間隔に刺し込む。●塊肉のローストは、少し多めの塩をごしごしとすり込むように。塩加減が肉のおいしさを引き出すポイント。●天板にそのままのせるのではなく、肉がぴったりと収まる鍋に入れて焼いたほうが熱効率がよく、ムラなく仕上がる。

●材料●7人分
豚骨付き肩ロース(塊)…骨7本分
(約2kg強)
ニンニク………2片
ローズマリー………1枝
塩
コショウ
オリーブ油
白ワイン………100cc
【付合せ】
白いんげん豆
セージ
トマトソース
ニンニク
オリーブ油
塩

1 ニンニクは薄皮をむき、肉に刺しやすいように縦に細長く切る。中央の芽の部分は火を通しても触感が悪いので取り除いたほうがよい。ローズマリーの葉を取り分ける。

2 豚の肩ロース肉の一番肉の厚い部分にペティナイフで切り込みを入れる。ニンニクとローズマリーを刺しやすいよう、ナイフの先端を動かし、切り込みの内部を拡げておく。

3 用意したニンニクとローズマリーを切り込みに埋め込む。ニンニクとローズマリーの分量は好みでよいが、あまり少ないとその風味を生かすことができない。

4 ニンニクとローズマリーを肉に埋め込んだ状態。ここでは中心側の骨の部分も含め、計18カ所埋め込んでいる。

5 肉をローストすると、熱が入るにつれて変形し、形が悪くなるので、タコ糸で縛る。最低限、写真のように一本はかけたい(全体に縛る方法もある)。

6 塩とコショウを肉の表面全体に手ですり込むようにする。肉が大きな塊の場合、少し分量を多めにしたほうがよい。

7 鍋に肉を入れ、オリーブ油をかける。用いる鍋は熱を効率的に肉に伝えられるように、あまり余裕のない、肉がぎりぎり入るくらいのサイズがよい。

8 オーブンを200度Cくらいに熱しておき、その中に肉を鍋ごと入れて焼く。途中、二、三度オーブンから取り出し、焼き汁を表面にかけて均一に焼けるようにする(50分くらいが目安)。

9 竹串を刺して抜いたところから血がにじみ出なければ焼き上がり。肉を取り出し、切り分けて皿に盛る。鍋に白ワインを注いで煮つめたスーゴ・ダロスト(ローストのソース)をかける。

【付合せ】
白いんげん豆のウチェレット風。ニンニクのみじん切りをオリーブ油で炒め、トマトソースとセージを加えたのち、下ゆでした白インゲン豆を入れて、塩、コショウで調味する。

ピケについて

肉を大きな塊のまま加熱する場合、中心部分まで風味をつけにくい。そのような時に、素材に穴をあけてアンチョビーや香草、ニンニクなどの香味野菜を埋め込んでから加熱調理し、風味を全体に行き渡らせることがある。この方法をピケ、イタリア語ではピッケッターレ(picchettare)という。同様にして、豚の脂を専用の針で補うこともするが、こちらはラルデッラーレ(lardellare)という。ペティナイフなど、小さくて刃の鋭い包丁を使って、小さく切り込みを入れ、先端を回転させるようにして穴の内部を拡げるようにすると、きれいにピケできる。表面に穴があいた状態ではなく、加熱調理したあとで自然に切り口がふさがる感じが望ましい。

仔牛の部位

①頭　testa
②首肉　collo
③肩ロース　reale
④ロース　lombata
　Ⓐ前4本分の骨付き肉をカットしたもの……costoletta
　　（いわゆるリブロースの部分）
　Ⓑ後ろ4本分の骨付き肉をカットしたもの……lombatina
　　（いわゆるサーロインの部分）
　Ⓒフィレ……filetto
　Ⓑ＋Ⓒの状態の骨付き肉をカットしたもの……nodino
　　（いわゆるTボーンの部分）
⑤肩肉　spalla
⑥肩バラ　fiocco
⑦胸バラ　punta di petto
⑧ともバラ　pancetta
⑨腰肉（ラン）　scamone
⑩尻肉（イチボ）　codone
⑪外モモ　fesa italiano　または　sottonoce
⑫内モモ　fesa francese
⑬しんたま　noce
⑭前スネ　geretto anteriore　または　muscolo anteriore
⑮後ろスネ　geretto posteriore　または　muscolo posteriore

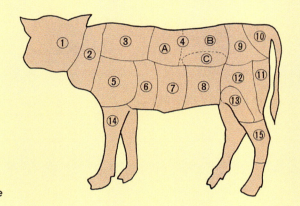

各部位の名称は、地方によって異なる場合もあります。

牛の部位

①首肉　collo
②肩ロース　reale
③ロース　lombata
　Ⓐリブロース　costata
　Ⓑフィレ下肉　controfiletto
　Ⓒフィレ　filetto
④肩肉　spalla
⑤肩バラ　bianco costato di reale
⑥胸バラ　petto
⑦ともバラ　pancia
⑧尻肉（イチボ）　codone
⑨腰肉（ラン）　scamone
⑩しんたま　noce
⑪内モモ　rosa
⑫外モモ ｛シキンボウ　girello
　　　　　中肉　controgirello
⑬前スネ　geretto anteriore　または　muscolo anteriore
⑭後ろスネ　geretto posteriore　または　muscolo posteriore
⑮尾　coda
⑯舌　lingua

牛のフィレ肉の紙包み焼き
Filetto di manzo al cartoccio

調理　吉川敏明

　ソテーした牛のフィレ肉とポルチーニ茸を生ハムと一緒に紙で包んでオーブンで焼いた料理。素材を包んで焼く料理には、植物の葉包み、塩包みなど、いろいろな方法がある。紙包み焼きもそのひとつだが、他の包み焼きとは少し異なる。生の素材を初めから焼くことはせず、ソテーなどの調理を済ませた材料を包んで加熱して提供する場合が多い。多分にデモンストレーションの意味あいが強い手法である。できたての、プーッと紙風船のように膨らんだ紙包みを客席で破りあけると、中にこもった香りがフワッと立ち昇り、食欲をくすぐるという効果を狙っている。肉の他に魚介、キノコ類などさまざまな素材が用いられる。

料理の香りを封じ込め、紙を破り開いた時の印象を強調

●材料● 1人分
牛フィレ肉………100g
ポルチーニ茸………80g
（生または冷凍）
生ハム………1枚
ニンニク
サラダ油
小麦粉
塩
コショウ
レモン汁
白ワイン
マルサラ酒
ブランデー
スーゴ・ディ・カルネ
バター
パセリ
硫酸紙
オリーブ油
卵黄

● 提供した時の香りの演出が目的。そのため、トリュフやキノコ、マルサラ酒やブランデーなど、香りの強い素材を適量、効果的に用いることがポイント。
● 充分に膨らむ紙の大きさ、形よく膨らむ包み方、破れたりもれたりしないようなとじ方が鍵。

1 牛フィレ肉、ポルチーニ茸、生ハム。冷凍のポルチーニ茸は半解凍の状態で使用する。完全に解凍してしまうと、旨みが水分と一緒に出てしまうからである。

2 フライパンにサラダ油と包丁でつぶしたニンニクを入れて熱し、風味を引き出してニンニクを取り除く。

3 薄切りにしたポルチーニ茸を入れ、塩、コショウ、レモン汁少量をふって炒める。

4 牛フィレに塩、コショウ、小麦粉をまぶし、別のフライパンで焼く。イタリアでは肉類には完全に火を通すのが一般的だが、最近、牛肉に限っては好みの状態に仕上げることも多くなった。

5 片面を焼き、反対に返してもう片面を焼く。肉に八割方火が通ったところで、白ワインを注いでアルコール分を飛ばし、さらにマルサラ酒を注いで強火で煮つめる。

6 スーゴ・ディ・カルネを少量加えてさらに煮つめ、旨みを凝縮させる。バターを加え溶かして仕上げる。

7 ハート形に切った硫酸紙に焼き上がった肉を置き、その上に炒めたポルチーニ茸、細切りにした生ハム、さいころ状に切ったバターを重ねる。焼き汁とブランデーをかける。

8 パセリのみじん切りをのせる。硫酸紙の縁に刷毛でときほぐした卵黄をぬってのりしろを作り、肉を覆うように半分に折って貼り合わせる。

9 重ね合わせた硫酸紙の縁を幅の広いほうの端から形に沿って順に折り込む。

紙包み焼きのポイント

紙で包み焼く方法は、比較的新しい調理法である。イタリアでは硫酸紙を厚くした感じのカルタ・オレアータ（carta oleata）と呼ぶ油紙を用いるのが一般的だったが、現在ではアルミ箔で代用することが多くなってきている。この調理法は多分に演出効果の要素をもっているので、その包み方は見た目にきれいであることが大切になる。紙をハートの形に切り出し、縦半分に素材をのせて折り重ね、幅の広いほうから順にのりしろを折り込むと、ゆがむことなくきれいに包める。また、紙を切り出す時にたっぷりと余裕をもたせると、きれいな紙風船のような仕上がりになる。最後に紙の上にオリーブ油をたらし、焼け焦げをつけるのもひとつの演出。

10 硫酸紙の上からオリーブ油をたらす。こうすると油をたらした部分が焼け焦げ、容易に紙が破けてあけやすくなる。

11 パイ皿にのせ、高温のオーブンで焼く。包んだ紙が暖まった空気で紙風船のように膨らみ、上の部分に焼け焦げができたところで取り出す。素早く提供し、客席で紙包みを破る。

焼く
gratinare

ナスのパルミジャーナ
Parmigiana di melanzane

調理　吉川敏明

　薄切りにしたナスを揚げ、トマトソース、モッツァレッラ・チーズと、グラタン皿に層にして重ね、オーブンで焼いたナポリ地方の料理。ここでいう"パルミジャーナ"は、いわゆるパルマ風（alla parmigiana＝パルミジャーノ・チーズをふりかけて焼く料理。119頁囲み参照）という意味ではなく、この料理を指す固有名詞である。なぜ、ナポリ料理にこのような名前がついたのかは定かではない。

ナス、トマトソース、モッツァレッラ・チーズのバランスのよい組合せ

●ナスは塩をふってしばらくおき、アクと水分を出してから、よく水気をふき取って揚げる。ナス特有の触感と香ばしさを生かすのが狙い。ただし、日本のナスは水分が多く柔らかいので、揚げるというよりも、少量の油で煎り焼きにする程度がよい。●焼き上がった時、さらには取り分けた時のバランスを考え、トマトソースは下層部分は薄く、上層にいくほど厚くぬり重ねる。

●材料● 2人分
- ナス……4本
- 小麦粉
- サラダ油
- オリーブ油
- トマトソース……200cc
- モッツァレッラ・チーズ……100g
- パルミジャーノ・チーズ……大さじ4
- バジリコ……4枚

1 ナスはヘタを切り落とし、縦に約5mmの厚さに切り分ける。塩をふって5分間ほどおいてアク抜きをする。しみ出た水分をよくふき取ってから小麦粉を全体にまぶす。

2 フライパンにサラダ油を少量注いで熱し、ナスを入れて両面を煎り焼く。取り出して油をきる。

3 グラタン皿にオリーブ油をぬり、その上にトマトソースを薄くぬる。トマトソースは、底近くには少なく、上にいくほど多くすると、取り分けた時にソースが下に流れてよいバランスになる。

4 トマトソースの上にナスを重ならないように平らに並べる。その上にトマトソースをぬる。

5 次に手で小さくちぎったモッツァレッラ・チーズとバジリコを置き、おろしたパルミジャーノ・チーズを散らす。

6 初めと同じようにナスを敷きつめ、トマトソースを少し多めにぬる。

7 5と同様にモッツァレッラ・チーズとパルミジャーノ・チーズを重ねる(器のサイズにより、この一連の作業を繰り返す。ここでは二層)。

8 最後に手でちぎったバジリコを全体に散らす。湯を張った天板にのせ、高温(250度C以上)に熱したオーブンで10分間ほど焼く(皿の縁に焼け焦げができる程度)。

ウイキョウのパルマ風
Finocchi alla parmigiana

下処理したウイキョウの根元部分に十文字の切り目を入れ、丸ごと塩ゆでにする。8〜12等分のくし形に切り、バターをぬった耐熱皿に並べる。おろしたパルミジャーノ・チーズをたっぷりとのせ、軽くおさえてウイキョウに貼り付かせるようにする。溶かしバターをふりかけ、オーブンで焼いて焦げ目をつける。〝パルマ風〟といわれるこの料理には、ウイキョウのほかにも、アスパラガスやブロッコリー、ズッキーニなど、いろいろな野菜が使われる。

ウイキョウの下処理

1 株が球状の「オス」のウイキョウ。まず、固く筋張った外側の鱗茎をむき取る。

2 上に伸びている太くて固い茎を切り取る。柔らかい茎はそのまま残しておく。

3 鱗茎が重なり合っている、ちょうど和服の襟元のようになっている部分に、外のほうから順に5mmくらいの幅で切り目を入れてはぎ取る。

4 「オス」を掃除した状態。掃除をし終えたら、しばらく水に浸けておく。そうすると、鱗茎の間に挟まっている泥やゴミが自然に外に出てくる。

5 「メス」も「オス」と同様に掃除する。まず、外側の固い鱗茎をはぎ取る。

6 ペティナイフで切り目を入れ、重なり合っている部分を5mm程度の幅ではぎ取る。あまり深くナイフの切っ先を差し入れると下の鱗茎を傷つけてしまうので、切り目は浅くする。

7 掃除を終えたイタリア産のオス（写真上）と日本産のメス。ちょうど襟合わせをゆるめる感じでナイフを入れ、水に浸けるのが、下処理の基本。

ウイキョウには、株（茎の付け根の丸い部分。正確には肥大化した茎）を食用にする種と、葉や種を香草や香辛料として使う種とがある。アメリカでは食用のほうをフローレンス・フェンネル、もう一方をフェンネルと呼んで区別しており、日本でもその呼び方が浸透しつつある。イタリアで多く出まわっているのは食用のウイキョウで、流通上の符丁として、株が球状で生食向きのものを「オス」、株が扁平で加熱調理向きのものを「メス」と呼ぶ。

酢漬け・オイル漬け
marinare sott'aceto
marinare sott'olio

Antipasto di mare
海の幸のマリネ

Giardiniera sott'aceto
野菜の酢漬け

Giardiniera sott'olio
野菜のオイル漬け

Alici sott'olio
ヒシコイワシのオイル漬け

酢漬け・オイル漬け

marinare sott'aceto
marinare sott'olio

海の幸のマリネ
Antipasto di mare

調理　久保脇敏弘

マリネは、素材を液体に長時間漬け込んだものをいうので、この料理のように油やレモン汁で和えてすぐに供するものは正確にはマリネとはいえないが、イメージ的にわかりやすい言葉として日本語のメニュー名はあえてマリネとしている。日本料理でいう「和えもの」に相当する調理法である。この料理を長時間漬け込んだままにしておくと素材が固くなってくるので、あくまでも時間をおかずにすぐに食べるのがよい。小さなエビ、イカ、貝類をいろいろに盛り合わせ、アンティパストの一品として供する。また、ここではセロリも小さく切って一緒に和えているが、爽やかな風味としゃきしゃきした歯ごたえがアクセントになって、いっそうおいしくなる。セロリは芯に近い茎のほうが、甘みがある。

レモン汁とオリーブ油の風味が生きた爽やかな魚介の和えもの

● エビ、イカ、貝類は柔らかな歯ごたえが大事。下ゆでする時に火を通しすぎたり、マリネ液のレモン汁の量が多すぎて酸味をきかせすぎると身が固くなるので注意する。
● マリネ液はドレッシングを作る要領で、レモン汁などの材料を入れたボウルにオリーブ油を少しずつたらし、泡立器でよくかき混ぜながらきれいに乳化させる。

●材料●
芝エビ………400g
紋甲イカ(小)………400g
(この紋甲イカは、甲羅、内臓、皮などが取り除かれた状態で売られているもの)
ムール貝………1kg
アサリ………1kg
セロリ(芯に近いほうの茎)………4本
塩
マリネ液
┌ニンニク………2片
│ケイパー………50g
│イタリアンパセリ………30g
│塩
│レモン汁………200cc
│オリーブ油………800cc
└赤トウガラシ………2本

1 殻付きのムール貝とアサリは、魚介のブロードの頁で紹介した方法で蒸し煮にし、殻をあけてむき身にする(31頁参照)。芝エビは殻をむく。セロリは1cm角くらいの角切りにする。

2 沸騰した湯に塩を加えて溶かす。芝エビと小さな紋甲イカをそれぞれ30秒ほど下ゆでする。

3 火を通しすぎて身が固くならないよう注意し、ぎりぎりの火の通しで湯から引き上げる。

4 下ゆでしたエビ、イカ、むき身にしたムール貝とアサリを、あら熱を取ってから混ぜ合わせておく。

5 ニンニク、ケイパー、イタリアンパセリを細かなみじん切りにし、ボウルに入れる。レモン汁と塩を加え、泡立器で混ぜる。

6 オリーブ油を少しずつたらしながら泡立器で撹拌し、乳化させる。

7 赤トウガラシの種を抜いて小さくちぎったものと、セロリの角切りを加える。

8 でき上がったマリネ液に魚介を加える。

酢漬け&塩漬けのケイパー

ケイパー(イタリア語でカッペロ cappero)は、南ヨーロッパ原産の植物のつぼみ。日本に早くから輸入されているケイパーは、スモークサーモンの付合せでおなじみの酢漬けの製品である。これは、塩水漬けにしたケイパーを水で洗って塩出ししたのち、ビンに詰めてワインヴィネガーを満たし封をしたもの。そして最近になって新たに輸入され始めたのが、岩塩に漬けたままの塩漬けケイパー。ひと晩水に浸けて塩出しする必要があるが、ケイパーの純粋な旨みが味わえる。

9 手早く和えて、魚介とマリネ液をなじませる。器に盛りつける。

酢漬け・オイル漬け

marinare sott'aceto
marinare sott'olio

調理　吉川敏明

野菜の酢漬け
Giardiniera sott'aceto
（ジャルディニエーラ　ソッタチェート）

数種類の野菜を切り分けて酢水でゆがき、酢に漬けた保存のきくピクルスの一種。そのまま前菜や付合せとして出すほか、米のサラダなど、酢をベースにした味つけの料理に加えたり、細かくきざんで冷たいソースに混ぜ合わせたりと、幅広く使われる。ここで紹介したのは、素材にも味つけにもクセのないおとなしいタイプの酢漬けだが、用いる野菜や味つけには、地方によって、また、ほかの料理に使うか否かなどにより、いろいろなバリエーションがある。たとえば、ズッキーニやピーマン、ナスなど南の野菜を使った酢漬けには、トウガラシやミント、オレガノなどメリハリのきいた香草や香辛料が使われることが多い。

野菜のオイル漬け
Giardiniera sott'olio
（ジャルディニエーラ　ソットーリオ）

南の野菜を中心に、トウガラシ、アンチョビー、バジリコを加えて特徴を出した、南イタリア風のオイル漬け。オイル漬けも酢漬けと同様、地方や好みによって、用いる材料や味つけが異なる。北の定番はクローヴや黒コショウで風味をつけたキノコのオイル漬け。市販品も多く出まわっているが、実際に食べてみて、野菜の甘みが充分に出ているか、皮がついていたり残っていたりしないか、歯ごたえはどうか、仕上がりにムラがないかなどを確かめてから使うことが大切である。さらに長く保存したい場合には、酢漬けと同様、酢水で下ゆでしてからオイルに漬け込むとよい。オリーブ油の風味も仕上がりに大きく影響するので、質のよいものを選ぶことがポイントである。

下ゆではさっとゆがく程度で野菜の歯ごたえを残す

●野菜はそれぞれ火の通る時間が異なるので、かならず1種類ずつ下ゆでする。●水っぽくならないように、ゆで湯は水と酢の同割。酢の味を強調するなら、酢だけでゆでる。●ゆで汁から取り出したら、常温で冷まし、よく水気をふき取ってからビンに詰める。●漬け込み用の酢は風味を吟味し、野菜を完全に覆うようにたっぷりと注ぐ。

●材料●
ニンジン………1/4本
セロリ………1/2本
カリフラワー………1/2株
赤ピーマン………1個
シメジタケ………1/2パック
ローリエ………1枚
クローヴ………2本
黒粒コショウ………10粒
塩
白ワインヴィネガー

1 まず、ゆで汁を作る。鍋に白ワインヴィネガーを水と同割で入れ、ローリエ、クローヴ、黒粒コショウ、塩を加えて沸騰させる。

2 ニンジンは皮をむいてから棒状に切る。セロリも固い筋を取ってからニンジンと同様、棒状に切る。カリフラワーは小房に切り分ける。それぞれ別々に、1の鍋に入れてゆでる。

3 赤ピーマンはヘタとタネ部分を取り、短冊状に切る。シメジタケは石突きを切り、小さく切り分ける。それぞれ別々に、1の鍋に入れてゆでる。

4 ゆで上げた野菜類をバットに取り出し、そのまま常温で冷ます。冷水に取って冷ますと水っぽくなってしまう。また、熱い状態で漬けると腐敗をまねく恐れがある。

5 野菜類はビンに詰める前に水分をよく吸い取ること。水気を含んだままで漬けると、腐敗の原因になり、長く保存できない。

6 下処理を終えた野菜類をビンに詰め、白ワインヴィネガーを野菜がすっかり浸かるまで注いで密封する。

漬け込み用のオリーブ油は風味を吟味して

●水気は禁物。下処理の段階からできるだけ水を使わないようにし、野菜からしみ出た水分などはよくふき取ってからビンに詰める。●オリーブ油は野菜を完全に覆うようにたっぷりと。●ピーマン、ナスは焼いて充分に甘みを出す。

●材料●
赤ピーマン………2個
黄ピーマン………2個
ナス………3～4本
ニンニク………輪切り1片分
バジリコ………1枚
赤トウガラシ………1本
アンチョビー（オイル漬け）………2枚
オリーブ油

1 オイル漬けの場合、ピーマンは皮を焼いて取り除いた状態のものを使う。強火の直火にかけて皮が真っ黒になるまで焼く。黒くなるまでよく焼かないときれいにむけない。

2 焼いたピーマンを熱いうちに冷水に浸けて皮をむく。よく焼けた状態であれば、無理に力を入れることなくむける。

3 ナスは皮が焼けて果肉が柔らかくなったところで、直火からはずして熱い状態のまま皮をむく。水に浸けると水っぽくなってしまう。また、冷めてからではむきにくい。

4 赤と黄のピーマンはそれぞれ縦に八つ割りにし、ナスは縦に四つ割り、アンチョビーは粗みじん切り、ニンニクは輪切り、赤トウガラシは手で適当にちぎり、バジリコは葉をはずす。

5 ピーマンは皮をむく時に水に浸けているので、油に漬け込む前に特によく水気をふき取る。ビンに4の材料を順次重ねて詰める。

6 材料がすっかり浸かるまで、オリーブ油を注ぎ、密封して日の当たらない涼しい場所でストックする。2～3日すると、オイルがなじんで食べられるようになる。

酢漬け・オイル漬け

marinare sott'aceto
marinare sott'olio

ヒシコイワシのオイル漬け
Alici sott'olio

調理　久保脇敏弘

ヒシコイワシのオイル漬けはアンティパストに使われる非常にポピュラーな料理。ヒシコイワシを塩漬けしたのち、いったんヴィネガーに漬けてから最終的にオリーブ油漬けにする方法のほか、塩漬け後、直接オリーブ油とレモン汁の液体に漬ける方法もある。もともと保存用に考えられた調理法なので1週間は充分にもつ。また、オリーブ油に加える赤トウガラシを4～5倍の量に増やせばさらに保存性が高まり、1カ月はおいしく食べられる。この料理は長期間液体に漬け込むので調理法としてはマリネにあたり、イタリア語ではオイル漬けという意味のソットーリオのほかアリーチ・マリナーティ（Alici marinati）ともいう。マイワシ、アジ、サンマ、サバなどの青魚も使う。

ヒシコイワシの下処理

ヒシコイワシ、シコイワシの名前で親しまれているこの魚は、正確にはカタクチイワシという。イワシの仲間の中では小型で、日本では煮干し、ミリン干し、目刺しなどに加工されている。イタリア語では、ヒシコイワシはアリーチェ（alice）、またはアッチューガ（acciuga）。この料理のようにオイル漬けにしたり、パン粉焼きにするなど、イタリアでもポピュラーな魚である。また、アンチョビーの原料としても使われており、イタリア料理に欠かせない重要な素材のひとつである。

1 ヒシコイワシは身が非常に柔らかいので、包丁を使わず手開きでフィレにする。

2 まず、頭を背側からちぎって胴体から切り離し、頭とつながっている内臓をそのまま引き抜く。

3 腹を上に向け、頭を手前にして切り口に親指を差し込む。

4 中骨に沿って尾のほうへ親指を進め、腹の身を切り開く。

5 一枚に開いたら、中骨を取りはずす。

アンチョビーとオイルサーディン

ともにイワシの加工品だが、この二つは魚の種類も作り方も異なる。

アンチョビーはヒシコイワシが原料。一般に広く出まわっているビン詰や缶詰は、三枚におろしたヒシコイワシのフィレを塩漬けしたのち、皮もきれいに取ってオリーブ油に漬け込んだもの。また最近になって、塩漬けのままのアンチョビーがイタリアから輸入され始めた。これはオイル漬けアンチョビーよりやや大型のヒシコイワシを使っており、頭と内臓は取っているが、皮と中骨は付いたまま。オイル漬け製品はそのまま料理に使えるが、塩漬けのほうは水洗いして塩分を少々抜き、中骨も取り除くなどの掃除が必要である。塩気が強く生臭みが若干残っているが、旨みが強い。

いっぽう、オイルサーディンはヒシコイワシより大型のマイワシが原料。頭と内臓を除いた中骨付きの状態で加工されている。ツナと同じく蒸してから塩漬けし、塩出ししてからオリーブ油に漬けて缶詰にしている。

オイルサーディンはアンティパストなどでそのまま食べるものだが、アンチョビーは塩漬けの期間が長く、その間に熟成して旨みが増してくるので、サラダやソースなどコク出しの材料として使うことが多い。

アンチョビーは、主にイタリア南部で作られている。なかでもシチリア州が生産の中心地。写真はシチリアのシャッカの町にある工場で作られている塩漬けアンチョビー。塩漬け後、3カ月間熟成させたもので、ほぼ完成品。

ヒシコイワシのオイル漬け

塩、酢、油と段階的に漬け込み、じっくりと味を浸透させる

●塩漬けは、ヒシコイワシに直接塩をまぶしてもよいし、飽和食塩水に漬けてもよい。食塩水では塩味のつき方が浅いが、均等に塩味がつく。●塩漬け後、いったんヴィネガーに漬けると、酸の作用で身が締まり、やや固めに仕上がる。これに対し、塩漬け後、直接オリーブ油とレモン汁の液体に漬けると身は柔らかいままだが、わずかに生臭みが残り、保存期間も短くなる。

●材料●
ヒシコイワシ………1kg
塩………100g
イタリアンパセリの軸………8本
ニンニク………2片
ローリエ………1枚
レモン
白ワインヴィネガー………1ℓ
白ワイン(省略してもよい)
仕上げ用マリネ液
　┌オリーブ油
　│ニンニク………5片
　│イタリアンパセリ………50g
　└赤トウガラシ………3本

1 バットに均一に塩をふり、下処理したヒシコイワシを皮を下にして並べていく。

2 一段目を並べ終えたら上からも塩をふる。その上に続けてヒシコイワシを並べ、塩をふる。この作業を繰り返してすべてのヒシコイワシを並べ終える。約30分間おく。

3 塩漬けして30分後。バットの中にたまった水は捨てる。ヒシコイワシ1kgに対し、塩が100gほどの分量であれば、この段階で水洗いをする必要はない。

4 別のバットにイタリアンパセリの軸、ニンニクの薄切り、ローリエ、厚めに切ったレモンの半月切りを入れ、白ワインヴィネガーと白ワインを注ぐ。

5 ヒシコイワシを、1枚ずつヴィネガー液で洗うようにして並べ、重ねていく。ヴィネガーの量は魚がひたひたに浸かるくらいがよい。

6 並べ終えたヒシコイワシ。このまま1時間から1時間半漬ける。

7 漬け終わったらヴィネガー液は捨て、ヒシコイワシをペーパータオルなどで挟んで水気をきれいにぬぐい取る。

8 仕上げ用のオイルのマリネ液を作る。魚が浸かるくらいの分量のオリーブ油、ニンニクの薄切り、イタリアンパセリの粗みじん切り、種を除いて5mm長さに切った赤トウガラシを合わせる。

9 容器にマリネ液を少量入れ、ヒシコイワシを1枚ずつ並べる。並べ終えたらマリネ液をかけ、順に繰り返して重ねていく。ラップ紙で覆って、冷蔵庫で少なくとも1日おいてから供する。

探求
Cercare

技法に関する用語解説

イタリア料理をより深く理解するために

プリーモ・ピアットの探求

・

イタリアの風土

アチュート（酢）の基礎知識

オリーブ油の基礎知識

メニューを書くためのイタリア語講座

技法に関する用語解説

監修／吉川敏明

ここでは、メニュー名に登場することの多い技法関連の用語を取り上げ、一般的な使われ方を想定して、簡単に解説をする。これらの用語は、場合によって形容詞で使われたり、名詞で使われたり、動詞で使われたりといろいろである。できるだけメニューに登場する形を多く紹介できるように、見出し語が動詞ならば、形容詞、名詞も合わせて記し、単語の後ろに（ ）でくくって品詞名を記すようにした。
品詞名／（動）＝動詞、（形）＝形容詞、（過・形）＝過去分詞の形容詞形、（名）＝名詞、（前＋名）＝前置詞＋名詞、（前＋副）＝前置詞＋副詞句

---

cuocere クオーチェレ（動）調理する。加熱する。　cotto（過・形）　cottura（名）。

以下に取り上げる調理法は、広い意味ではすべてcuocereに属するということもできるが、ここでは、便宜上、ゆでる、揚げる、煮る、焼く、漬けるという分類に沿って、解説をすすめていく。分類は、その料理の主となる調理工程によった。

ゆでる

lessare レッサーレ（動）ゆでる。広い意味で、ゆでるという意味。
　　lesso（形）　lessato（過・形）　lessata（名）　lessatura（名）。

bollire ボッリーレ（動）ゆでる。常時沸騰した中でゆでる。
　　bollito（過・形）　bollitura（名）。

affogare アッフォガーレ（動）ゆで汁を沸騰させないようにしてゆでる。卵の場合はポーチド・エッグに使われる技法で、"ゆでる"という動作に近いが、料理によっては、蒸し煮に近い調理法（材料がある程度の量の液体に浸かっている状態で、蓋をして、おぼれさせるように火を入れていく）や、菓子（リキュールやコーヒーに浮かべたアイスクリーム）などに用いられる言葉。affogareはもともとおぼれさせるという意味。　affogato（過・形）。

sbollentare ズボッレンターレ（動）さっとゆでる。下ゆでする。湯通しする。ここでは完全に火を通すことは少ない。完全に火を通す場合にはbollireを使う。
　　sbollentato（過・形）　sbollentatura（名）。

sbianchire ズビアンキーレ（動）湯通しする。（材料を白く仕上げる目的で）ゆでる。

揚げる

friggere フリッジェレ（動）揚げる。広い意味で揚げるということ。
　　fritto（過・形）（名）　frittura（名）。　frittella フリッテッラ（名）は揚げものの一種で、衣を付けて揚げたもの、または、衣に具を混ぜ合わせて練ったものを揚げたものなどをいう。

frittata フリッタータ（名）オムレツのこと。多めの油を使って、揚げ焼きに近い状態にし、フワッと仕上げる。

in carpione[*1] イン・カルピオーネ（前＋名）一般的に、衣を付けて揚げたものを、酢をベースにした液体に漬けた料理。carpa（カルパ＝鯉）が語源。カルピオーネは、淡水魚のニゴイ科の小魚の名前でもあるが、もともとこの魚を甘酢漬けにしたことから、広く小魚の甘酢漬けをイン・カルピオーネと呼ぶようになった。現在ではもう少し広く解釈され、魚だけでなく、野菜などにも使われている。主に北部で用いられる表現である。

scabeccio[*2] スカベッチョ（名）in carpione とほとんど同じ意味で使われる。魚や野菜に衣を付けて揚げたり、素揚げにしたのち、酢をベースにした液体に漬けたもの。scabecio（スカベチオ）、scapece（スカペーチェ）、scapice（スカピーチェ）などともいわれる。主に南部で用い

られる表現。

in saor イン・サオール[*3]（前＋名）ヴェネト地方の料理。衣を付けて揚げた魚（イワシや舌平目）を、よく炒めたタマネギ、干しブドウ、松の実などを入れた甘酸っぱいマリネ液に漬けたもの。in savor（イン・サヴォール）ともいう。

煮る

in umido イン・ウミド（イヌーミド）（前＋名）煮込み。umido とは、湿った、ぬれたという意味。そこから、一般的に、でき上がりがソースや液体に浸かった状態のものを in umido と表現する。煮込み料理に広く使われる言葉。料理によっては、同様の意味で、in guazzetto（イン・グァッゼット）という名前をつけることもある。

stufare ストゥファーレ（動）煮込む。主素材を、他の材料と一緒に焼いたり炒めたりしたあと、蓋をして、適量の液体の中で煮込んでいく料理。蒸し煮に近い煮込み。 stufato（過・形）（名） stufatura（名）。

brasare ブラサーレ（動）煮込む。一般的に、材料をマリネして、煮る前にフライパンで焼いて焼き色をつけ、やや少なめの液体の中で、蓋をして煮込んでいく。蒸し焼きに近い蒸し煮。ほとんどの場合、牛肉が使われる。brasato（過・形）（名） brasatura（名）。

stracotto ストラコット（過・形）（名）煮込みの一種。エミリア・ロマーニャ州からトスカーナ州にかけての中部イタリアで食べられる、くずれるほどに柔らかく煮込んだ料理のこと。

in salmí イン・サルミ（前＋名）野禽獣（ジビエ）の煮込み。一般に、材料をマリネしてから、フライパンで焼き色をつけ、やや少なめの液体の中で、蓋をして蒸し煮込みにする。ブラサートと同様の技法。

in tegame イン・テガーメ（前＋名）煮込みとソテーの中間のような（炒め煮に近い）料理。tegame とは両手付きの浅鍋のこと。これを使って比較的短時間で調理したものに用いられる表現。鍋が浅いので、材料はおのずと小さめのものになり、量も少なく、時間も短くなる。原則として、鍋ごと供卓する。

in casserola イン・カッセローラ（前＋名）煮込み。casserola とは、キャセロール（深めの片手鍋）のこと。この鍋を用いて調理したものに使われる表現。tegame よりも深いので、中に入る材料も、大きいものになったり、大量になったりする。原則として鍋ごと供卓する。技法としてはブラサート（蒸し煮）に近いが、牛肉以外の材料の場合に用いられることが多い。in casseruola（イン・カッセルオーラ）ともいう。

in fricassea イン・フリカッセア（前＋名）ブロードの中で煮た材料を、卵（クリームを加えることもある）でつないで仕上げた、白い煮込みのこと。fricassea di 〜 という使い方もする。ローマでは、仔羊をフリカッセアと同じ調理法で仕上げた料理を brodettato（ブロデッタート）と呼ぶ。

●角切り肉の煮込みについて

stufatino ストゥファティーノ（名）角切り肉の煮込み。"小さいものを蒸し煮にした"という意味。主に、中部、南部で、牛肉や仔牛肉を煮込んだ料理に使われる表現。

spezzatino スペッツァティーノ（名）角切り肉の煮込み。もっとも広く一般的に使われる表現。"ぶつ切りにした"という意味。骨付きでも骨なしでもよく、鶏、仔牛、仔羊など、材料も問わない。煮込みだけでなく、ぶつ切りにした材料をさっとソテーした料理にも使われる。

bocconcini ボッコンチーニ（名）小さめの角切り肉の煮込み。"一口で食べられる"とい

う意味。骨のない肉（主として仔牛）が使われることが多い。ミートボール状のものを指す場合もある。ローマでは、スペッツァティーノの中でも特に、高級な仔牛の部位を使い、トマトで煮込んだものをボッコンチーニという。

● **料理のベースとなるもの**

- **brodo** ブロード（名）主として、スープ用にとった、だし汁のこと。
- **fondo** フォンド（名）主として、ソース用にとった、だし汁のこと。fondo bruno（フォンド・ブルーノ＝褐色のだし汁）、fondo bianco（フォンド・ビアンコ＝白いだし汁）、fondo di caccia（フォンド・ディ・カッチャ＝ジビエのだし汁）、fumetto di pesce（フメット・ディ・ペーシェ＝魚のだし汁）などがある。
- **sugo** スーゴ（名）焼き汁、煮汁、広い意味でのソースを指す。スーゴ・ディ・カルネは、肉汁をベースとしたソースの一種と考えられる。また、ラグーはスーゴ（煮汁）の一種ということもできる。
- **ragù** ラグー（名）煮込みのこと。また、旨みの出る主素材（主として肉）を煮込むことで得られたソースを指す。

● **スープについて**

- **minestra** ミネストラ（名）スープの総称。
- **minestrina** ミネストリーナ（名）ブロードの中に、少なめの具が入った、軽いスープ。主素材が1〜2種類の場合には、素材名のあとにin brodo（イン・ブロード）をつけて表現することが多い。複数のいろいろな材料が使われているものは、ミネストリーナという。
- **zuppa** ズッパ（名）ミネストリーナより具も多く、重たいスープ。zuppaとはもともと、"びしょびしょにぬれた"という意。必ずbruschetta（ブルスケッタ＝ガーリック・トースト）などのパンが添えられたり、中に入っているものを指す。
- **minestrone** ミネストローネ（名）もっとも具だくさんの重たい野菜スープ。必ず豆類や穀類（米やパスタなど）が入る。

焼く

- **alla griglia** アッラ・グリッリア（前＋名）網焼き。sulla griglia（スッラ・グリッリア）ともいう。grigliare（動）grigliata（名）。alla gratella（アッラ・グラテッラ）、sulla gratella（スッラ・グラテッラ）も同じで、網焼きという意味。
- **ai ferri** アイ・フェッリ（前＋名）網焼き。ferro（複数形がferri）とは鉄の意。"鉄の上で焼く"という意味で、もっとも広く使われる言葉。
- **alla brace** アッラ・ブラーチェ（前＋名）炭火焼き。sulla brace（スッラ・ブラーチェ）ともいう。
- **a scottadito** ア・スコッタディート（前＋副）一般的には、主として豚や仔羊の、骨付きのロース肉を網焼きにした場合の名称。もともと"指をやけどするくらいに熱い"という意味からきており、原則として手づかみで食べられるものを、網焼きにした料理を指す。
- **alla piastra** アッラ・ピアストラ（前＋名）鉄板焼き。
- **allo spiedo** アッロ・スピエード（前＋名）串に刺してあぶり焼きにした、またはローストにした料理。小さな鉄串に刺した串焼きは、spiedino（スピエディーノ）という。
- **arrostire** アッロスティーレ（動）焼く。広い意味で、ローストにすること。本来は串に刺してあぶり焼きにしたものを指す言葉であったが、現在は、オーブンで焼いたものも含め、広く、ローストするという意味で使われ

技法に関する用語解説

ている。 arrosto(形)(名) arrostito(過・形)。
al forno　アル・フォルノ（前＋名）オーブンで焼いた料理。
al cartoccio　アル・カルトッチョ（前＋名）紙包み焼き。
nel sale　ネル・サーレ（前＋名）塩包み焼き。
al sale　アル・サーレ（前＋名）塩包み焼き。本来は塩焼きという意味だが、あえてこのように表現してある時は、塩包み焼きにした場合が多い。
in crosta　イン・クロスタ（前＋名）パイ包み焼き。
in tortiera　イン・トルティエーラ（前＋名）tortiera（円形のパイ皿）の中で焼いた料理。パイ仕立てにした料理を指すこともある。
in teglia　イン・テッリア（前＋名）teglia（オーブン料理に使われる耐熱皿で、形はいろいろある）の中で焼いた料理。
gratinare　グラティナーレ（動）表面に焼き色をつける。グラタンにする。
　　　　　　gratinato(過・形)　gratinatura,gratin,graté(名)。
a bagnomaria　ア・バーニョマリーア（前＋名）湯せんにした〜。湯せんにかけてソースを作ったり、天板に湯をはって、オーブンで蒸し焼きにしたりする場合に用いる。
saltare　サルターレ（動）炒める。強火でさっと炒める。細かくフライパンを動かしながらさっと炒める場合には、saltellare（サルテッラーレ）という言葉が使われることが多い。 saltato, saltellato(過・形)。
in padella　イン・パデッラ（前＋名）フライパンで焼いた料理。炒めたもの。
alla mugnaia　アッラ・ムニャイア（前＋名）ムニエル。
rosolare　ロゾラーレ（動）焼き色をつける。煮込み料理（煮る前に材料をフライパンで焼いて焼き色をつける）でもよく使われる調理法。
　　　　　rosolato(過・形)　rosolatura(名)。
sauté　ソテー（形）ソテー。原則としてソテーパンを使う。
affumicare　アッフミカーレ（動）燻製にする。いぶす。
　　　　　　affumicato(過・形)　affumicatura(名)。

漬ける

marinare　マリナーレ（動）マリネする。漬け汁の中に漬ける。
　　　　　marinato(過・形)　marinatura(名)。
sott'aceto　ソッタチェート（前＋名）酢漬け。名詞としても使われ、sott'aceto di〜という表現もある。
sott'olio　ソットーリオ（前＋名）オイル漬け。名詞としても使われ、sott'olio di〜という表現もある。
sotto sale　ソット・サーレ（前＋名）塩漬け。名詞としても使われ、sotto sale di〜という表現もある。
macerare　マチェラーレ（動）味をしみ込ませるために、混ぜてなじませる。なじませる程度に漬ける。アルコールをなじませる場合によく使われる言葉。
　　　　　macerazione(名)。

その他

impanato[*5]　インパナート（過・形）パン粉を付けた〜、という意味。パン粉を付けて、焼いたり揚げたりした料理に使われる。
dorato[*6]　ドラート（形）卵をつけて黄金焼きにした〜、きれいな焼き色をつけた〜。
ripieno　リピエーノ（形）（名）詰めものをした〜。詰めもの。
farcire　ファルチーレ（動）詰めものをする。farcito(過・形)　farcitura(過・形)　farcia(名)
imbottire　インボッティーレ（動）詰めものをする。 imbottito(過・形)。

＊1＊2＊3　「in carpione」「scabeccio」「in saor」においては、「漬ける」工程も重要な位置を占めている。ここでは「揚げる」に入れているが、「揚げる」「漬ける」どちらに分類してもよい調理法である。
＊4　brodettoブロデット（名）は、アドリア海沿岸で作られる魚介類のスープのこと。ブロデッタートとはまったく関係がない。
＊5＊6　impanato、dorato は焼く場合にも揚げる場合にも使われるので、ここではどちらのグループにも入れなかった。

ホントは知らないイタリア料理の常識・非常識 ❸

バールでは支払いが先？注文が先？

　バールに入った時、先に注文すべきか、レジで支払いをすませるべきか、迷う方もいると思います。日本のコーヒーショップチェーンは支払いとオーダーを同一場所で同時にすませますが、イタリアのバールは店によってレジが別にあったり、なかったり。お客の動向を見ていると、なじみのオジサンなどは来るなり「いつものアレ」と注文しているように見えるし、サラリーマンは最初に支払いをすませているようでもある。店によってシステムが違うこともありますが、基本は（レジで支払い→レシート持ってカウンターで注文）が基準と考えればいいでしょう。仮に先に注文してしまっても、先にレジへ行ってねと誘導してくれることもあるし、飲んだあとで精算してくれる店もありますから、心配は無用。

　ところで日本のコーヒーショップは立ち飲みでもテーブル席でも料金は均一ですが、イタリアのバールは基本的に違います。カウンターでの立ち飲みは町村などの自治体やバール組合ごとに価格が設定されていて、エスプレッソ1杯がバスの運賃、新聞の料金とほぼ同じ。気軽に飲める金額です。

　一方、テーブル席での料金は、店ごとに独自に価格をつけられるので千差万別です。観光客の多い歴史地区や大都会と、地方や住宅地にあるような店とではかなり開きがありますね。それから、テーブル席といっても1〜2卓の簡素なテーブルが置いてあるようなバールなら、立ち飲み料金ですわって飲むことができます。

ホントは知らないイタリア料理の常識・非常識 ❹

ナポリタンは、ナポリにないのにナポリ風

　「ナポリタン」という言葉は、単に「ナポリ風」といっているだけ。でも日本ではあの真っ赤なスパゲッティ料理と決まっているからおもしろいものです。日本に上陸するや、強烈な印象を与えて、地名だけで十分なブランド力をもってしまったすごい例です。すでによく知られているとおり、ナポリタン＝トマトケチャップ和えスパゲッティは、ナポリにはないパスタ料理です。ナポリ一帯からアメリカへ渡った移民が故郷を懐かしんで作ったトマトソース和えのスパゲッティが、いつしかケチャップで代用されてアメリカ料理となり、日本へ入ってきました。ナポリ風は、英語では「ニアポリタン」。これが日本語なまりでナポリタンとなったのでしょうね。

　ケチャップはアメリカの産物で、イタリアにはありません。同じトマト味とはいえ、ケチャップ和えは甘みが強くて水分が少なくて、トマトソース和えとはかなり違います。ピーマンやハムが具として入るのも、イタリア本家にはないアレンジ。以前、日本のナポリタンをナポリっ子に食べさせるテレビ番組がありましたが、どぎつい赤と甘い味に風変わりな具にナポリ人はたじたじ…。企画の狙いどおりの反応でした。私もナポリタン育ちの世代ですから、好きですよ。修行でイタリアへ渡った当初は、本場のトマトソースになじめなくて大変でした。だってナポリタンに比べたら、甘みはないわ、酸味は強いわで、しばらくは食べられなかったくらいです。それが、いまではすっかりトマトソース派で、週に5日は食べるようになってしまいましたけれど。

『ホントは知らない イタリア料理の常識・非常識』吉川敏明著 柴田書店 2010年初版より

座談会●イタリア料理をより深く理解するために

●第2部●
厨房からのメッセージ

吉川敏明●カピトリーノ
室井克義●ホテル西洋銀座「アトーレ」
久保脇敏弘●ミオポスト

焼き目をつけることが
グリルの目的ではない

——第2部では、具体的な素材の扱い方や調理技法の話を通して、イタリア料理のおいしさとは何なのか、またそれを実現するためにどんなことが必要なのかを浮き彫りにしたいと思います。まず、イタリア料理といいますと、イメージ的にグリルを思い浮かべる方も多いようですが……。

吉川 グリルは現代のイタリア料理では非常にポピュラーになっていますが、厳密にいうとベーシックな料理ではないんです。料理を絞り込んだ時に、どうしてものせなければならないものでもないということですね。外国から入ってきた料理なので、歴史的には新しいんですよ。「ビステッカ・アッラ・フィオレンティーナ」にしてもそう。「ビステッカ」は英語の「ビーフステーキ」をイタリア語化した言葉ですから。焼く料理としては、「アッロ・スピエード」（串に刺してあぶり焼きしたもの）が一番古いんじゃないかな。

久保脇 シチリアにもアラブのシシカバブに似た肉の串焼きの料理がありますが、こういうもののほうが古くからある伝統料理のようですね。

——グリルという器具がなくてはできない、ということを考えれば、比較的新しい調理法であることも納得できますね。みなさんの店ではグリル料理をどの程度作っていらっしゃいますか。

吉川 100頁でミックスグリルを紹介しましたが、店ではミックスでなく、仔羊や牛肉のグリルを単品でのせています。ミックスグリルとして出すには最低でも3〜4種類の肉は必要ですから、材料がきちんとそろわないとできないし、また日本人には量が多すぎるんです。出してもなかなか全部を食べてもらえない。

室井 肉によって焼き時間も違いますから、同時に焼き上げなければならないむずかしさもありますよ。それと、イタリアで見かけることが多いんですが、グリルを調理場とちがう場所に置いている店がありますよね。デモンストレーションを狙って客席から見えるところに置いているんですが、こういう時は調理場との連携が大変です。ある店では調理場とグリルの両方にモニターテレビとマイクを置いて、始終マイクで連絡を取り合い、モニターで確認しながら調理してましたけどね。こうすればグリルとほかの料理が重なっても同時に出せるわけで、これはすごいシステムだと感心しましたね。

——最近では、本来のグリルとは構造の異なる、単に溝をつけただけのグリル板やフライパン状の器具が普及していますが（本誌の中でもこれを使用）、グリルという調理のポイントはどこにあるのでしょうか。

吉川 グリルは、本来は直火の調理ですよね。下に炭を置き、網の上に素材をのせて遠火でじっくり火を入れる。串に刺してあぶり焼きにするローストから、網にのせて焼くスタイルに発展したものと考えていいと思います。溝のついたフライパン状の器具では直火調理にならないわけですが、素材によってはこれでも充分なものもあるんです。

——たとえばどのようなものでしょう。

吉川 時間をかけて焼いているうちに、肉が締まって固くなりやすいもの、たとえば豚肉やエビなどは遠火でゆるやかに火を入れなければならないので、直火で焼くグリルでないといけませんが、牛フィレや魚のように、さほど固く締まらないものならフライパン状のものでも大丈夫なんです。手早くできて便利ですしね。ただ、その時に注意しないといけないのは、溝に油をぬりすぎないこと。内側に火が通る前に、表面だけが焼けすぎて固くなってしまいますから。

室井 グリル板といえば、イタリアにいる時になるほどと感心したことがありましてね。私が働いていた店では肉と魚でグリルを変えていたんです。魚を焼くグリルは突起が山形に尖っていて、肉用は接触面にもう少し幅がある。最初は、焼き網ににおいがつくから魚と肉で分けているのかと思ったらそうではなかった。尖ったグリ

ルに魚をのせれば皮がはがれないということなんです。平たいグリルで魚を焼いたら、焼き目はしっかりつくけれど皮もくっつく。それを防ごうと、油をよけいにぬってしまったりする。それではかえって、油が焦げて臭くなるんです。こういうことがグリルの基本なんだと思いましたね。

――日本では、そのような細かな配慮がなされていないんですね。

室井 日本人は魚の扱いにそうとう気をつかっているのに、グリルについてはまだまだ無頓着ですよね。日本でも魚用、肉用と二通りのグリルがあれば、もっと質の高いグリル料理ができるんじゃないかと思います。

――久保脇さんの店では、魚介のグリルはあまりなさらないですか。

久保脇 注文に応じて出してますよ。魚は毎日いろいろな種類を仕入れていますから、いかようにも対応できますし、それから、うちのお客さんの場合はプリーモ・ピアットを先に決めて、それに合わせてセコンドを決めるというスタイルが多いんです。だから、最初に選んだプリーモが味の濃いものや重たいソースだと、セコンドはさっぱりグリルで、という注文になることがけっこう多いですね。

室井 私はね、グリル料理は最後の切り札と考えているんです。たとえばメニューに魚料理がいっぱい並んでいるとしますよね。なんとか風、なんとかソース……。それを見て、どれにしようかな、どれがいいのかな、困ったなと迷っているお客さんがいらっしゃるとする。その時に、「では、この魚をグリルにでもいたしましょうか」と勧めるわけです。お客さんは「じゃ、それでお願い」（笑）。一発で決まりです。

――それはどういう意図で？

室井 メニューの構成で大事なことは、だれもが簡単に想像できるものを１品置いておくことなんです。パスタでも、魚でも、肉でも。で、グリルはだれもが理解できるわかりやすいメニューなんですが、レストラン側としてはメインの売り物にはしたくないという事情がある。だから、お客さんが迷った時の最後の切り札としてとっておくわけです。

吉川 グリルは食材の質がものをいいますから、店の信用にかかわるものでもあるんです。ですから、グリルをお勧めできるのは常連のお客さんや上客になってしまう。メインの売り物にしたくない、できないという理由はそこにありますね。

久保脇 グリルにするには魚であれ肉であれ、とりわけ鮮度がよくないといけないし、焼く技術も想像以上にむずかしい。調理の手順がシンプルなだけに、お客さんに評価してもらいにくい料理なんですよ。

室井 レバーのグリルをメニューにのせてる店って多いですよね。でも、レバーのグリルは技術的にむずかしいものなんです。よくある失敗は、焼き目をしっかりつけようと思って、焼き網をすごく熱くしてしまうこと。レバーをそんなふうに焼いたら、網目の部分が焦げすぎますし、血が焼けたような嫌なにおいが出てきます。

――グリルの器具を、熱くすればいいというものではないんですね。

吉川 「仔牛のパイヤール」といって、薄く叩いた仔牛肉をグリルにする料理がありますが、これは網をガンガンに熱くして、１分くらいで焼き上げてしまう。でも、これなどは例外で、一般にあまり熱くしてはいけないんです。これが焼き方の基本です。

――グリルは簡単に見えて、けっこう奥が深い……。

室井 グリルは単に網目をつける調理法だと勘違いしている人がいるような気がします。焼き目をつけるのは目的ではなく、あくまで結果。そこを理解していないと、おいしいグリルはできませんね。

イタリア料理の煮込みは噛みしめて食べる

――ローストもレストランのメニューにはあまりのっていないように見受けますが。

吉川 イタリアでは多いんですが、日本ではのせにくいものなんですよ。

室井 店の形態や規模にも関係しますよね。たとえばうちのようなホテル内のレストランだと、ローストは宴会で重宝する料理なんです。一度に大量に作れて、無駄も少ないから。定義として、100グラムの肉を焼いたものでもローストといってよいのであれば、メニューにのせてる店もあるでしょうけど、何キロ以上の塊という定義になると、個人レストランでは出しにくいでしょうね。

久保脇 牛や仔羊ならある程度の大きさの塊、鳥なら最低でも１羽丸ごと、そのくらいのものでないと本来のローストはできないんじゃないかな。もし、小さな肉を焼いたものをローストといっているとしたら、今風に言葉の解釈を変えてしまっているんだと思います。やはり、何人かの予約がまとまった時でないと、魚にしても肉にしてもローストは出しにくいですね。

――肉料理のメニュー構成を組む際に、大切なことは何でしょうか。

吉川　店の営業形態や仕入れの仕方によって料理の構成は違ってきます。たとえば枝肉で仕入れれば、部位ごとに料理のバリエーションは広がりますが、逆にいえば、それだけ数を増やさないと使い切れないわけです。

室井　その分、ほかの肉も絞り込まないといけませんしね。

吉川　反対に、小さな部位で仕入れた時に問題になるのは、たとえば仔牛のロースの芯だけを仕入れて、それをスカロッピーネとしても出してしまうことです。ロースは本来、スカロッピーネに使う部位ではないのに。

室井　モモ肉で作ってこそ、スカロッピーネのおいしさが味わえる。

久保脇　同じ仔牛といっても、ロースとモモではまったく味が違いますから。

吉川　ロースはある程度の厚みをもたせて食べてこそおいしいもの。スカロッピーネは叩いて薄くのばす料理ですからね。部位が限られれば、調理方法もおのずと決まってくるんです。

室井　フィレとロースだけを珍重するのは日本独特の風潮でしょう。

吉川　「柔らかさ」に対する信仰が強いですからね。日本に帰って、一番苦労したのは煮込みですよ。煮込みのほめ言葉は、いつも「とろけるように柔らかい」（笑）。そう言われてしまうと、どうして？　と思ってしまうわけ。イタリアの煮込みには、ナイフやフォークで切って、噛みしめながら食べるものが多いですから。

室井　そう。ブラサートにしても、噛みしめることで得られる旨みを味わうものでしょう。何時間も煮込んだとろけるような味——こういう表現が支配しすぎているところがありますね。バラ肉を使った煮込みならとろける柔らかさといってもいいでしょうけど。

——煮込みはトロトロであればいいものでもない。煮込みすぎもいけないわけですね。

吉川　そうです。イタリアの料理の基本は、ローストにしても同じですが、ベン・コット（充分火を入れる）なんです。でも、それには枠があって、焼きすぎとは違うんです。ぴったり火が通ったという状態ですね。

室井　ビステッカも、血がしたたるような焼き方はイタリア人は好まないですよ。最近はロゼに焼くところが増えてますが、イタリアは基本的に完全に火を通します。

——イタリア料理の煮込みで、「これはとろけるようなおいしさだ！（笑）」と言えるものはあるのでしょうか。

室井　私がイメージするのは、たとえばボッリート・ミストに入れた仔牛の頭の部分。とろけるような触感というのは、どちらかといえば頭の皮とか牛テールといったゼラチン質、それからバラ肉などの脂の多い部位を使った料理が浮かびますね。そういった「部位の柔らかさ」を表現したものが多いように思います。

吉川　ピアチェンツァ（エミリア・ロマーニャ州）のストラコットはモモ肉を使った煮込みですが、これなどはかなり柔らかい煮込みといえるでしょうね。そもそもストラコットという言葉の成り立ちが「過度に煮た」という意味ですし、実際かなり柔らかくなるまで煮ます。ブラサートがナイフを必要とするのに対し、スプーンですくって食べられるくらいです。あのあたりはポレンタを添えて煮込みをかけて食べることが多いので、肉も柔らかめに煮上げるわけですね。

——とろとろした骨髄のおいしさが味わえるオッソブーコも、ずいぶん知られるようになりましたし、人気のようですが。

室井　うちでも冬場は必ずメニューにのせていますよ。トマトペーストを加えたトマト味で。缶詰のホール・トマトのほうがさっぱりした味になるという人もいますが、私はペーストには濃縮された旨みがあると思う。オッソブーコにはたいていリゾットを添えますが、その代わりに私は揚げたポレンタを添えます。煮上げたポレンタよりも、いったん冷やし固めておいて、使う時に切って油で揚げるほうが作業効率がいいですからね。

久保脇　私はトマトペーストは使わず、ホール・トマトだけで煮込みますよ。オッソブーコは、後ろのスネ肉を使うことが大事です。髄も多いし、肉の旨みが違う。ハムでもそうですけど、前足と後ろ足ではかなり味が違いますから。

吉川　仔牛の後ろのスネ肉が食べられるようになったのも、イタリア北部の仔牛は後ろ足が発達した品種だったからですよ。

室井　オッソブーコはスネ肉を筒切りにしたものでしょう。スネ肉には骨の周りにいろいろな筋肉がついているからいろんな肉の味が出る。肉質のおいしさの違いを

味わえるところがおもしろいんです。
吉川　ほかの部位とは違った独特な味ですね。
室井　肉は部位によってそれぞれ旨みがあるわけですから、ロースやフィレだけでなく、スネ肉にしてもモモ肉にしてもまだまだ工夫する余地があるし、日本でもっと普及していい肉だと思いますね。
──吉川さんが今回作ってくださったオッソブーコ（74頁参照）は、トマトを加えないタイプですね。
吉川　それはイタリアにトマトが入ってくる以前に作られていたオッソブーコなんです。昔はトマトを入れずにワインで煮たものでしたから。トマト入りのオッソブーコは、ナポリに定着したトマトが北部の料理であるオッソブーコと結びついたものですから、全国規模でイタリア料理として認められた調理法といえるでしょうね。
室井　ロンバルディア州の料理に豚肉とキャベツを煮込んだ「カッスーラ」がありますが、これも本来、トマトは使いません。今でも「イタリア料理＝トマト」というイメージが強いですが、トマトが食材として完全に定着したのは17世紀ごろですからね、歴史的にはかなり最近といってもいい。だから、トマトを使わない煮込みというものに、もっとスポットをあてたいですね。
　煮込みという言葉でイメージするのは、トマト煮や、ビーフシチューのようなブラウンソース系が多いでしょう。だから私は特色を出すために、煮込みでもほとんどトマトを使わないピエモンテの料理を中心に出しているわけです。仔牛の煮込みでカサーレ風というのがありましてね、タマネギ、ニンニク、アンチョビーを炒めて肉を入れ、白ワインヴィネガーと水溶きのマスタードを加えて蒸し煮にしたものです。味のかなめはアンチョビーのコクと、タマネギの甘み。これなどは、トマトの味に頼らないピエモンテの典型的な煮込みです。
久保脇　私の店では、お勧め料理の中に煮込みを入れることが多いので、その日によっていろいろなものを作りますよ。オッソブーコも、常時のせているのはトマト系ですが、ボッリートのようにブロードの中で煮込んだオッソブーコをお勧めメニューとして出すこともあります。仔羊だと白ワイン、アンチョビー、ケイパーなどで煮込んだローマ風のものとか。
室井　イタリアの煮込み料理は野菜のとろみを生かしていることが多いですよね。最後に細かい目でこすこともあれば、あえて粗めに残しておいたりと、仕上げ方は何通りかありますが、いずれにしても、ベシャメルやドミグラスが小麦粉のとろみを利用したものに対し、野菜をよく煮込んでできたとろみを、そのまま料理に生かすのは非常にイタリア的ですね。

色は落ちても旨みを引き出す、イタリア式の野菜のゆで方

久保脇　野菜のゆで方にしても、イタリアの調理法を見るとずいぶん考え方が違うことがわかります。たとえばホウレン草にしても、日本だとたっぷりの湯でゆでて、それを氷水で冷やしますでしょ。イタリアでは洗ったものをそのまま空鍋に入れて、蓋をして火を通す。ホウレン草についている水分だけですから、ゆでるというより「蒸す」。そして鍋から出したら、そのまま冷ます。この方法では色落ちしますが、野菜のおいしさが残るんです。日本のゆで方は色はきれいに出るけど、旨みが減ってしまってますよ。
室井　ただ、イタリア的なゆで方がいいからといって、日本のホウレン草をそっくりそのままイタリア式にゆでたらだめ。
久保脇　ホウレン草の性質が違うわけですからね。
室井　イタリアのホウレン草が柔らかくなるまで5分かかるとしたら、日本のものは1分くらいで上げないといけない。ホウレン草に限らず、日本の野菜は味が弱いですからね。グリーンアスパラガスにしても同じです。イタリアのアスパラガスは太いし、根元も固いからきれいに皮をむくんであって、あまり固くもない日本のアスパラガスを白くなるまでむく必要はないわけです。おまけにゆでたあとで氷水に放したら、アスパラガスの甘みより水の味がする（笑）。
吉川　あくまでも、日本で栽培されている野菜だということを前提に調理しないとだめですよね。時間も、量も、扱い方もイタリアの調理法通りにはいきません。
室井　ミネストローネを作るにしても、ニンジン、タマネギ、セロリとみなイタリアのものとは味が違うから、向こうでやっていた通りに同じ分量で作っても味が足りない。何かを増やしたり、減らしたり、また別のもので補ったり、工夫をしないと。
吉川　そうなんです。私もトリッパを作る時に、野菜の量をかなり増やしてます。イタリア時代のレシピ通りにやったら甘みが出ませんからね。トリッパに充分味を含ませられない。イタリアへ行ったらなるべく市場へ行って、何でもいいから買って自分で作ってみる。それを繰り返して素材の違いを体得することです。
──お話に出たゆで方などは、イタリア料理だからということではなく、日本の野菜をよりおいしく食べるのに日本料理でも利用するとよい方法かもしれませんね。

室井 そうです。日本料理の人たちがやってみて、そのほうがおいしいとわかれば、利用していい方法だと思いますよ。昔は、アク抜きの方法もテクニックの一つだといわれましたでしょう。でも今の野菜は全般にアクが少なくなっている。昔通りの技法を盲目的にやっても意味がないところがありますからね。

久保脇 私も料理教室で教える時にね、ホウレン草やアスパラガスのゆで方を比較して見せるんです。これは日本式、こちらはイタリア式と。で、試食してもらって、「どうですか、マヨネーズも醤油もいらないでしょう」と聞くと、みなさん驚きますね。これがフランス料理だったら「ここにタルタルソースをつけます」ということになるんだろうけど、イタリア料理はそういうものがいらない。塩、コショウとオリーブ油だけで充分。イタリア料理が素材を生かす料理法だといわれるのは、こういうところだと思いますね。単純に、ゆでてオリーブ油であえるというと説明は簡単ですが、大事なのはどのようにゆでるかということ。当たり前のことでも、実はよくわかっていないところってあると思いますね。

——魚料理に話を進めますと、メイン料理として代表的なものといえば、ズッパ・ディ・ペーシェのような煮込みか、ロースト、グリルということになるでしょうか。

吉川 そうですね。あとはマリネ、フリットといったアンティパスト向きのものですね。

——ズッパ・ディ・ペーシェはいろいろな魚を丸ごと使ったぜいたくな料理ですが、メニューに出されることは多いですか。

室井 季節によって出しますよ。味のベースはポロネギと白ワイン、ブロード、トマトソース。あとはその時々で仕入れた魚介です。魚料理に関しては、常に一定のものをメニューにのせるのはむずかしいですね。「本日の魚料理」はサービスマンに聞いてもらって、相談しながら決めてもらうのが理想です。

——久保脇さんの店ではズッパ・ディ・ペーシェを必ず用意していらっしゃるようですが。

久保脇 冬場は必ず。温かいものが食べたくなる11月ぐらいからです。夏場はあまり好まれませんからね。

室井 うちも冬が中心ですけど、寒い時は濃度をもたせ、夏場はあまり煮つめないでさっぱりした味のズッパを作るのもいいかもしれませんよ。

久保脇 私の作り方は、ポロネギの代わりにレタスの芯に近い柔らかい葉を使うんです。ローマあたりで昔はよく使っていたようで、炒めるとけっこう甘みが出るんです。それと、うちでは赤系のブロードといっているんですが、根魚や鯛などでとった個性の強い濃いめのブロー

ドを使ってコクのあるズッパにしてます。魚の身も、スープも、ともにおいしく食べられるところにこの料理の醍醐味があります。

——魚の扱いに関してはどんなことが大事でしょう。

久保脇 つねづね感じているのは、魚の旬をもっとよく知ることじゃないかということですね。本来、旬とはその魚が栄養を蓄えてもっとも味がのっている時期。旬のものを食べるのが一番おいしいわけです。でも実際は、季節の早どりや他の魚の供給量との関係で、旬でない時期のものまで尊ばれているところがある。スズキがいい例でしょう。一般にスズキは夏が旬だといわれますが、実際は夏場に使える白身魚がないので、スズキならそこそこ使えるということで重宝されている。本当にスズキがおいしくなるのは10月から11月にかけてです。私はよく釣りに行くので魚の季節について自然に身についてきましたが、市場に通うだけでもそのへんの知識は深められると思いますよ。

室井 ホテルの立場からすれば、冷凍の魚も有効に使いこなすことが必要ですね。つねに一定の量を確保し、安定した価格で供給するためには、冷凍の魚が不可欠です。冷凍品の扱いで大事なのは、解凍の段階でいかにドリップを少なくするかということに尽きるでしょうね。

パスタを論じるなら、まずは粉を知れ

——次に、プリーモ・ピアットについてうかがいます。日本では、まだスパゲッティに代表される乾麺に人気がありますが、イタリアでは乾麺は南部を中心に発達したもので、中部から北部にかけては手打ち麺が主体ですね。日本のレストランでも自家製のパスタを作るところが増えてきましたので、その取り組み方についてお考えをお聞かせください。

室井　自家製パスタは、まず粉の種類や配合を云々する前に、保管方法や扱い方にもっと気を配るべきだと思いますよ。小麦粉を冷蔵庫に入れておいたら、そばにあったキムチのにおいが移ってしまった（笑）、なんてこともあるかもしれない。粉はけっこうにおいを吸収しやすいですから。それと、少量で仕入れて回転を早くすることも大事。私のところは１キロパックで買ってます。安いからといって大袋で買っても、回転が悪ければ湿っぽくなって使い物にならなくなる。粉にも賞味期限がありますからね。結果的に高くつくわけです。

吉川　イタリアのホテルでも、パスタ用の粉は毎日、ディスペンサ（食材管理室）から１キロずつもらってましたね。

室井　そうですよね。それと、粉の袋は絶対、直接地べたに置かないこと。調理場はもちろん、倉庫でも。コンクリートの湿気を吸ってしまいますからね。こういったことをきっちり守った上で、自家製パスタに取り組んでもらいたいですね。

——この本で掲載した自家製パスタは室井さんに担当していただきましたが、薄力粉４に対して、強力粉１という配合でした。吉川さんや久保脇さんはいかがですか？

吉川　フェトゥッチーネだけは、多少コシが出るように薄力粉６割にセモリナ粉４割の配合で加えています。そのほかのラザーニェやラヴィオリ、それとエミリア・ロマーニャ風のタッリアテッレなどは薄力粉だけです。

室井　北から中部にかけてのパスタは、基本的にセモリナ粉は使いませんよね。ほとんど薄力粉だけ。イタリアで００（ゼロゼロ）タイプといっている一番精製度の高いものです。それと、北イタリアではシコシコ感よりフワッとした触感を求めますから、卵をたくさん使うのが特徴ですね。

久保脇　私は薄力粉95％にコーンスターチ５％を加えています。コーンスターチを少量入れると、適度ななめらかさとコシが出るんです。

——生地の練り方はどのように。

室井　うちのレストランでは、生地を練るのは機械のミキシングボウルですが、のばすのは手動のパスタマシンです。スタッフに生地を頻繁に触らせることで、今日はツルツルしてるな、今日はザラザラしてるぞ……、という感覚を体で感じ取らせるわけです。そうやって粉の性質を理解させることが大事ではないかと。

久保脇　うちは、ミキシングはマシンですが、のばすのは電動のローラーと手の両方です。大量でランチに出す時は電動のローラー。ただ、最後になってくるとローラーが熱を帯びてきて生地に悪影響を与えるように思うんで、手に変えるんです。ローラー部分が大理石のマシンを使えばその心配はないんですけどね。

吉川　手でのばすには、マシンとは粉の配合を変えないとむずかしいでしょう。マシン用は水分を少なめにした配合にしますから、手でのばすのは大変な力仕事になります。手のばしを前提にする時は、水分を多めにしたほうがいいですね。私は、予約で少量作るだけですので、どんな場合でも生地をこねるのは手、のばす工程だけ電動マシンを使っています。

——こね終わった生地をフレッシュなうちにゆでるか、少し乾燥させてからゆでるか。このあたりはいかがでしょうか。

吉川　生地の配合によって乾燥のさせ方は変わってきますね。私の場合、フェトゥッチーネの生地はシート状に薄くのばしたら、落ち着かせるために15分くらい休ませますが、細く切り分けたらすぐに油紙と乾いた布巾と固く絞ったぬれ布巾で、順にしっかりと包んで乾燥させないようにしています。仕込みの関係で、営業時間の２時間前までにはすませておくので、その間に乾燥させないための方法です。ですから、人手があればゆでる少し前にのばして、切り分けたらすぐにゆでる方法がいいわけです。セモリナ粉入りの生地は水分が少ないですから、麺同士がくっつきにくい。だからあえて乾燥させる必要もないんですね。逆に、薄力粉だけの生地は水気が多いですから、シート状に仕上げたら最低30分はおいて、心持ち乾かすようにしています。

久保脇　吉川さんも私もローマの「アルフレッド」というレストランで働いたことがあるんですが、あそこは自家製のパスタで一躍有名になった店でしてね。昼も夜も、とにかく直前に切ってゆでるという態勢を徹底させてました。乾麺にない、フレッシュなパスタならではのおいしさを出すには、乾燥させてはいけないという考え方なんです。私もその方法に従って、シート状にのばしたら乾いた布巾で挟んであまり時間をおかないようにし、ゆでる直前に切り分けています。

室井　私の場合はまずシートにのばしてから数分乾燥させ、その後で細く切り分けて１〜２日間乾燥させます。いわば、生パスタと乾燥パスタの中間的なものを作るわけです。店の規模が大きいから、事前に大量に仕込んでストックしておかないといけないでしょう。切り分けてすぐにゆでる態勢がとれないですから、ある程度乾かして均一な状態にするわけです。それともう一つは、私自身の好みもある。もちっとした重さよりも、フワッとした柔らかな感触が好きなんです。

——ゆで方のポイントはどんなところに。

室井 湯の量は、多いにこしたことはないですよ。たとえば一人前、二人前のスパゲッティでも、2リットルのお湯しかなかったら、パスタがこすれ合って粉が溶け出してきます。パスタをゆでるには、グツグツ、ブクブク沸騰している状態がいいと思っている人が多いようですが、実際はお湯が対流しているぐらいで充分で、また対流できるだけの空間も必要ということです。スパゲッティのような乾麺の善し悪しを、ゆで汁の中にどれだけ粉が溶け出しているかどうかを見るという方法もあるくらいです。

——パスタのメニュー構成は、どのような考え方で組んでいらっしゃいますか。トマト系、クリーム系といったソースのバラエティ、またショート、ロングなどの形状の違いも含めて……。

久保脇 うちは2〜3種類。数は少ないですね。もしセコンドを先に決めた時に、それがどんな味のものかで、パスタは必然的に同じタイプのものにならないよう、お客さんの好みに合わせて相談になります。クリーム系のパスタとクリーム系のセコンドの組合せはやめたほうがいいですよ。

室井 うちの店は二つに分かれているでしょう。エレガントゾーンとカジュアルゾーン。特にカジュアルゾーンのお客さまはパスタをメインに考えているので、常時十数種はそろえています。乾麺、自家製のロングパスタ、ラヴィオリのようなショートパスタ、それにトマト系、クリーム系、オイル系、白ワイン系といったソースの違いを明記してます。客席数が多いから説明しきれませんので。お客さまのほうにも、クリーム系のパスタならメインはトマト系でと、そういうサジェスチョンはしています。

ホントは知らないイタリア料理の常識・非常識 ❺

ミートソースとスパゲッティの組み合わせはあり得ない？！

「イタリアではミートソースをスパゲッティでは食べない」とは、よく語られる話です。挽き肉で作るミートソースといえば、ボローニャ（エミリア＝ロマーニャ州）のサルサ・ボロニェーゼ、通称ラグーがもっとも代表的なもの。当時ではタリアテッレという、きしめん状の手打ちパスタ、あるいはリガトーニというマカロニタイプのショートパスタ、またはラザーニャに使うのが組み合わせの定番です。北イタリアにあるこの地域はもともとスパゲッティ文化圏ではないので、そうしたパスタで食べられていたんですね。だから、ミートソースをスパゲッティで食べるのはあり得ないという説になる。これも一理あります。ただ、挽き肉のミートソースはイタリアのいろんな土地で、牛肉に限らず羊などいろいろな肉で作られています。イタリアを代表する世界的にも有名なものがサルサ・ボロニェーゼというだけで…。だからスパゲッティをよく食べる南部では、ミートソースとの組み合わせがあるわけです。日本のスパゲッティ・ミートソースはそもそもアメリカ経由。アメリカはイタリア南部の移民が多かったから、スパゲッティとミートソースの組み合わせで食べていたんでしょう。とはいえ、同じミートソースでも北と南では味つけが、ずいぶん違います。他の料理同様、南部はホールトマトやトマトソースをたっぷり使いますが、北部のサルサ・ボロニェーゼはトマトペーストが基本。しかもワインや上等な牛肉（あるいは仔牛肉）をふんだんに使って風味豊かに作ります。そこがイタリアを代表するゆえんでしょうね。

『ホントは知らない イタリア料理の常識・非常識』吉川敏明著 柴田書店 2010年初版より

——パスタの一人前の分量は、きっちり決めているんですか。

久保脇 乾麺で、アラカルトが70グラムです。セコンドにボリュームがあるので、このくらいが日本人には適量じゃないかと。コースの場合は25グラムずつ2種類盛りにして50グラム、ランチが一番多くて80グラムですね。

吉川 うちは、時代によって変わってきました（笑）。最初は70グラムでスタートして、80に増えて、一時そうとうイタリア料理を知ってる人が多かった時は90にあがりました。最近はたくさん食べられない人が多いので、また70に戻りましたよ。若い女性って「食べられな〜い」という人が多いから（笑）。

室井 私の店は80グラムが基本で、カジュアルゾーンのランチが90。あとは、具で分量が増えないような、たとえばジェノヴァ・ペーストであえたようなものは、ちょっと多めです。反対に、エビ、イカ、カニなどを具にした時はパスタの分量を少し減らします。

吉川 確かにソースや具によって、そういう増減はします。味つけによっても変えることがありますね。

室井 同じラグーでも、肉を細かく切るのか、また大きく切るのかによってボリューム感が違ってきますからね。そのへんは微妙に変える必要があると思います。

——久保脇さんの店の2種盛りのパスタのコースは人気のようですが。

久保脇 何を食べていいのかわからない人は、コースなら注文しやすいでしょう。そういう方にはいろいろなものを盛り合わせたほうが喜ばれる。次回からはアラカルトで自由に選んでくださいという気持ちでね。

室井 私もカジュアルゾーンでは、2種盛りを出す時がありますよ。それと、年に数回やっているパスタフェアでもランチに限って2種盛り。それはそれでお客さんは喜びます。ただそれが当たり前だと思われると困るから、ふだんはやらない（笑）。

久保脇 うちはガスコンロの数が少ないから、いろいろな種類のパスタを出すのがむずかしいこともあるんです。だから最低限の種類でお客さんに納得してもらってるという感じですね。

吉川 4種類までだったら、違うパスタを注文されても大丈夫だけど、それ以上種類がまちまちになったら、一度ゆで終わってからもう一度ゆで始めるので少々お待ちいただけますか、と聞くようにしてますね。そのへんは、調理場の事情を理解してもらうことが必要だと思います。

——パスタをゆでる時の塩についてはいかがですか。

吉川 イタリアから帰ってきたばかりの時は、けっこう塩分の調整に苦労したんですよ。イタリアではパスタをゆでるのに岩塩を使ってましたから、それと同じ分量で精製塩を入れたら、もう塩辛くてね（笑）。料理にしてもそうです。このあいだイタリアへ行って、友だちの家で仔牛のスカロッピーネを作ったら塩がきいてないと言われて。ついつい、精製塩のつもりでちょっとしかふらなかったものだから、岩塩では全然塩気が足りなかったわけです。

——塩辛さと、味もけっこう違うものですか。

室井 岩塩と日本の塩ではやはり違うでしょうね。でもパスタに使う塩で大事なのは、パスタを引き締めてコシを出し、粉の甘みを引き出す働きがあるということを知っておくことです。湯の沸騰の度合いが強ければパスタが締まる、と思っている人も多いようですが、それは違う。ゆで汁に充分塩気をもたせなければ、パスタをおいしくゆでることはできないんです。

——塩の種類がどうのこうのより、塩の分量やその目的がよくわかっていなければだめだということですね。

室井 そのとおりです。

厨房の事情が大きく関わる
リゾットの考え方

——では、最後にリゾットですが、これは時間がかかるために作りたてを提供することがむずかしいといわれますね。吉川さんも室井さんもメニューにはのせていなくて、唯一久保脇さんがのせていらっしゃる。

吉川 多少待っていただくことを承知してもらえれば作りますよ。あとはその日のお勧めメニューにのせることもある。ただ夏場はほとんど出しませんね。どうしてもスパゲッティのほうに注文が集まるから、のせてもだれも食べてくれない（笑）。

室井 うちも、リゾットをメニューに出したら調理場が麻痺してしまいますから、レギュラーでは出さないんです。ある程度の人数がそろった予約で、おまかせ料理になった時はよく出しますけれど。この前イタリアに行った時に、向こうのシェフたちに店でリゾットを出しているかどうかを聞いたんですよ。「一応出している」と言った人が多かったけれど、実情は大変だという感じでしたね。

吉川 リゾットを作ると、一つのガスコンロが20分間も埋まってしまうでしょう。すると他の調理ができなくなって、機能的にマイナスなんです。うちはどういうわけか、リゾットの注文ってイカスミが多いんですよ。でも肉料理が中心だからイカスミのリゾットだけは断っているんです。そのあとで魚料理を食べるのならともかく、

イカスミが口に残ったまま、仔牛のスカロッピーネを食べても決しておいしくないですから。

久保脇 私はあらかじめピラフを作っておくことで、いつでもリゾットを出せるようにしてますね。リゾットの一番のネックは時間がかかることですが、それを解消するためと、あとは日本の米の粘り気の強さを抑えるため。通常のご飯よりも2～3割少ない水でピラフを炊いて冷ましておき、オーダーが入ったらブロードでさっと煮るという段取りです。煮込む時間は5～6分でしょうか。粘りも取れて、米の粒がしっかりしたリゾットになりますよ。

室井 リゾットを常時メニューにのせるとしたら、そういった工夫が必要でしょうね。あくまでも生米から作ってできたての味を提供することにこだわるか、それともいつでも食べてもらえる態勢を整えてお客さんに喜んでいただくか、その選択ですね。

――久保脇さんのお話にもありましたが、粘りのある日本の米をどう使いこなせばいいか、また外国産の米のほうがよいのか、そのあたりはいかがですか。

室井 私は、生米で一から作る場合でも、日本の米で充分おいしいリゾットが作れると思っています。そのための絶対必要条件はいくつかあります。まず米は水洗いしないこと。そしてブロードは温かいものを入れること。冷たいと沸騰するまでに時間がかかり、米が煮上がってしまいますからね。それと、むやみにぐるぐるかき混ぜないことです。鍋底についた米をはがすように、木杓子を一直線に動かす。できるだけ回数も抑えます。イタリアの米を使うより、日本の米でこういったことに気を配りながら作ったほうが、かえって日本人にはおいしいと感じてもらえるんじゃないでしょうか。

吉川 技法的なことで付け加えるとすれば、最初に米をよく炒めることも大事でしょうね。中火の火加減で、米が透き通ってくるまでオイルを充分にしみ込ませることです。この炒め方が足りないと、米が煮くずれたり、必要以上にべたつきが出てしまいます。

室井 リゾットといえば仕上げにチーズを使うことが多いですけど、一般にはパルミジャーノが最高だといわれますよね。でも、私はパルミジャーノではなく、グラーナ・パダーノを使うんです。パルミジャーノは確かにおいしいし、味のバランスもよく、チーズとして完成さ

ホントは知らないイタリア料理の常識・非常識 ❻

アル・デンテの頃合いはパスタごとに違う

　そもそもアル・デンテとはなんでしょう。「芯が残った状態」と解釈している人もいるようですが、必ずしもそうではない。噛んだ時にはじき返る弾力を感じること、つまり「歯ごたえのある状態」です。目に見える芯があってもなくてもアル・デンテ。指し示す領域は広いのです。

　たとえば、手打ちパスタでは芯を残すと粉っぽさを感じさせるので、芯を残さないのが理想的なアル・デンテ。ショートパスタも生地に厚みがあるので、同じく芯が消えぎりぎりがちょうどよいアル・デンテです。これに対して、芯をわずかに残すのがベスト・アル・デンテなのが、スパゲッティをはじめとするロングパスタです。スパゲッティーニのような細麺はもちろんのこと、やや太いスパデッティでも外側はゆでるうちに柔らかくなっていくので、中心に芯を残すくらいがちょうどよいのです。ちなみにカルボナーラは、麺の表面が柔らかいほうがソースののりがよくおいしくなるので、細めのスパゲッティーニより太めのスパゲッティのほうがいいのです。こうしたアル・デンテの強さも、地域によってまた好みが違います。いちばん硬めが好きなのはナポリ人で、その加減を「針金（フィロ・ディ・フェッロ）」というくらい。よその地方のイタリア人からすると「常識外」の硬さなのですが、ナポリっ子には針金級がいいようで、実際、芯はくっきりと見えるほどです。

『ホントは知らない イタリア料理の常識・非常識』吉川敏明著　柴田書店 2010年初版より

れています。だから、ややもすると、その味に頼りすぎてしまうことになる。パルミジャーノをかければ何でもおいしくなってしまうということでね。それで、あえてグラーナを使うようにしているんです。

吉川 わかりますね。料理に使う時は私もグラーナですよ。そしてテーブル用に、パルミジャーノを用意しておく。

室井 パルミジャーノは本当においしいけど、結局あの味にまとまっちゃうんですね。グラーナは、まだ若いような感じだけど甘みがある。リゾットにグラーナをかけても充分おいしいですよ。

吉川 そう。パルミジャーノってバルサミコと同じで、完成された味ゆえに、ちょっと使うだけでおいしくなってしまう。素材の味やソースの味をカバーしすぎてしまうんですね。

久保脇 私も2種類使ってます。チーズで絶対に必要なことは、すりおろしたものは仕入れないこと。とにかく新しいものを短い周期でとることを徹底させないと。おろしたまま時間をおくと、風味がとびますからね。

室井 ウェイターの朝の仕事というのは、まずチーズおろしからですよね。

久保脇 パルミジャーノもグラーナも、においや味を吸いやすい。アッという間に味が変わってしまうのがわかりますよね。必ずその日に使う分量だけをすりおろすことです。

吉川 お客さんが料理にかけるにしても、大量にかけたら味が強すぎていけません。ほんの少しで味が生きてくるものだから、お客さんにもそういう説明をする必要がありそうです。

室井 料理人でも、パルミジャーノ信仰が強くて、やみくもに使っている人がいますが、味のバランスを崩しかねないですよ。

久保脇 お客さんも、テーブルにあると、サラダでも魚料理でも何にでもかけてしまう人がいますでしょう。

吉川 潮の香りのする料理に、チーズは合わないものなんです。量も加減をみないといけませんね。

——リゾットはブロードの味が大切な要素だと思いますが、料理のベースに使われるものでもあるので、ブロードについてもお聞きしたいと思います。

室井 米が最初に触れる液体の味、つまりブロードの味ですね。これは最後まで残りますから、リゾットをどのような味に仕上げるかによってブロードを使い分けるくらいの必要はあると思います。魚介用、肉用という分け方だけでは大ざっぱなので、そのつどブロードの味を調整して、そのリゾットに合ったものを使ったほうがいいですね。

久保脇 私もリゾットの種類によっては、何種類かのブロードを作り、それらを合わせて使うこともあります。リゾットの味の主体はブロードですから、かなり気をつかいますね。

室井 リゾット専用にブロードを仕込むのが理想的ですが、たとえば常備している基本のブロードに野菜をプラスして、さらに煮出すといった調整をする方法でもいいと思いますよ。リゾット用のブロードは、ベーシックなブロードよりコクをもたせることがポイントですね。

吉川 もうひとつ重要なのは、リゾット用のブロードは塩味を控えめにしておくことです。ブロード自体にしっかり塩味をつけておくと、煮つめている間に水分が蒸発して、塩分濃度がどんどん高くなってしまいますからね。煮込み終わった最後の段階で塩味をつけるようにしないといけません。それと、リゾットに使う素材によって、ブロードの味を強調させたほうがよいのか、あるいは控えめにしたほうがよいのかが決まってきます。ミラネーゼのようなシンプルなものは濃いめの味のブロードをたっぷり使ったほうがいいですし、逆にポルチーニ茸を使ったリゾットであれば、薄めのブロードを量を控えて使うといった感じです。

——ベーシックなブロードはどのように作っているのでしょうか。

吉川 うちでは魚料理をほんのわずかしか出していませんので、基本的に肉用のブロード1種に絞っています。材料は香味野菜と仔牛のスジ、くず肉、牛ヒレの切れ端のみ。骨や鶏は使いません。肉を大量に使って2時間くらいで短時間に煮出し、"味が濃くて軽い"ブロードにしています。これを料理によってそのままの濃さで使ったり、水で薄めたりするわけです。リゾットのブロードもこれを利用しています。

久保脇 私のところは肉用、魚用を常備しています。肉用は、仔牛の骨と鶏ガラのほかに牛のバラ肉を入れてるのが特徴ですね。牛スネに比べて、ほんのり甘みが出て味が和らぐように思うので。この牛バラは再加工してアンティパストに利用します。一方の魚用のブロードは魚の種類を使い分けて、あっさりしたもの、コクのあるものと二通りのブロードをとっています。

室井 私は基本的に肉のブロードだけを常備して、魚と野菜のブロードは必要に応じてそのつど仕込むといった感じですね。時間もさほどかかりませんので。肉のほうは仔牛肉が主体で、鶏を丸ごとと鶏ガラを加えます。やはり、鶏だけより仔牛や牛の旨みをプラスしたもののほうがクセがなく、応用範囲も広いですからね。

プリーモ・ピアットの探究

PASTA
○
RISOTTO
○
GNOCCHI
○
PIZZA

イタリア料理の中で、他国の料理と比べてもっとも特徴的なのが、パスタを中心としたプリーモ・ピアットである。レストランにおいて、パスタはコースを構成する一要素にすぎないが、イタリア人にとっても、日本人にとっても、パスタのおいしさは店の評価を決定する大きなポイントである。"イタリア料理の技術の粋"と評される反面、"できて当たり前"との厳しい見方もされるプリーモ・ピアット。そのひと皿には、調理技術やオペレーション・ノウハウなど、イタリア料理店のすべてが凝縮されているともいわれる。ここでは、パスタ、リゾット、ニョッキ、ピッツァの4ジャンルの中からいくつかの事例を取り上げ、おいしさのコツを探るとともに、それぞれの調理工程の底に流れる、イタリア料理の考え方に迫る。

イタリア全国 生パスタ紀行

吉川敏明 カピトリーノ

スパゲッティなどの乾燥パスタが、ほぼイタリア全国に普及しているのに比べると、手打ちの生パスタはまだまだ地域性が濃く、各地でそれぞれ独自のパスタ文化が育まれている。パスタの材料の違い、形状の違いのほか、組み合わせる素材やソースにも、その土地ならではの定番のスタイルというものがある。中には、近年になって工場の生産ラインにのり、乾燥パスタとなって全国に普及したものもあるが、それでも食べ方にはそのパスタの生まれた地方性が尊重されている。ここでは、歴史の古いシチリアを出発点に、地方色あふれる各州の手打ちパスタをたどってみる。

シチリア

　現代のパスタの原形が誕生したのは、12世紀のシチリアといわれている。今でも健在のそのパスタは、練った生地を棒に巻きつけるタイプと、指でちぎるタイプの二つがある。これらは何百種類にも膨れ上がった現在のパスタの原点となる、シンボリックな存在だ。

　一つは**マッカルーニ**（maccaluni）と呼ばれる、管状のいわゆるマカロニである。これはセモリナ粉を水で練ってのばし、1cm幅に切った生地を鉄製の編み針のまわりに巻きつけ、穴あき状にしたもの。編み針は30cmほどの長さだが、生地は短く巻きつけることもあれば、針の長さいっぱいに使うこともある。いずれにしても、この製法が生まれた当時は、さらに小さく切って調理することが多かったようだ。それはどのパスタにも共通するが、昔は現在のような"食べるパスタ"ではなく、もっぱら"スープの浮き実"にして豆などと一緒に煮込んで食べることが目的だったからである。このような食べ方が主流だったのは、フォークの歴史とも関係しているだろう。

　この穴あきパスタは時代が下るにつれて北上し、他州にも定着した。カラブリア州の**フズィッリ**（fusilli）、バジリカータ州の**ミヌイク**（minuich）、サルデーニャ州の**マッカローネス・ア・フェリトゥス**（maccarones a ferritus）、ウンブリア州の**ストゥリンゴッツィ**（stringozzi）などである。なお、現在では生地に卵を加えることも多い。

　さて、シチリア州のもう一つのパスタは**ニョックリ**（gnocculi）と呼ばれるもの。これもセモリナ粉を水で練って作るが、形は現在のジャガイモのニョッキと

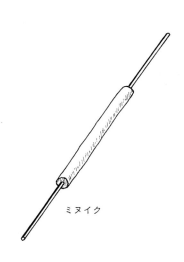

ミヌイク

同じで、細長い棒状に丸めた生地を、端から指でちぎりながら小さな塊にしたものである。別名は**カヴァティエッディ**（cavatieddi）。これもまた、カラブリア、バジリカータ、プーリアの南部三州に伝わっている。

プーリア／バジリカータ

　パスタの始まりが、硬質小麦を粗挽きしたセモリナ粉を材料にしていたことはシチリア州のところでふれたが、現在でも南部では手打ちパスタにセモリナ粉を使う。これに対し、軟質小麦（いわゆる普通小麦）を使ったパスタはエミリア・ロマーニャ州を中心とする北部にあり、その間に挟まれたラツィオ州からトスカーナ州にかけては二つが混在している。これは、硬質小麦の栽培がシチリア州からトスカーナ州までの南部に限られていることによっている。硬質小麦は暑くて湿度の高い土地に、軟質小麦は冷涼な土地に向いているのだろう。したがって、以下のラツィオにいたるまでの南部各州のパスタは、どれもセモリナ粉を使ったものばかりである。

　バジリカータ州とプーリア州には、シチリア州のところで紹介したパスタのほかに、やはり歴史の古いものとして平打ちの**ラガーネ**（lagane）がある。同じシート状でも、私たちがイメージする現代のラザーニェよりずっと小さく、長さ８cm、幅１〜４cmほどのもの。実は、このパスタの起源をさかのぼっていくと、古代ローマ時代の**ラガヌム**（laganum）と呼ばれるパスタに行きあたる。古代ローマといえば、先のシチリアのパスタが誕生するずっと以前のことだ。が、あえてこれをパスタの起源としなかったのには理由がある。ラガヌムは現在のように"ゆでる"のではなく、練った生地を"焼く"か"揚げる"かしたあと、煮込んで食べるものだったからだ。ゆでるという下調理が取り入れられたことによって、パスタの調理法によりいっそう変化がもたらされたことを考えると、このラガヌムは現代のパスタとは一線を画するものととらえたほうがよい。

　ラガヌムはその後、長い時間を経てゆでて食べる調理法に取って変わり、名前もラガーネと変化して、バジリカータとプーリアに残ることになった。別名に**ラガネッレ**（laganelle）、**ラナーケ**（lanache）があり、さらにここから現在のラザーニェの呼び名が生まれることになる。

　プーリア州のパスタには、このほか**オレッキエッテ**（orecchiette）がある。これは日本でもずいぶんポピュラーになり、乾燥品も出回っている。「小さな耳」という意味のこのパスタは、小さな球状の生地を親指で押しつぶしてくぼみをつけたものだ。その形がちょうど耳たぶに似ていることからつけられた名前である。要は、先のニョックリ（カヴァティエッディ）を平たくしたようなもので、簡単にゆでやすく、形もきれいにそろうということで考え出された形なのであろう。

　オレッキエッテは、この土地の特産物であったチーマ・ディ・ラーパという野菜と結びつき、オリーブ油であえる食べ方が定着した。チーマ・ディ・ラーパは、日本でいうアブラナ科のナバナだが、イタリアでも日本でもブロッコリ（イタリアではカリフラワーも）で代用することが多い。

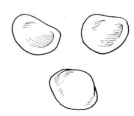

オレッキエッテ

カラブリア／カンパーニア／アブルッツォ

　カラブリア州では、冒頭でふれた穴あきパスタのフズィッリと、もう一つ、ラザーニェ系の**サーニェ・キーネ**（sagne chine）がある。ちなみに、このフズィッリは、現在主流となっている単なるらせん型のパスタではなく、いったん管に巻いて穴あき状にしたものを、さらにねじってらせんにしたものである。時代的には、このカラブリア州のフズィッリのほうが古い。

　サーニェ・キーネは現在のラザーニェとほぼ同じだが、中に挟む具が多いのが特徴である。たとえば、ミートボール、ゆで卵、豚肉のロール巻き、カルチョフィ（アーティチョーク）、キノコ、グリーンピース、モッツァレッラ・チーズといった具合いだ。これと同じものはカンパーニア州のナポリ料理にも見られ、こちらでは二月のカーニバルの時期に食べることから、その名も**ラザーニェ・ディ・カルネヴァーレ**（lasagne di carnevale　カーニバルのラザーニェ）と呼ぶ。ミートボール、ゆで卵、サルシッチャ（ソーセージ）、モッツァレッラ・チーズ、リコッタ・チーズなどが具になっていて、これをナポリ風ラグー（肉と野菜のトマト煮を、ソースのみ裏ごししたもの）で味つけする。

　カンパーニア州を少しばかり北上するとアブルッツォ州がある。ここではギター風マカロニという意味の**マッケローニ・アッラ・キタッラ**(maccheroni alla chitarra)がことに有名だ。このパスタはキタッラ（ギターの意）という道具を使うのでその名があるが、パスタ作りの道具としてはもっとも古いとみられている。きっかけが壊れたギターを使ったことから始まったのかどうか、今では知る由もないが、細長いパスタを効率よく作るにはなかなかに優れた道具だと思う。

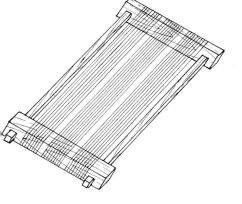

キタッラ

　キタッラは、長方形の木枠の中に非常に狭い間隔で40〜50本もの針金が張られており、この上にのばした生地をおいてめん棒をころがすと、生地が細長く切られて下に落ちるという仕組みである。でき上がった時にパスタの断面が正方形になるように、生地は針金の間隔と同じ寸法の厚さにのばすのが決まりである。このパスタには、仔羊の煮込みのソースをあえるのが古くからある食べ方。羊の放牧が盛んなことから、日常的に仔羊の肉をよく食べていたことがこのパスタと自然に結びつくことになったのだろう。

ラツィオ／トスカーナ

　ラツィオ州に入ると、ようやく材料に軟質小麦と卵が登場してくる。ローマの代表的手打ちパスタ、**フェトゥッチーネ**（fettuccine）がそのよい例だ。人によってはコシを強くするために、軟質小麦の粉にセモリナ粉を加えることもあるようだが、たいていは軟質小麦だけである。フェトゥッチーネは、**タッリアテッレ**（tagliatelle）と同じものだと解釈するのが一般的だが、ローマっ子にはまったく別のものという考えが強い。タッリアテッレよりやや幅広で厚みも少しある、というのが理由のようだが、これなどはいかにも地域志向の強いイタリアら

しい話である。

　ラツィオ州にはまた、先のマッケローニ・アッラ・キタッラと同じ形状の**トンナレッリ**（tonnarelli）というロングパスタがあるが、これは材料に卵を加えている点が異なる。

　ところで、これまでの南部のパスタがトマト味やオリーブ油をベースにしていたのに対し、このラツィオ州あたりからバターや生クリームがソースの材料に登場し始める。クリームベースのソースに生ハム、キノコ、グリーンピースを使ったものなどは、日本でもすっかりおなじみになっているとおりだ。

　幅広のロングパスタ、**パッパルデッレ**（pappardelle）は、中部トスカーナ州の生まれ。鴨や猪の煮込み、あるいはポルチーニ茸のソースとの組合せが多い。このトスカーナ州には、パスタの製法としては珍しい**ピーチ**（pici）、別名**ストゥロッツァプレーティ**（strozzapreti）というロングパスタがある。材料は小麦粉、水、塩で（最近は卵を少量加える場合も多いが）、まず厚めの生地にのばしてからいったん細く切り分ける。これを台の上でころがしたり引っ張ったりを繰り返して、細いスパゲッティ状にしていくというもの。日本のそうめんと同じのばし方である。トスカーナ州ではシエナの周辺地域で作られているが、ロマーニャ地方にも同じものがある。

エミリア・ロマーニャ

　いよいよ卵入りパスタ（pasta all'uovo）の本場、エミリア・ロマーニャ州に入る。小麦粉もセモリナ粉は姿を消して軟質小麦の粉になり、これを卵の水分だけで練るものが多い。平打ちパスタでは、標準サイズが**タッリアテッレ**（tagliatelle）。細いものが**タッリアリーニ**（taglialini）、または**タッリオリーニ**（tagliolini）。幅が広くなると**パルパデッレ**（parpadelle）、または**パスパデッレ**（paspadelle）。一番幅広が**ラザーニェ**（lasagne）である。

　ちなみに、パルパデッレは先のトスカーナのパッパルデッレと同じもの。タッリアリーニはピエモンテでは**タッリエリーニ**（taglierini）となる。このように名称がいろいろとあるのは、その昔、だれかが気ままに呼び変えてしまったものが、それぞれ定着してしまったからであろう。イタリアにはこのような例がいくらでもある。

　参考までにつけ加えると、1972年にイタリア料理アカデミーが決定したタッリアテッレの定義は「厚さ0.6mm、幅8mm」のパスタとなっている。

　さてこれらの平打ちパスタは、サルサ・ボロニェーゼ（salsa bolognese　ボローニャ風ソース）、つまりミートソースで食べるのが伝統的で、近代になってから生クリーム系のソースが増えてきた。ラザーニェなども、サルサ・ボロニェーゼとベシャメルソース、そしてこの土地の特産品であるパルミジャーノ・チーズを重ねて、オーブン焼きにしたエミリア風が特に有名になっている。

　平打ちパスタから作るショート・パスタもある。小さな正方形に切った生地を、直径1cmの棒で対角線に平行に巻きつけた**ガルガネッリ**（garganelli）、長方形の生地の真ん中を、指でつまんで蝶の形にした**ストゥリケッティ**（strichetti）など。蝶型のものは**ファルファッレ**（farfalle）の前身にあたるが、今ではファ

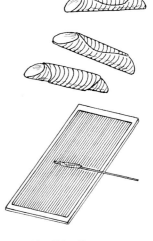

ガルガネッリ

ルファッレのほうが一般的になってしまった。

　詰めものパスタにもいろいろなバリエーションが見られるが、エミリア・ロマーニャ州を代表するものといえば、指輪型に作った**トルテッリーニ**（tortellini）である。このパスタは、イタリアではクリスマスから新年にかけて欠かせないもので、主にスープに入れて食べる。トルテッリーニは、3～4cm四方の正方形の生地に詰めものを置き、対角線上できっちり二つ折りにしてから両端をくるっと巻くようにして重ね合わせるが、これと似た**カッペレッティ**（cappelletti）も有名である。こちらは「小さな帽子」という意味だが、4～5cm四方のやや大きめの生地を使って、二つ折りにする時に三角形の頂点を少しずらして重ねるところに違いがある。後述するロンバルディア州では、このカッペレッティと同じものをアニョリーニと呼んでいる。

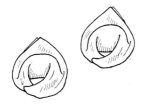

トルテッリーニ

カッペレッティ

　ほかにも、**アノリーニ**（anolini）、**トルテッリ**（tortelli）、やや大ぶりの**トルテッローニ**（tortelloni）などの詰めものパスタがあるが、これらは丸い生地を二つ折りにした半月形が多い。中に詰める具は、トルテッリーニ、カッペレッティ、アノリーニがだいたい共通していて、仔牛や豚、鶏、生ハムを細かく挽き、卵やパルミジャーノ・チーズを加えて練ったものが一般的。トルテッリのほうは、リコッタ・チーズやホウレン草、ビエトラ、カボチャ、ジャガイモ、サルシッチャなどを詰めものにする。食べ方としてはスープに入れるほか、セージ風味のバターソースとチーズをふりかけるシンプルな味つけが伝統的だが、今ではいろいろなソースを使うことも多くなっている。

ロンバルディアを中心に

カゾンセイ

マルビーニ

　イタリアでは、ロンバルディア州のアルプス寄りやヴァッレ・ダオスタ州、トレンティーノ・アルト・アディジェ州といった北の寒冷地でソバが栽培されているため、このあたりではパスタやクレープのような形でソバ粉が使われる。ロンバルディア州では、スイス国境に近いヴァルテッリーナ地方に**ピッツォッケリ**（pizzoccheri）というソバ粉入りパスタの伝統料理がある。昔はソバ粉と小麦粉を水と塩だけで練っていたようだが、今では風味をよくするために卵や牛乳を加えるようになった。仕上がりの形は幅1cm、長さ5～6cmの平打ち。でき上がったパスタは、ジャガイモとちりめんキャベツと一緒に一つの鍋でゆで、ビットという地元特産のソフトタイプのチーズとセージ風味のバターをかけて仕上げる。

　平打ちでは、このほか小さな菱形に切ってスープの浮き実に使う**マルタリアーティ**（maltagliati）がある。ところで、ロンバルディア州の詰めものパスタは、町ごとに特色があっておもしろい。マントヴァの**アニョリーニ**（agnolini）、ブレーシャの**カゾンセイ**（casônsèi）、クレモナの**マルビーニ**（marubini）と**トルテッリ・ディ・ズッカ**（tortelli di zucca）がよく知られている。

　アニョリーニは前述したエミリア・ロマーニャ州のカッペレッティと同じ指輪型のもの。カゾンセイは語源が「半ズボン」という意味で、長方形あるいは半月形のものをさらにU字型に曲げて半ズボンに似せている。婚礼や祭事など、お祝いごとに使われるパスタである。マルビーニは円形または正方形をしたポピュラーなスタイルのラヴィオリだが、トルテッリ・ディ・ズッカのほうは、カボチャ

の具と一緒に、この土地特産のモスタルダ（マスタードをきかせたシロップ漬けのフルーツ）を使うのが決まりである。

リグーリア／ピエモンテ／北イタリア東部

　ピエモンテ州はフランスと隣合わせにあることから、フランス語の発音に似た方言が多い。料理関係の言葉もしかり。平打ちパスタのタッリアリーニ、タッリオリーニにあたるものを、この地方では**タッリエリーニ**（taglierini）と呼び、さらにつまって**タヤリン**（tajarin）ともいう。この地方では、メイン料理に肉のローストや牛肉を赤ワインで煮たブラサートをよく食べることから、タヤリンもこれらの肉のソースであえることが多い。

　一般にはラヴィオリと呼ぶ円形や正方形の詰めものパスタのことを、ピエモンテでは**アニョロッティ**（agnolotti）という。厳密にいえば、アニョロッティはラヴィオリよりひとまわり大きい5cmくらいのサイズで、たいてい肉の詰めものを入れるので、ラヴィオリとはまったく同義ではないのだが。そんなわけで、現在のイタリアでは、小ぶりの詰めものパスタをラヴィオリ、大ぶりのものをアニョロッティという呼び方が浸透している。

　実は、詰めものパスタはこの北部が発祥の地で、ルネッサンス期に誕生したものである。具を詰めて形を整える技術が必要なこと、また詰めものを入れるということはそれだけぜいたくなわけで、単にスープの浮き実にしたり、セージ風味のバターであえて食べるというそれまでのパスタに比べ、金持ちの豊かな料理とされた。

　ピエモンテ州の南のリグーリア州には珍しい形のパスタがいくつかある。**トゥロフィエ**（trofie）は、小さく丸めた生地をひねりながらのばすのだが、でき上がりは真ん中が膨らみ、両端がすぼまっていて、全体にらせんがかかっている。一度だけ作っているところを見たが、なかなか真似ができそうにないほど見事な手さばきだった。このパスタは卵を使わず小麦粉を水と塩で練って作り、この地方特産のバジリコを使ったソース、ペスト・ジェノヴェーゼ（pesto genovese）であえる。

トゥロフィエ

　ラヴィオリの一つである**パンゾーティ**（pansoti）は三角形をしたもの。ソースはクルミ、ニンニク、パンをすりつぶし、オリーブ油と牛乳でのばしたペースト状のものが伝統的である。リグーリアにはラヴィオリの種類がいろいろとあり、中に入れる具にしても肉詰め、チーズ詰め、野菜詰め、魚肉詰めとバラエティに富んでいる。

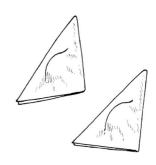

パンゾーティ

　同じ北イタリアでも、東部一帯のヴェネト州からフリウリ・ヴェネツィア・ジュリア州にかけては、トウモロコシの粉を煮上げたポレンタをよく食べることから、手打ちパスタの種類はずっと少なくなる。その中ではヴェネト州の**ビーゴリ**（bigoli）と、フリウリ・ヴェネツィア・ジュリア州の**チャルツォンス**またはチャルソンス（cialzons, cialçons）が特徴あるパスタである。**ビーゴリ**（bigoli）はトルキオという専用の道具を使い、直径3mmのやや太いスパゲッティ状に押し出したもの。ソバ粉や全粒粉を使うことの多いパスタである。ヴェネツィアでは、アンチョビー風味のオイルソースや、鴨の煮込みのソースで食べる。

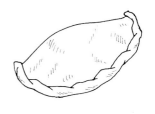

チャルツォンス

一方のチャルツォンスは、カルツォーネ（ピッツァの一種で具を包み込んだもの）を意味するこの地方の方言。味つけに、燻製のリコッタ・チーズや砂糖、シナモンなどを使うのがきわめて特徴的である。

ニョッキのグループ

　ところで、手打ちパスタの延長線上にニョッキがある。現在ではジャガイモに小麦粉と卵を加えて練り、小さな円柱形にしたものがニョッキの主流になっているが、歴史的にはセモリナ粉や小麦粉を水で練ったもの（南部）と、パンに小麦粉と牛乳、少量の肉とホウレン草を練り合わせたもの（北部）の二つがニョッキの原形になっている。南部のほうは小さな円形でくぼみをつけたもの、北部では大型の楕円のような形をしていた。

　実は、セモリナ粉を練ったタイプは冒頭でふれたシチリアのニョックリ（カヴァティエッディ）にあたる。つまり、パスタとニョッキにははっきりした境界線がなく、それぞれのグループが重なり合ったところに、ニョックリを初めとするいくつかの"ニョッキ風パスタ"がある、と考えるとわかりやすい。この重なり部分には、ほかにサルデーニャ州の**マッロレッドゥス**（malloreddus）、カンパーニア州の**ストゥランゴラプレーティ**（strangolapreti）がある。

　マッロレッドゥスは、セモリナ粉をサフラン入りの水で練ったもので、インゲン豆の大きさのニョッキ型。州北部のサッサリの町では同じものを**チチョネス**（ciciones）といい、全国的にはサルデーニャのニョッキという意味の**ニョッキ・サルディ**（gnocchi sardi）の名で呼ばれている。

　一方のストゥランゴラプレーティは、もともとセモリナ粉と小麦粉で作られていたが、のちにジャガイモを加えるようになったことから、現在ではニョッキに分類されることが多くなっている。ただ、オレッキエッテのように中心をへこませているので、材料面でニョッキ寄りにはなっているものの、形状にはパスタの名残りをとどめている。

　その後、ジャガイモの渡来によってニョッキは確固たる位置を占めるようになり、ピエモンテ州とラツィオ州を中心にほぼ全国各地で食べられるようになった。材料もさらに変化し、ホウレン草を加えたニョッキ・ヴェルディ（gnocchi verdi 緑のニョッキ）、栗の粉を加えたニョッキ、イラクサやルーコラを加えたニョッキなども一般的になっている。また、ジャガイモの代わりにカボチャを使ったり、ホウレン草とリコッタ・チーズと小麦粉だけを練ったものなどもニョッキと呼ばれる。後者のホウレン草のニョッキは、ロンバルディア州では**マルファッティ**（malfatti）、ピエモンテ州では**ラバトン**（rabaton）という名前がついている。

　ところで、ローマの有名な伝統料理に「セモリナ粉のニョッキ（gnocchi di semolino）」がある。これはニョッキと名前がついているものの、セモリナ粉を"煮ながら"練り、円形に抜いてからオーブンで焼いたものなので、どちらかといえばポレンタに分類されるものだと思う。ローマでは、「木曜のニョッキ、金曜のバッカラ（干ダラ）、土曜のトリッパ」という言い方が古くから伝わっているが、この場合のニョッキはジャガイモのニョッキで、トマトソースとチーズで味つけしたものである。

ストゥランゴラプレーティ

乾燥パスタの基礎知識
小麦とは、小麦粉とは、パスタとは

小麦粉から作られる食品には、パスタ、パン、ケーキとさまざまあるが、用途によって選ぶ粉の種類は変わってくる。そもそも小麦にはどんな性質があるのだろう。品種や挽き方によってどんな違いがあるのか。小麦から小麦粉、パスタへと至る過程から、小麦の本質に迫る。

　小麦の分類にはさまざまな方法があるが、「栽培種」と「粒の特徴」による分類が一般的だ。まずは栽培種で分けた場合から説明しよう（表1）。

　分類上の一粒系、二粒系というのは、一つの鞘の中にいくつの粒が入っているのかを表わしている。つまり二粒系は〝双子〟ということになる。なお、一粒小麦は小麦の原種で、現在では食用にされておらず、普通私たちがパンや麺類、ケーキなどで食べているのは、普通系の普通小麦。では、乾燥パスタの原料となるのは？　それは二粒系のデュラム小麦である。つまり、栽培種という観点から見ると、パンやうどん、ケーキの原料と、乾燥パスタの原料とは、品種がまったく違う小麦ということになる。

　次に粒の特徴から分類した場合、栽培の時季によって冬小麦か春小麦というふうに分けることもあるが、一般には硬質小麦か軟質小麦、と分けられることが多い。その分類は胚乳の固さの違いによる。そして、それを決定するのが胚乳の中の〝硝子質〟と呼ばれる粒の割合。硝子質とは文字通り、見た目がガラスの破片のように透明で固いので、小麦の断面図を見てみると、含まれる割合の違いは明白だ。硬質小麦は硝子質が多く、そのぶん白っぽいデンプン質の部分が少ない。逆に軟質小麦はデンプン質が多くて、硝子質が少ないのである。

　では乾燥パスタの原料となるデュラム小麦はというと、硬質小麦に分類される。硝子質が非常に多く、断面はほとんど透明に近い。そのうえ、カロチノイドというニンジンなどに含まれる色素が多いため、うどんと違って麺が黄色いのだ。

小麦はなぜ粉にしてから使う？

　さて、同じ穀物でも米は粒の形で食べるのに対し、小麦はなぜ粉にするのだろうか。一つには、両者の構造に大きな違いがあるからである。米は外皮（ふすまになる部分）よりも胚乳のほうが固いため、簡単に外皮と胚乳が分かれて、外皮を籾として取り出すことができる。しかも外皮の内側にある糠層も柔らかく簡単に外れるため、米の胚乳は容易に粒にすることができる。

　逆に、小麦は胚乳よりも外皮が固く、外皮を取り除こうとするとまず胚乳からつぶれてしまう。しかも粒の真ん中には外皮につながる粒溝という部分が入り込んでいるので（図1）、外皮だけをきれいに取り去ることができない。そのため、昔から石臼で小麦を丸のままつぶした後、ふるいにかけて粉と外皮を分離する方法をとってきたのだ。ただし、これでは粉に外皮の混ざる割合が非常に高く、良質な小麦粉はできない。そこで現在は「段階式製粉」という方法がとられている（図2）。簡単に説明すると次の通りである。

　第一段階は「破砕工程」。製粉機で小麦の粒を二、三分割して、中心部、その周囲、……、というふうに胚乳を削り取っていく。この段階ではまだ胚乳は粗く、この状態のこ

分類	染色体	英名	日本名
一粒系	14	Einkorn	一粒コムギ
二粒系	28	Emmer Durum Poulard（米） Rivet（英） Percian Polish	エンマーコムギ デュラムコムギ イギリスコムギ ペルシャコムギ ポーランドコムギ
普通系 （三粒以上）	42	Spelt Common Culb Shot	スペルトコムギ 普通コムギ （パンコムギ） クラブコムギ 印度矮性コムギ

表1　栽培品種による小麦の分類

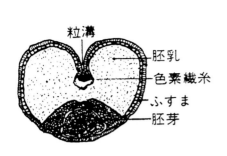

図1　小麦の横断面図
(財)製粉振興会「小麦粉の話」より

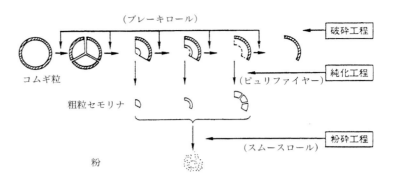

図2　段階式製粉のプロセス
(財)製粉振興会「小麦粉の話」より

とをセモリナ（後述）と呼んでいる。ただ、このセモリナには外皮の小片が混ざっているので、第二段階の「純化工程」で風を送って、外皮のみを飛ばしてきれいに取り除く。そして、第三段階はいよいよ「粉砕工程」に入る。胚乳をさらに細かく砕いて、完全に小麦粉にするのである。

なお、これ以外にも必ず行なわれるのが「ふるい分け」という大切な作業。先の三段階と合わせてもう一度説明すると、まず、小麦粉を破砕した後、シフターと呼ばれるふるい（この段階では目が40〜80メッシュと粗いもの）にかける。外皮にまだ胚乳が残っていれば、再度粉砕機にかけて、最終的には胚乳と外皮が完全に分離されるまで、何度も何度も繰り返す。最後の粉砕工程の後、仕上げのふるい分けをし（ここでは100メッシュ以上の細かいふるいを使う）、これを通過したものがようやく薄力粉、強力粉などの小麦粉となる。ふるいを通過しない粗いものは再度粉砕機にかけ、これを何度も繰り返し、胚乳をすべて小麦粉に変えてしまうのだ。

さて、日本の小麦には、一等粉、二等粉……というように、ランクづけがある。その分別はいったいどうやって行なうのだろうか。結論を先に言うと、小麦は胚乳の中心に近づくほど上質の粉、つまり一等粉となる。成分の上では灰分（ミネラル）が少なく、外皮が混ざる率も少ないことから、色がきれいな白色に近い。しかも粘弾性が強く、グルテン（後述）の質もよいのである。そして、その取り出し方は、いたって簡単。小麦の胚乳は、中心部分が柔らかく外皮に近づくにつれて固くなるため、中心の柔らかい部分は何度もロールにかけなくとも、細かいメッシュをくぐり抜けて、小麦粉としてデビューできる。

また、等級とは別に、薄力粉と強力粉という分類の仕方がある。日本では硬質小麦は強力粉に、軟質小麦は薄力粉に製粉される、と考えてよい。そしてその両者の違いを決定づけるのがグルテンである。

グルテンの正体は、小麦特有のタンパク質、グルテニンとグリアジンに水を含ませた状態でこねるとできる、網目構造のタンパク質。固いゴムのような弾性の役割を担うグルテニン、流動性のある粘性の役割を担うグリアジンがお互いの長所を出し合って作る網目の中に、デンプンの粒を取り込んだ構造になっている。

実際には、薄力粉、強力粉それぞれのグルテンを引っ張ってみると、その違いが端的に分かる。薄力粉の場合は、グルテンの形成量が少ない上に、膜が弱くすぐに切れてしまう。しかも取り込むデンプンの量が少ないため、ケーキや天ぷらのように粘り気が少なく、柔らかい触感を求める場合に適している。いっぽう強力粉の場合はパンやギョウザの皮に向くと言われるが、これはグルテンの形成量が多いだけでなく、膜の質が非常に強く、薄い膜にしても切れにくいためで、しっかりとした歯ごたえのある触感を求める場合に適し、とくにパンの場合は発酵によって生地を膨らませたいので、強力粉のようにグルテンが強く、伸縮性に富んだ粉を使うことが第一条件となる。

ただし、これらはヨーロッパにおける分類とはやや異なっている。イタリアには薄力、強力といった粉の分類はとくになく、また、イタリアで言うデュラム小麦と、日本の業界における「デュラム小麦」とでは、指し示す範囲が異なるようだ。イタリアでは硬質小麦（grano duro）＝デュラム小麦であるが、日本の製粉業界で言う「デュラム小麦」は、硬質小麦の一タイプを指しており、少々わかりにくい。

なお、軟質小麦に関しては、目の細かいふるいを通った順、つまり外皮の含有量が少ない順に、ファリナ（粉状の総称）ティーポ（タイプ）00、0、1、2、インテグラーレという五段階に分かれる。インテグラーレとは全粒粉のこと。これは用途に応じて使い分けるための指標であって、

決して"ランクづけ"という意識によるものではないようである。

パスタのための小麦、"デュラムセモリナ"

デュラム小麦は、粉になると一般に"セモリナ（粉）"と呼ばれる。イタリアでは「乾燥パスタとは100％デュラムセモリナを原料とするもの」という規定がある。では、このセモリナとはどういう意味なのだろうか。ちなみに"セモリナ（semorina）"というのは英語読みで、イタリアでは"セーモラ（semora）"という。

ずばりこれは「粗挽き」のことである。小麦粉は何段階もの大きさを経て、ようやく粉になる。その粒が粗い順に、セモリナ、ファリナ、フラワー。もちろん薄力粉にも強力粉にもこのセモリナの状態がある。

ではデュラム小麦はどうしてフラワーではなく"セモリナ"なのか。硝子質が非常に多くデンプンが少ないため、粉状にしにくいからだ。つまり、セモリナの大きさで精一杯だからである。ただし、グルテンの網目構造がとても強く、内部にデンプンをしっかりと取り込むことができる。そのため、パスタをゆでていてもコシや芯がしっかりと残るという特徴を持つので、パスタにとってはもってこいの小麦粉といえるのである。

以上が乾燥パスタの場合だが、手打ちの生パスタの場合もやはりデュラムセモリナが適しているのだろうか。答えはノー。実はこのデンプン質が少ない特徴がかえってマイナスとなって、生地がのびず、触感もパサパサとする。デンプン質もグルテンの量も適度に強いタイプが理想的だ。実際には、強力粉のみで作ったり、強力粉に薄力粉をブレンドして柔らかさを補ったり、シコシコとした触感を補うためにデュラムセモリナをブレンドしたり、いろいろな工夫ができるだろう。小麦の性質を知れば、料理へのアプローチはさらに広がるのではないだろうか。

参考文献：小麦粉の食文化史（朝倉書店）
小麦の科学（朝倉書店）
小麦粉の話（財製粉振興会）
小麦粉（日本麦類研究会）
小麦の話（柴田書店）

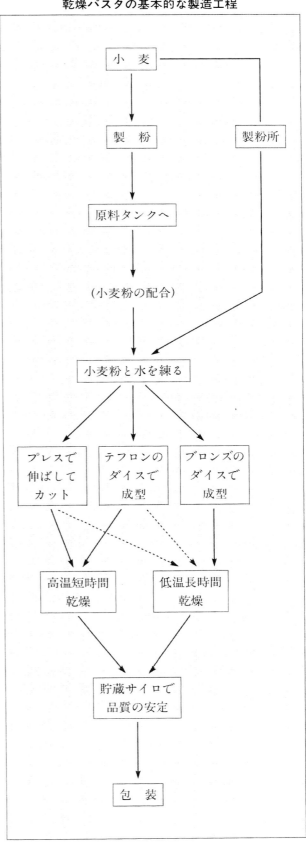

乾燥パスタの基本的な製造工程

乾燥パスタの基礎知識
パスタのクオリティを決めるもの

小麦を粉に挽き、水と練り、型で抜いて乾燥させる。この単純な工程の中に、乾燥パスタを特徴づけるポイントがいくつも含まれている。ここでは、基本的な乾燥パスタの作り方を追いながら、そのクオリティを決めるものは何なのかを探る。

乾燥パスタの基本的な製造工程は、小麦を製粉して粉にして、水と練り、ダイスを通して成型し、乾燥させるというものである（左頁参照）。ここでは、乾燥パスタのクオリティに関わる要素を、製造工程の順を追って、みていく。

小麦粉

パスタ生産に適した粉は、"硬質小麦から作られるセモリナ粉（粗挽き粉）"、イタリア語では、"semola di grano duro"。イタリア国内で生産・流通できる乾燥パスタについては、硬質小麦の粉と水だけを原料とすることが法律で定められている（輸入したもの、また輸出用のものはこの限りではない）。

よい乾燥パスタの条件は、コシがあり、粘着性が少なく、濃い黄色であること。コシと粘着性については、小麦粉に含まれるタンパク質と水が結合して作られる"グルテン"の質と量が影響し、色はカロチノイドの量で決まる。こうした性質すべてを、一種類の小麦粉に求めるのはむずかしい。良質のパスタを作るためには、粉の精製度を上げる製粉技術に加え、さまざまな性質をもった小麦の粉を的確に選び、それらを適量ずつブレンドする技術が不可欠となる。

さらに、小麦はいったん製粉するとすぐ劣化が始まるので、一刻も早くパスタにしなければならない。製粉と製麺は至近距離の関係にある。このためパスタメーカーは、可能限り自社製粉をめざす。しかし、小規模な工場では、製粉技術もさることながら、設備投資の限界もある。イタリアでは、希望する条件を満たす原料の供給を、信頼のおける製粉所（mulinoムリーノ）に任せることが多い。

水

イタリアでは昔から一般に、"おいしい水があるところでは良質のパスタができる"といわれ、実際においしい湧き水が出る山あいの地に、多くのパスタ工場が作られてきた。乾燥パスタの品質に、水がどれだけの影響を与えるかについては、いろいろな考え方がある。また、ひと口に水といっても、さまざまな成分が含まれているので、それぞれについて科学的根拠を述べることは、現段階ではむずかしいようだ。ただ、小麦粉を練る時の水の量については、少ないほうがよいというのが一般的な見解である。ちなみに、イタリアの法律では、乾燥パスタの水分含有量は12.5%以下と定められている。

余談だが、40年ほど前までは、ナポリのパスタにうるさい人たちは、ショートパスタを使わずに、ジーテやスパゲッティなどのロングパスタを折って使っていたという。それは、ロングパスタのほうが、ショートパスタより生地を練る時の水の量が少ないからで（ロングパスタは、水の量が多いと乾燥段階でのびて、上と下の直径が変わってしまう）、水の量が少ないほうが、小麦の香りと味のするパスタに仕上がるということを知ってのことだったのだろう。

練る

セモリナ粉に水を加え、よく練ることでグルテンを作る。しっかりとした網目構造をもつグルテンは、"パスタの魂"

とも呼ばれ、いわゆるコシとなる。加える水の量は少ないほどよいが、少なすぎてもグルテンの形成ができなくなる。つまり、必要最少限の水を加えて練った時、もっとも堅牢な網目構造が得られるのである。ただし、水が少ないほど、均一に練ることはむずかしくなる。また、セモリナ粉の粒子が細かいとデンプンが破壊されて水分の吸収がよくなるので、多量の水が必要となる。逆に粒子が大きいと少量の水でよいが、これも練る技術はむずかしくなる。さらに、水の温度についても、上げたほうが練る作業は楽になるが、練る段階で粉に熱が加わることは、パスタの品質によい影響を与えないといわれる。

結局、パスタの品質を追究するためには、粒子の大きいセモリナ粉を使い、これに必要最少限の水を加えて、温度を上げないようにして練るのがもっともよいのだが、そのためには高度な技術が要求される。最終的に、両方の頃合いを見極めることが重要、ということになる。

型

練った生地は、ダイス(抜き型)を通ってさまざまな形に成型される。伝統的な製法では、ダイスの材質はブロンズ(青銅)であった。中を通る生地とダイスの接触面の摩擦が大きいため、表面がザラザラしたウロコ状のパスタができる。この状態をイタリアではルヴィダ(ruvida)という。それに対して近代的な製法では、ダイスの材質はテフロン加工のものが多い。こちらは生地とダイスの接触面の摩擦が小さいため、表面がツルツルのパスタができる。この状態をイタリアではリッシャ(liscia)という。表面が滑らかになると、一般的に黄色が濃く、しかも均一な色に仕上がるといわれる。また、テフロンのダイスはブロンズに比べて耐久性が二倍。そのため、大手メーカーは次々とテフロンに切り替え、イタリアでも乾燥パスタ市場は一気にリッシャ主流となったが、最近ではまた、パスタ本来のおいしさを見直そうと、ルヴィダを支持する動きも活発になってきている。

ルヴィダかリッシャか、これについては各メーカーそれぞれ、見解が異なっている。ルヴィダのほうがソースとのからみがよいという説もあれば、リッシャでもけっしてソースののりは悪くないという意見もある。また、リッシャのほうがゆで上げ適格時間が長い、つまりアル・デンテが長持ちするのでよいというメーカーもあれば、アル・デンテが長持ちするということは、内部に水分が浸透しにくいということで、ソースののりの悪さにつながる、とするメーカーもある。ルヴィダ対リッシャの論争は、尽きることがない。

乾燥

最後乾燥工程は、パスタの製造の中でもっとも注意を要するといわれる。ここで生地の水分含有量を、イタリアであれば法律で定められた12.5%以下に下げる。温度を上げ、湿度を調整しながら進められる作業は、職人の腕の見せどころといわれてきた。高温短時間乾燥は、コストを抑えて生産効率をアップできる上、黄色い色を鮮やかに出すことができる。しかし、小麦本来の風味を損なう危険性は高い。通常、近代的な工場ラインでは、高温短時間乾燥が主流で、ロングパスタで15時間、ショートパスタで5時間が平均的な時間。いっぽう、昔ながらの天日乾燥に近い、低温乾燥を守り続けている工場では、ロングで50時間、ショートで40時間と、格段の開きがある。

乾燥法についても各メーカーの見解は異なり、小麦本来の風味を大切にするため低温乾燥、というメーカーもあれば、高温乾燥でもやり方によっては小麦の風味も残せるし、色がきれいになり、コシも出しやすい、とするメーカーもある。

乾燥は、昔も今も、おおよそ次のような工程で行なわれる。パスタはまず互いがくっつかないように、暖かい風で乾かす。そして均一に乾燥させるため、湿度を上げ、パスタの内部の水分を表面に引き出すようにする。そして本格的な乾燥に入り、時間をかけて、いったん上がった温度、湿度を徐々に下げていく。現在、イタリアで行なわれている乾燥法は、大きく分けて、70度C以上の高温乾燥法と、それ以下の低温乾燥法である。

いずれにしても、乾燥はパスタを仕上げる最終の工程。ここで失敗があってはすべては水泡に帰す。乾燥が足りなければカビが生じ、また急激に高い温度を加えるとポキポキ折れる。湿度と温度との兼ね合いも微妙で、湿度が足りないとヒビ割れが生じるし、ムラ(斑点)が出る。乾燥温度の選択で、パスタのクオリティのかなりの部分が決まるといっても過言ではない。

パスタをゆでるキーワード

室井克義

アル・デンテとは、粉の旨みを味わうための歯ごたえ

　日本でも、パスタのゆで加減に「アル・デンテ」という言葉が使われるようになって久しい。ご存知のとおり、パスタの理想的な感触を表現する言葉だが、そのゆで上がり状態はけっしてひとつではないと思う。アル・デンテは〝歯ごたえのある〟固さというのだから、うどんやそばでも人によって歯ごたえ感の好みに違いがあるのと同じように、パスタにも人それぞれのアル・デンテの解釈があって然りであろう。

　私の所属するホテルのレストランには、イタリア人のお客さまもけっこう多く、みなさんがいろいろと料理に対して注文や感想を言ってくださる。何回もお見えになる、あるイタリア人は、いつもパスタのゆで方にかなり固めのアル・デンテを注文してくる。自分なりにイタリアのアル・デンテを充分熟知していたつもりだったが、その方のいうアル・デンテは私の守備範囲を少しばかり超えていて、なるほど、こんなに固めのパスタでもアル・デンテの範ちゅうに入るのかと、最初は驚いたものだ。

　その方はイタリアの南部の出身だが、同じイタリアでも北部と南部の人では、パスタのゆで加減に若干イメージの違いがあるようだ。それには、主力とするパスタが北では手打ちの卵麺、南はセモリナ粉の乾燥パスタであることが要因になっていると思う。つまり、手打ちと機械打ちの乾燥パスタとでは、生地の弾力性に違いがあるから、ゆであがりの固さも必然的に違ってくるはず。あえてその歯ごたえ感の違いを表わすなら、手打ちパスタは麺全体にしこしことした弾力を感じさせるものであり、機械打ちの乾燥パスタは、ぎゅっぎゅっと潰す嚙みごたえ感ではないかと思っている。

　このように、パスタによってアル・デンテの基準が違い、それが食習慣にも影響してくれば、個人レベルで各人各様のアル・デンテのとらえ方が出てきて当然である。レストランでも、いろいろなスタイルがあっていい。

　ただ、いずれにしても忘れてはならないのは、そこにパスタの〝粉の旨み〟つまり〝穀物の旨み〟を感じさせるだけの固さが必要であるということだ。「パスタは前歯でちぎり、奥歯ですり潰してこそ、旨みが感じられる」——私はいつもこのような表現で説明しているが、アル・デンテには最低限、奥歯ですり潰すだけの固さがなくてはならない。アル・デンテとは単に触感のよさを味わうためのものではなく、粉の旨みを味わうのに必要な固さであるわけだ。

パスタのゆで汁にたっぷりの塩が必要なわけ

　さて、パスタをゆでる際のポイントは三つある。湯の量、塩の量、火加減である。一人前100gのスパゲッティをゆでるとすると湯は1ℓ、塩は8〜10g。これを一定の沸騰状態でゆでる。2人分なら湯も2倍、3人分なら3倍という計算だ。

　しかしレストランの現場では、たとえ一人前のパスタをゆでるとしても、湯はできるだけ多めにたっぷり使ったほうがよいだろう。特にロングパスタでは、湯の中で充分に踊るだけのスペースがないとしなやかさが出てこないし、ゆで上がるまでの時間も長くかかって表面がふやけた感じになるはずだ。また、湯の量が少ないと、パスタを入れた時に、それだけ湯温の下がりが大きく、立ち上がりの時間(いったん沸騰がおさまり、再沸騰するまでの時間)がかかってしまう。できるだけ、早いうちから沸騰状態になること、つまりたくさんの湯量であることが望ましい。

　塩は、湯の1パーセントにあたる量である。実際になめてもらえば一番わかりやすいが、充分にしょっぱさを感じる濃度である。講習会などで実際に湯をなめてもらうと、「ここまで塩を入れるのか」と、驚かれることが多い。たいていの人は1パーセントと理解していても、実際どれほどの塩気なのかがなかなか結びつかないようで、イメージと実際の開きを感じさせる。日本人は塩を入れないうどんやそばのゆで方がベースになっているせいか、パスタをゆでる時に目分量で塩を加えると、どうしても控え目になってしまうようだ。

　塩の働きは、パスタの生地を引き締めるためともいわれるが、私自身はむしろ、粉の甘み、旨みを引き出すために必要なものと思っている。ゆで上がってから塩をふったのでは表面にまぶされるだけ。ゆでながら、パスタの内部にまで充分な塩味をつけてこそ、嚙みしめた時に粉の旨みが引き立ってくるというものだ。

　また、パスタにたっぷりの塩味が必要なわけはもうひとつある。それは、パスタとソースとの適正な味のバランスを保つためである。パスタに塩味が足りないと、たいていの人はソースの味つけを濃くしたり量を増やすなどして、一皿の塩加減の帳尻を合わせてしまう。こうすると、パスタとソースは味も量も、本来のバランスが崩れ、一体感のない料理になってしまう。また、ソースの味が強いと、それだけで舌に満足感を感じさせてしまい、次のセコンド・ピアットにつながらない。レストランでの提供ということを考えれば、セコンド・ピアットを食べてもらって初めて食事が成り立つのだから、これは非常に大事なことである。

148頁から160頁は「月刊専門料理'95年12月号」の特集「パスタ読本」から一部転載したものです。

ホントは知らないイタリア料理の常識・非常識 ❼

ポレンタを炊く時は「逆回しにするべからず」の迷信

　ポレンタを作るには、湯にとうもろこしの粉を流し入れ、火にかけながら30分間くらい練り続けます。この時、混ぜる木べらは「必ず一定方向に回す」のがおいしさの秘訣といわれていて、イタリアはもちろん、日本でも掟として守っている料理人がたくさんいます。右、左とランダムに回してしまうと、えぐみが出るとか、いい味が出ないという理由です。

　実際に比較したら、同じ方向で作ったほうが味がよかったと断言する人もいます。私も両方の方法で試しました。イタリアで働いていた時に、シェフは「一定方向」派でしたから、見られている時はそのとおりにし、見てないことがわかると、右、左、右、左…。というのも、同じ方向に回し続けるのは疲れるから。大変な重労働ですからね。最初はシャバシャバだから楽ですが、時間がたってくると生地がずっしり重くなって木べらもなかなか動きゃしません。作る量も半端じゃないですからね。で、味はどうだったかというと、同じです。シェフから味が悪いと言われたこともなく…。だから私は迷信だと言っています。無理して一定方向を守らなくても、楽に作ればいい。

　私のこの考えにお墨付きを与えてくれたのが、イタリア料理アカデミー。ここで出版している料理本シリーズの『ヴェネト料理でのポレンタ』で、「練る際に向きを変えると味が落ちるとの言い伝えがあるが、味は変わらない」といいきっているんです。

ホントは知らないイタリア料理の常識・非常識 ❽

イタリアで「ラテ」と言ってもカフェ・オ・レは出てこない

　このところの「ラテ」ブームには参りましたね。この言葉は日本のコーヒーショップで誕生して、あららーと思っているまに日本中に広まり、いまやラテ一色の様相です。ひと昔前はミルクコーヒーだったのが、フランス文化の影響でカフェ・オ・レとなり、今度はイタリアのラテ。飲み物に限らず、ミルクコーヒー風味のものはみな「ラテ風味」になりつつあります。しかし、これは日本だけで通用するもので、イタリアのバールで「ラテ」と注文しても、まったくわかってもらえません。ラテは「ラッテ」と言わなくちゃ通じない。でもこれだと「牛乳」のことだから、牛乳だけが出てきます。ミルクコーヒーがほしければ「カッフェッラッテ」と促音便をしっかり入れ、カッフェもくっつけて発音しないと目当てのものにありつけません。イタリア語では「caffellatte」と一語になっている言葉です。

　長い言葉はとにかく省略されやすい。発音しやすいよう、会話の効率化を図るため、略語にするコトバ文化もわからないではない。でも、イタリアへ行ったら通用しないコトバを流行らしたら、結局みんなが困ってしまいます。こうなったら、日本のみなさんが、日本ではラテだけどイタリアでは「カッフェッラッテ」なのだと、正しく理解してくれることを望むのみですね。

　ところで、「カッフェッラッテ」はホットとはいえ、本来はグラスで飲むもの。コーヒーと牛乳の比率が半々の飲みものですが、「コーヒードリンク」ではなく、「牛乳ドリンク」ととらえられています。だから陶器のコーヒーカップではなく、グラスで出す。最近はカップの店も増えていますが、伝統にのっとってグラスで出している店もまだまだあります。

『ホントは知らない イタリア料理の常識・非常識』吉川敏明著 柴田書店 2010年初版より

自家製パスタ
Pasta alla casalinga

自家製パスタという言葉は、日本では、手打ちパスタ、生パスタなどと混同されて使われている。厳密にはその製法や状態はさまざまで、工程すべてに電動マシンを使う場合もあれば、手動マシンを使うケースもあり、また、一から手作業の店もあれば、もちろんそれらの折衷もある。この本では、その製法によらず、〝自分で粉から作るパスタ〟という広い意味の解釈で、〝自家製パスタ〟という呼称を使う。以下、ここで解説するのは、生地を手でこね、手動のマシンでのばすという手法。分量や手順はあくまでもこの手法に合わせたもので、製法が変われば、小麦粉の配合や加水量など、大きく異なることを頭に入れておく必要がある。

フェットゥッチーネ
Fettuccine

フェットゥッチーネは、地方によってはタッリアテッレとも呼ばれる。平たいきしめん状のものを指すが、その幅は6〜10mmほどで、厚みも一定の決まりはない。人によって解釈が異なる上、組み合わせる材料やソースとのバランスによっても微妙に変わる。製麺してすぐの生のフェットゥッチーネほど、水分を含んでいるので、重量感のある生麺独特の感触が強い。逆に少し時間をおいて乾燥させたものを使うと、やや軽い口当たりになる。どちらにしても、材料を均一に練り合わせて、小麦粉の旨みを引き出し、グルテンによる弾力をどの程度出すかが、フェットゥッチーネ作りの鍵。ここでは卵とオリーブ油を加えたプレーンな生地を使う。　　指導　室井克義

●材料●
薄力粉………400g
強力粉………100g
卵………小4個
オリーブ油………大さじ1杯
塩………小さじ½

1 強力粉と薄力粉をふるいにかけ、麺台に山盛りにして中央にくぼみを作る。その中に卵、塩、オリーブ油を入れる。麺台は生地が熱をもたない、大理石などがのぞましい。

2 指先で卵をときほぐしながら、オリーブ油と混ぜ合わせる。

3 卵がほぐれたら、まわりの粉を徐々にくずしながら混ぜていく。ただし、あまり時間をかけすぎて、水分を吸った部分と吸わない部分に分かれてしまってはいけない。

4 全体に水分が行き渡った状態。この段階では、全体が同じようにポロポロとしていることが大切である。

5 体重をかけて麺台に押しつけるようにして、生地を一つにまとめていく。

6 手についた生地は自然に取れ、一つの塊になる。ここではまだ固く割れやすい状態。さらに体重をかけて練る。

7 生地全体がまとまってなじんでできたら、押しころがすようにして横長になるように練り、長くなったら、両端を内側に折りたたんでは練ることを繰り返す。かなり力のいる作業。

8 生地の表面がなめらかになったら、丸いまんじゅう形にする。ラップ紙で包み、冷蔵庫で最低でも6時間ねかせる。ねかせることで粉っぽさが消える。

9 ひと晩ねかせた生地。全体がさらになじみ、しっとりとしてツヤが出てくる。

10 冷えて固くなっている生地を常温にもどし、パスタマシンにかけやすい大きさに切り分ける。セモリナ粉で軽く打ち粉をし、マシンでのばしやすいように平たい板状に手で大まかにのばす。

11 マシンの目盛りを10（0から10まであり、数字が大きいほど厚く、小さいほど薄い。ただし、これは機種により異なる）にして、軽く打ち粉をした生地を入れ、ハンドルを回してのばす。

12 初めのうちは、まだ生地が冷えていて固い。一番厚い目盛りでのばしては折りたたみ、手で平らにすることを3〜4回繰り返し、生地を柔らかくして薄くのばしやすくする。

13 順に目盛りを小さくして生地を挿入し、徐々に薄くのばす。少しずつ薄くしていかないと、生地に無理な力がかかってひび割れが入り、フェットゥッチーネにした時に切れる原因になる。

14 ハンドルをゆっくりと回し、その動きに合わせてもう一方の手で生地を広げていく。無理に引っ張ると、破れてしまうので注意する。

15 薄く大きくなると、取り扱いがむずかしくなる。生地を折り重ねたまま挿入しないように慎重に作業をすすめる。

16 のばした生地をスパゲッティの長さに合わせて切り分ける。そのまましばらくおくと、少し生地が縮んでくる。

17 生地の両端が不ぞろいで、でこぼこしているので、包丁で切り取り、まっすぐにそろえる。

18 マシンにフェットゥッチーネ用のカッターを取り付け、のばした生地を挿入する。

19 出てきたフェットゥッチーネを重ならないように麺棒で受ける。これを塩湯でゆで、ソースとからめて各種のパスタ料理に仕立てる。

自家製パスタに使う粉

乾燥パスタがセモリナ粉で作られるのに対し、一般的に自家製パスタに使われるのは、薄力粉（写真右）である。ただし、製法や好みによっては、グルテン含有量の高い強力粉を混ぜ、コシの強さを出す場合もある。また、もっとコシの強さを求めるパスタには、セモリナ粉（硬質小麦の粗挽き粉＝写真左）を混ぜ合わせることもする。ただし、セモリナ粉が入ると、手で練るのが非常にむずかしくなるので、一度に作る分量、製法と合わせて、配合を考える必要がある。また、セモリナ粉は、その性質を生かして、打ち粉として使うのもよい方法だ。水分含有量が非常に少ないので、パスタ同士がくっつかず、よい状態で成型・保管ができる。

そして、自家製パスタを作る際には、粉の品質管理にも注意を向けたい。鮮度、管理状態のよい粉を使うことが一番大切である。できるだけ少量のパックをこまめに仕入れ、あけたらすべて使いきる、湿気を帯びやすいコンクリートの床などにはじかに置かない、冷蔵庫に入れる場合には、におい移りしないよう充分気をつけることなどを徹底したい。

フェットゥッチーネの乾燥

自家製パスタは、その生の風味とどっしりとした感触を生かすため、作ったらすぐにゆでて食べるのが基本である。しかし、一度に大量に、自家製パスタを提供しなければならないホテルなどでは、いったん乾燥させて保管しておいたほうが、コンスタントに均一な状態の自家製パスタが提供できる。また、自家製パスタでも、少し乾燥させた軽い感触が好みという人にもよい方法だ。ここで紹介したのは、乾燥・保管用に作った専用の箱を使った事例である。

1 パスタマシンで切り出したフェットゥッチーネを、いったん麺棒などの棒で受け止め、底に網を張った乾燥箱に、重ならないように注意して並べ、充分に乾燥させる。

2 乾燥させてストックした状態の、3種類（トマトペースト、ホウレン草、全粒粉）のフェットゥッチーネ。乾燥すると欠けやすくなるため、乾燥箱に入れたままストックするとよい。

鳥の巣型フェットゥッチーネの成型・乾燥

1 マシンで切り出したフェットゥッチーネにセモリナ粉をふる。強力粉や薄力粉ではパスタの水分を吸収して互いにくっついてしまうが、セモリナ粉ではその心配がない。

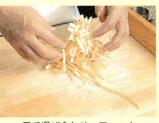

2 手で混ぜ合わせ、フェットゥッチーネ全体にセモリナ粉をまんべんなくまぶす。もろく欠けやすいので、扱いはあくまでもていねいに。

3 フェットゥッチーネをセルクル型を用いて一人前ずつ鳥の巣状にする。無理やり押し込むと、フェットゥッチーネがつぶれてしまうので、型の上にふんわりと盛り上げるように成型する。

4 鳥の巣型に乾燥させたフェットゥッチーネ。充分に乾燥させたら、型から取り出す。この場合も、欠けやすいので、重ねたりせずにストックする。

鳥の巣型のパスタは、イタリアではニード（nido）型の乾燥パスタとして多く販売されている。工場には、筒の中に入れた麺を熱風で吹き上げる専用の機械がある。ここでは、専用の乾燥箱（これはなくてもよい）とセルクル型を使って、厨房内で手軽にできる鳥の巣型パスタの作り方を紹介した。保管に際して場所をとらないことが、一番の利点である。打ち粉として使っているのはセモリナ粉。左頁で述べたように、セモリナ粉は水分の含有量が少なく、サラサラしているので、鳥の巣型パスタを作る時にも大変重宝である。

トマトペーストを練り込んだ
ラヴィオリ
Ravioli rossi

小麦粉に、卵やオリーブ油以外の材料を練り込んで作るパスタにはいろいろな種類がある。その中でもポピュラーなものが、トマト、ビーツ、ホウレン草などの野菜のもつ色を活かした、やさしい色合いのパスタ。この練り込みパスタを作る時に一番注意しなければならないのは、粉と水分の割合である。トマトはピュレを用いることが多く、ビーツやホウレン草はゆでて裏ごししたピュレを使うが、練り込む材料がどのくらいの水分を含んでいるかを的確に把握できないと、失敗しやすい。粉の水分量を含め、毎回状態が異なるだけに調整がむずかしい。数字ではなく、手の感触で生地の状態を覚えることが大切である。

指導　室井克義

【練り込み生地を作る】

● 材料 ●
薄力粉………400g
強力粉………100g
卵………2個
トマトペースト………30g
水………60cc
オリーブ油………20cc
塩………小さじ½杯

1 薄力粉と強力粉をふるいにかけ、麺台に山盛りにして中央にくぼみを作り、卵、トマトペースト、水、オリーブ油、塩を入れる。

2 指先で卵やトマトペーストを混ぜ合わせながら、同時に少しずつ粉をくずして混ぜ合わせていく。

3 小麦粉の山をくずして、とりあえず材料全体を混ぜ合わせた状態。この段階では、ポロポロとしている。

4 手のひらを使って、押すようにして練り込んでいくと、徐々につながり、一つの塊にまとまる。

5 折っては練ることを繰り返して全体をよくなじませる。

6 表面がなめらかになったら、丸く整形し、ラップ紙で包んで冷蔵庫でひと晩ねかせる。

7 ねかせた生地を切り分け、手のひらで押しのばして柔らかくしてから、パスタマシンに挿入しやすいように1cm厚さほどの板状にする。

練り込みパスタの考え方

生地と練り込む材料の関係は、微妙なバランスを要するものである。たとえばグリーンのパスタを作る場合に、ホウレン草の量が少ないと色が薄い。かといって多すぎると、パスタがポキポキ折れてしまう。また、茎を多く使うと水っぽくなり、ゆできざみ、水気をきって練り込んだだけでは、風味を感じるところまではいかない。しかも、これらは、その時に使う粉の水分量によっても異なる。もし練り込んだ材料の風味が感じられるようなパスタを作ろうと思ったら、相当に濃縮されたエッセンスが必要であるし、色をつけるだけなら、粉末や色粉を使う方法もある。──色、風味、触感──練り込み生地に何を求めるかによって、それぞれに合った材料、分量、使い方を選択すべきである。

8 パスタマシンのダイヤルを一番厚い目盛り10に合わせ、打ち粉（セモリナ粉）をしてから生地をのばす。

9 パスタマシンの厚さの調整目盛りを徐々に小さくして薄くのばす。ラヴィオリ用に用いる生地の厚さは、詰めものの大きさや固さ、分量などとの兼ね合いで決める。

【詰めものを作る】

●材料●60〜72個分
- マダイの切り身……200g
- ホタテ貝（貝柱）……3個
- タマネギ……20g
- ニンジン……15g
- 白ワイン……50cc
- ブロード……80cc
- オリーブ油……30cc
- セージ
- ローズマリー
- 粉チーズ（グラーナ・パダーノ）……大さじ3杯
- 卵……½個
- 塩
- コショウ

1 ラヴィオリの詰めものには、特に決まりがあるわけではない。ここではマダイとホタテ貝に野菜と香草の風味を組み合わせた。

2 タマネギの薄切り、ニンジンの半月切り、セージ、ローズマリーをオリーブ油で炒める。中火で加熱して、野菜と香草のもつ香りと甘みを引き出す。

3 軽く塩、コショウしたマダイの切り身を入れて両面をソテーする。

4 白ワインを注いでアルコール分を飛ばす。続いてブロードを入れ、蓋をして蒸し煮にする。途中で薄く輪切りにして塩をふったホタテ貝を加えてさらに煮る。

5 ホタテ貝に火が入り、汁が煮つまったら、そのまま常温で冷ます。

6 完全に冷めたら、香味野菜とマダイを取り出して、みじん切りにする。量が多い場合にはフード・プロセッサーにかけてもよい。

7 ホタテ貝は歯こたえを残したいので、6〜7mm角ほどの大きさに切る。

8 6と7を一つのボウルに入れ、フライパンに残った5の煮汁を加え混ぜる。

9 粉チーズ、塩、コショウを加え、さらにとき卵を加えてよく混ぜ合わせる。

10 ラヴィオリの詰めもののでき上がり。この状態でラップ紙で覆い、冷蔵庫に入れておけば、3〜4日は日持ちする。

【ラヴィオリの成型】

1 ラヴィオリの型にセモリナ粉で軽く打ち粉をする。

2 薄くのばしたラヴィオリの生地を型の大きさに合わせて切り分け、型の上にかぶせる。できるだけ切れ端が出ないように注意する。

3 詰めものを入れやすいように、指先を使って型にくぼみをつける。あまり強く押すと生地が破れてしまうので、軽く押し当てるようにしてくぼませる。

4 あらかじめ用意した詰めものをくぼみの大きさに合わせてのせる。

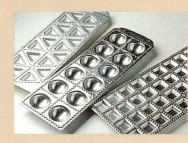

ラヴィオリの型

生地を広げ、詰めものを置き、卵液を刷毛でぬって生地をかぶせ、好みの形に切っていく。この伝統的なラヴィオリの作り方は、のりしろの部分が多くなり、どうしても生地の無駄がたくさん出てしまう。そこで非常に重宝なのが、写真のようなラヴィオリの型。三角、四角、丸と、イタリアにはいろいろな形の型がある。生地と詰めもののバランスがとれ（のりしろが少なくてすむ）、生地の無駄が少ないのが一番の利点。大量に作って冷凍しておく時などによい。

5 詰めもののまわりの生地にとき卵を刷毛で薄くぬり、のりしろを作る。

6 切り分けたもう一枚の生地で上から覆う。

7 生地の上を乾いた布巾で押さえる。端から端へごく軽くポンポンと叩くようにして、空気を抜き、生地のたわみをなくす。

8 型の端から麺棒を押しつけながら転がし、二枚の生地をしっかりと貼り合わせる。型には波状の仕切り線が打ってあるので、上下の生地がぴったりとつき、あとで一個ずつにもしやすい。

9 型から抜き、一個ずつに分けて、セモリナ粉をまぶしておく。すぐに使わない場合は、シート状でそのまま凍らせ、それから手で割ると一個ずつに分けやすい。

10 一個ずつに分けたラヴィオリは、袋に入れて冷凍保存するとよい。こうすると場所もとらず、必要な分だけ取り出して使える。

ホントは知らないイタリア料理の常識・非常識 ⑨

カルボナーラに黒コショウが必須のワケ

　卵ベースのカルボナーラは、日本ではミートソースやナポリタンと同じくらい、早い時期に浸透しました。イタリアでも全国で食べられていて人気の高い超有名スパゲッティ料理ですが、もとはローマの地方料理。さらに正確にいうと、ローマ東南部の山間地チョチャリヤ地方の生まれです。このあたりは古くからの材木の供給地で、炭焼き人も多く働いていました。炭を焼きながら、その火を利用して作ったのがカルボナーラ。材料はスパゲッティ、卵、グアンチャーレ（豚ホホ肉の塩漬け）、ペコリーノチーズと、持ち運びが楽で、その一帯ではごくふつうに手に入る材料でできるスパゲッティ料理だったのです。いま私たちはカルボナーラに黒コショウをかけますが、これは炭焼き人たちが炭の上で調理していたから炭の粉が舞い込んでしまったのを黒コショウで再現したもの。だから、白コショウではカルボナーラとはいえません。

黒コショウの、粒のはっきり見える粗挽きをたっぷりかけてこそ、カルボナーラなのです。また、現代では生クリームや牛乳を加えるレシピも多く見かけますが、卵が一気に凝固しないようにレストランで工夫された方法なので、本来のカルボナーラのレシピでは入れません。

　これらの説明でお察しのとおり、カルボナーラは「炭焼き人風」の意味。標準語で炭焼き人はカルボナイオ carbonaio ですが、ローマの方言でカルボナーロ carbonaro なのです。ローマ近郊で生まれ、ローマから広まった料理なので、ローマ弁がそのまま全国でも使われるようになったのですね。

　なお、現在では、グアンチャーレの代わりにパンチェッタ（豚バラ肉の塩漬け）、ペコリーノの代わりにパルミジャーノチーズ、また2種類のチーズを半々で合わせて使うこともあります。

ホントは知らないイタリア料理の常識・非常識 ⑩

アラビアータは辛くて、怒っているように見えるペンネ料理

　日本人の人気パスタのベスト5に入るであろうアラビアータ。一般には「怒った、カットした」という意味ですが、料理では赤唐辛子をきかせて辛みを強調したトマトソース和えのペンネをいいます。そのココロは「和えたペンネが怒るくらいに辛い」。赤唐辛子はひとちぎりでも辛いのに、このソースには1人分にタカノツメだと1本分くらいの量を入れますから相当に辛く、怒って当然なのかもしれません。最近の日本人は辛いもの好きになったのか、菓子やラーメンでも「激辛」味を好んで食べますね。その影響か、イタリア料理でもやたらと辛い味つけにして「アラビアータ」と呼ぶことが多くなりました。辛ければどんな素材でも、料理でもアラビアータ。昨今のイタリアでも同じ傾向があります。でも、これはおもしろおかしく勝手につけている行きすぎのネーミング。発祥の地のローマでは、アラビアータといったら「ペンネを辛いトマトソースで和えたもの」と決まっています。「スパゲッティのアラビアータ」も「鶏肉のアラビアータ」もあり得ない組み合わせなのです。

　このように赤唐辛子をきかせたものを「ペンネが怒っているくらいに辛い」というのはローマっ子の考え方。カラブリア州など南の地方ではなんにでも唐辛子を使い、辛い味つけが当り前なので「辛い→アラビアータ」の発想がないのです。料理名では、辛みを強調させたものは文字通りに「ピッカンテ（辛い）」が一般的です。最近は百歩譲ってか、イタリアでは「スパゲッティのアラビアータ」が除々に認められつつあります。

『ホントは知らない イタリア料理の常識・非常識』吉川敏明著 柴田書店 2010年初版より

PASTA

ニンニクと赤トウガラシのスパゲッティ
Spaghetti aglio olio e peperoncino

●パスタ料理の基本のひとつといえるもの。イタリアのリストランテでメニューに組まれることはまずないが、材料の組合せがシンプルなだけに、そのバランスの取り方や扱い方次第で、味に大きな差が出る。単純だが、むずかしい料理。●ニンニクと赤トウガラシの切り方は人によっていろいろだが、いずれの場合も、大きさをそろえ、加熱する時は必ず冷たい状態のオリーブ油に入れてから火にかける。これが鉄則。ニンニクと赤トウガラシは低い温度からじっくりと加熱するとよい香りが出るが、高温で熱すると、香りが出る前に焦げて苦みが出てしまう。●味つけは、スパゲッティのゆで汁。ゆで湯の塩気とパスタから溶け出た澱粉の薄いとろみを活用する。

調理　室井克義

●材料● 4人分
スパゲッティ………320g
ニンニク………3片
赤トウガラシ………小1本
イタリアンパセリ（みじん切り）
オリーブ油………120cc
ゆで汁………大さじ2杯

1 ニンニクは芯を取り除き、1mmほどの厚さの輪切りにする。赤トウガラシはみじん切りにする。鍋にオリーブ油、ニンニク、赤トウガラシを入れてから弱火でゆっくりと加熱する。

2 ニンニクは徐々に火を通していき、じっくりと加熱するが、もし鍋が熱くなりすぎた場合は、ぬれ布巾を鍋底にあてて冷まして焦げるのを防ぐ。

3 こんがりと揚がった状態のニンニク。カリカリとした歯触りを残したい場合には、ニンニクをいったん取り出し、ペーパータオルなどで余分な油を吸い取って、盛りつけてから添えてもよい。

4 イタリアンパセリのみじん切りを加える。

5 ゆで上げたスパゲッティをフライパンに移し、ゆで汁を少量加える。味つけは、ゆで汁の塩分で行なう。塩味が足りない時には塩を加えて調節する。

※パスタの作り方の写真は、約2人分の分量で調理をすすめています。

スパゲッティ・カルボナーラ
Spaghetti alla carbonara

調理　室井克義

●料理名は、炭焼き夫(carbonaro)に由来する等、諸説いわれている。●口にした時のトロッとしたなめらかさとモタッとした触感が身上。卵への火の通し方がポイント。スパゲッティがゆで上がったら、その余熱だけで卵のソースに火を通す。タイミングが味の決め手である。●もともとグアンチャーレ（豚の頬肉の塩漬け）、もしくはパンチェッタで作る料理だが、ベーコンが使われることもある。いずれも初めにじっくりと火を通して香りを引き出しておき、しみ出た香りのよい脂も必ず使うこと。●クリームは好みで牛乳と混ぜて用いてもよいし、卵黄だけで仕上げるやり方もある。食べる間際に黒コショウをたっぷりと挽きかけて、味を引き締める。

●材料● 4人分
スパゲッティ………320g
ベーコン………80g
卵………2個
クリーム………100cc
　（ここでは乳脂肪38%）
粉チーズ（グラーナ・パダーノ）
　………大さじ5杯
コショウ
オリーブ油

1 フライパンに少量のオリーブ油を熱し、3mm角ほどの棒状に切ったベーコンを入れて弱火で混ぜながら炒める。

2 ベーコンから脂がしみ出て、カリカリの状態になるまで加熱する。同時に卵、クリーム、粉チーズ、黒コショウをボウルに混ぜ合わせておく。卵を卵黄にすると、黄色が強く、コクが出る。

3 フライパンにゆで上げたスパゲッティを入れ、ゆで汁を少量加えて、ベーコンとその脂を充分にからめる。

4 3にボウルで合わせた卵のソースを加える。

5 ソースとスパゲッティを合わせる時には、卵に火が入りすぎないよう、ごく弱火にするか、鍋を火からおろして、余熱で火を入れる。味をととのえて盛りつけ、黒コショウを多めにかける。

アサリのスパゲッティ
Spaghetti alle vongole

●殻付きのアサリを使う場合は、砂を嚙んでいることが間々あるので、要注意。たとえ一個でも砂を嚙んだものが入っていたら、その皿には最低の評価が下されるということを、常に念頭におく心構えで。●アサリ全体に均一に素早く火を通すことがポイント。アサリが重ならず、ひと並びになる大きさのフライパンを用意して、同じ状態で火が当たるようにする。手早く殻を開かせ、旨みが外に出ないうちに調理すること。加熱しすぎると、貝の身はすぐに固くなる。●アサリの煮汁はそのままではパスタとからみにくい。ここではアサリを加熱する際に小麦粉をふりかけ、ほんの少しとろみをつけて、スパゲッティとのからみをよくするように工夫した。

調理　室井克義

●材料● 4人分
スパゲッティ………320g
アサリ（殻付き）………1kg
オリーブ油………40cc
ニンニク（みじん切り）
　………小さじ2杯
赤トウガラシ………小1本
小麦粉
白ワイン………40cc
水………40cc
イタリアンパセリ（みじん切り）
EXV.オリーブ油

1 大きめのフライパンにオリーブ油を入れ、ニンニクと赤トウガラシのみじん切りを炒めて香りを引き出す。塩水で砂をはかせたアサリを重ならないように入れて加熱する。

2 アサリの表面にうっすらと白くなる程度に、小麦粉をふりかける。こうすると、アサリから出た汁に少しとろみがつき、パスタにその旨みをよくからめることができる。

3 鍋をふってアサリ全体に小麦粉をからめたのち、白ワインと水を注いで蓋をし、火力を強めて蒸し煮にする。

4 殻の開かないアサリは弱っているか、砂を嚙んでいることが多いので、無理に殻をあけずに取り除く。異臭のするアサリがひとつでも混じると、全体の味が台無しになるので注意する。

5 イタリアンパセリのみじん切りをふる。

6 ゆで上げたスパゲッティを水気をきって加え、アサリから出た汁とよくからめる。皿に盛り、EXV.オリーブ油をかける。

ジェノヴァ・ペーストのスパゲッティ
Spaghetti al pesto genovese

●生のバジリコならではの風味を楽しむジェノヴァ・ペーストのパスタ。バジリコは包丁などの鉄っ気があると、すぐに酸化して黒ずんでしまうので、必ず手でちぎって用いる。●ジェノヴァ・ペーストをもっともよい状態で使いたいなら、小まめに作ること。とはいえ、夏の香り高い露地もののバジリコを多く入手したら、一度に作って冷凍保存するに限る。●ジェノヴァ・ペーストはパスタと一緒に加熱するとバジリコのきれいな緑と香りが消えてしまう。パスタをゆで上げたら、ボウルの中で和えるだけにする。●熱をもたない大理石の乳鉢などで作るのが理想的。ミキサーで撹拌する時も、できるだけ熱をもたないように、分量や回転数、時間を調整する。

調理　室井克義

●材料● 4人分
- スパゲッティ………320g
- サヤインゲン………60g
- ジャガイモ………2個(200g)
- ジェノヴァ・ペースト
  (でき上がり約160cc、5～6人分)
  - バジリコ………30g
  - 松ノ実………20g
  - 粉チーズ(グラーナ・パダーノ)
    ………20g
  - ニンニク(みじん切り)
  - 塩
  - オリーブ油………120cc

1 ジェノヴァ・ペーストを作る場合、チーズはパルミジャーノ・レッジャーノやペコリーノが一般的だが、ここでは若くフレッシュな感じのするグラーナ・パダーノを使用。

2 バジリコの葉を手で摘んでミキサーに入れ、松ノ実、粉チーズ、ニンニク、塩、オリーブ油を加える。バジリコは切り口がすぐに酸化して黒くなるので、手早くペーストに仕立てる。

3 ミキサーにかける。あまり高速回転で撹拌すると、摩擦熱でバジリコの色が黒ずみ、でき上がった時に色が悪くなるので注意する。

4 でき上がったジェノヴァ・ペースト。空気にふれると酸化して黒ずむので、常に表面はオリーブ油で覆った状態にしておくのがよい。リグーリア地方を中心に、パスタ以外にも使われる。

5 スパゲッティをゆでている鍋に、軽く下ゆでしておいたジャガイモの半月切りとサヤインゲンを途中で加えて一緒にゆで上げる。水気をきり、ジェノヴァ・ペーストを入れたボウルにあける。

6 ゆで汁を少量加えてからスパゲッティにジェノヴァ・ペーストをよくからませる。ゆで汁を加えることで、ペーストがなめらかになり、よくからまる。好みで粉チーズをふりかける。

リングイーネ、カニとアカザエビのソース
Linguine con polpa di granchio e scampi

調理　室井克義

●カニの旨みとトマトの酸味のバランスを取りながら、少し濃厚なソースのベースを作りおき（4～5日のストックが可能）、提供時にアカザエビをソテーして、ひとつのソースに仕立てる。これをスパゲッティとは異なる感触のリングイーネと組み合わせた。ピアット・ウニコ（一皿盛り）の色彩が強いひと皿。●ここではタラバガニを用いたが、毛ガニやズワイガニなどを使っても、それぞれのカニの特徴を活かした個性的なソースができる。

●材料● 4人分
リングイーネ………320g
カニ肉………120g
タマネギ………30g
ニンニク（みじん切り）
オリーブ油………40cc
白ワイン………60cc
ブロード
トマトソース………350cc
ローリエ………1/3枚
アカザエビ（有頭）………8本
ブランデー
塩、コショウ
イタリアンパセリ（みじん切り）

1 カニ肉を手でほぐし、タマネギとニンニクをごく細かいみじん切りにする。まず、タマネギをオリーブ油でゆっくりと炒め、次にニンニクを加えて香りを引き出す。

2 カニ肉を加えて炒める。さらにローリエと白ワインを加え、水分が半分以下になるまで中火で加熱する。

3 少量のブロードを加えて煮る。

4 トマトソースを加え混ぜる。

5 全体を混ぜ合わせながら中火で4分間ほど煮つめる。水分が蒸発し、ドロッとした濃度に煮つまった状態。この状態までを仕込んでおく。

6 アカザエビは殻付きのまま縦に半割りにし、塩、コショウしておく。ニンニクのみじん切りをオリーブ油で炒めて香りを引き出し、アカザエビを入れて両面を焼き、香りを充分に引き出す。

7 ブランデーを注いで香りをつける。

8 5のカニ肉のトマト煮を加え、2分間ほど煮込んで味をととのえ、ソースのでき上がり。

9 ゆで上げて水気をきったリングイーネを入れ、8のソースをからめて盛りつける。イタリアンパセリのみじん切りをふる。

ヴェジタリアン風ペンネ
Penne alla vegetariano

● いろいろな野菜をトマトで煮込んだソース。あえて野菜だけで仕上げているので、できるだけ多くの種類の野菜を取り合わせて変化をつけたい。季節の野菜を使い分ければ、皿の上に季節感を表現でき、現在のヘルシー志向にもマッチした一品である。● それぞれの野菜のもつ旨みをひとつにし、ソースとしての一体感を出せるよう、野菜の大きさはできるだけそろえてバランスをとる。● ホール・トマトとその果汁を加えているが、その煮つめ加減は重要なポイント。ペンネによくからむように、ある程度の濃度をつける必要がある。● 大量に作りおくことも可能だが、できるだけ短いサイクルで使いきり、野菜のもつフレッシュ感を打ち出したい。

調理　室井克義

● 材料 ● 4人分
- ペンネ……320g
- 芽キャベツ……4個分
- ナス……25g
- カリフラワー……25g
- グリーンピース……25g
- ズッキーニ……30g
- ブロッコリー……25g
- 赤ピーマン……20g
- 黄ピーマン……20g
- ヤングコーン……4本分
- オリーブ油……40cc
- タマネギ……20g
- ニンニク
- ホール・トマト（缶詰）…450g
- ホール・トマトの汁…150cc
- バジリコ
- 塩

1 鍋にニンニクとタマネギのみじん切りを入れてオリーブ油で炒め、香りを充分に引き出す。芽キャベツを四つ割りに、カリフラワーは小房にして加え炒める。野菜は火の通りにくいものから。

2 ナス、ズッキーニは2cm角に、ブロッコリーは小房に、二種類のピーマンは2cm角に切る。これらと、下ゆでしたグリーンピース、ヤングコーンの輪切りを加え、軽く塩をして炒める。

3 缶詰のホール・トマトとその汁を加えて煮込む。ホール・トマトの種は手で軽く除いておく。多少残っていても味にあまり影響はない。

4 中火で水分を飛ばすようにして20分間ほど煮つめる。水分が多すぎると、ペンネによくからまず、ソースと一体感のある味に仕上がらない。これソースのでき上がり。

5 人数分のソースを別の鍋に取り分け、バジリコのみじん切りをふる。

6 ゆで上げたペンネを水気をよくきって加え、ソースを充分からめてから盛りつける。

フズィッリ、グリーンアスパラガスとケイパーのクリームソース
Fusilli con asparagi

●グーリンアスパラガスの淡い緑の色と、プロヴォローネ・チーズの燻製の香りをたっぷりと味わってもらうことを意図したパスタ。クリームを加えているので、ともするとボワッとした大味になりがち。それを酢漬けのケイパーを加えることで、引き締めている。●酢漬けのケイパーを使わない場合は、酸味のある白ワインを加えるとよい。ワインヴィネガーは風味が強いので、バランスをとるのがむずかしい。●燻製にかけたプロヴォローネ・チーズの独特の風味が味のアクセントになっている。同じプロヴォローネであっても、ここではぜひとも、燻製にかけたものを用いたい。香りの余韻、特に鼻から抜ける燻香を楽しんでほしい一品である。

調理　室井克義

●材料● 4人分
フズィッリ………320g
グリーンアスパラガス
　………200g（約10本）
バター………25g
クリーム………180cc
ブロード………50cc
ケイパー（酢漬け、みじん切り）
　………20g
粉チーズ（グラーナ・パダーノ）
　………15g
プロヴォローネ・チーズ
　（5mm角切り）………50g
塩
コショウ

1 アスパラガスは茎元を2cmほど切り落とし、塩湯で下ゆでし、冷めたら穂先の4cmほどを切って取りおく。残った茎のほうはみじん切りにする。これをバターで炒める。

2 塩、コショウしたのちブロードを加えて中火で少し煮つめ、さらにクリームを加えて煮つめる。

3 ケイパーのみじん切りを加える。ケイパーの酸味で、クリームの味が引き締まる。

4 下ゆでしたアスパラガスの穂先と粉チーズを加えて混ぜ合わせる。

5 ゆで上げたフズィッリを加えてソースをよくからめる。皿に盛り、燻製のプロヴォローネ・チーズを5mm角に切ってフズィッリの上からたっぷりと散らし、余熱で溶かす。

6 プロヴォローネ・チーズはイタリア南部で誕生した牛乳製のチーズ。モッツァレッラなどと同様、糸状に裂けるタイプのチーズで、現在では北部が主産地。ここで使ったのは、燻製タイプ。

鴨のラグーのフェットゥッチーネ
フェットゥッチーネ　コン　ラグー　ダナトラ
Fettuccine con ragù d'anatra

調理　室井克義

●旨みの強い鴨のモモ肉を煮込み、ソースに仕立てた。味が濃厚なので、ロングパスタであればフェットゥッチーネかタッリアテッレが向いている。ショートパスタなら、ペンネ、リガトーニ、フジッリなどの、よく噛んで味わうパスタと相性がよい。●鴨がよく肥え、キノコの出まわる秋から初冬にかけてであれば、キノコを一緒に煮込んで仕立てることを勧める。●鴨をメニューにのせると、どうしても胸肉の料理が主に出て、モモ肉のほうは残りがち。そのような時にモモ肉をストックしておき、ある程度の量がまとまったところでこの煮込みソースを仕込み、保存しておくとよい。

●材料● 5人分
フェットゥッチーネ………400g
鴨のモモ肉………500g
タマネギ………20g
ニンジン………20g
セロリ………20g
ニンニク………1片
ローリエ………小1枚
赤ワイン………120cc
トマトペースト………30g
ブロード………400cc
ローズマリー
塩、コショウ
オリーブ油

1 鴨のモモ肉を用意し、余分な脂を切り取って1cm角に切る。塩、コショウして、オリーブ油で中火でじっくりと炒める。加熱すると肉から脂が出てくるので、オリーブ油はごく少量でよい。

2 炒めていると、脂がしみ出てくるので、これを途中で捨て、さらにじっくりと炒める。ボロボロとして香ばしさが出てきたら、肉を取り出して油をきっておく。

3 別の鍋にオリーブ油を熱し、タマネギのみじん切りを入れて茶色に色づくまでよく炒める。

4 ニンニク、ニンジン、セロリのみじん切りと、ローリエを加えてさらに炒める。

5 2の鴨のモモ肉を加える。

6 赤ワインを注ぎ、アルコール分を飛ばすようにして中火で煮つめる。

7 トマトペーストを加え混ぜる。

8 続いてブロードとローズマリーを加えてさらに煮つめる。

9 30分間ほど煮つめて鴨のラグーのでき上がり。

10 鍋に9のソースを取り分け、ゆで上げたフェットゥッチーネを水気をきって加え、粉チーズも加えてソースとよくあえる。

粉チーズについて

パスタやリゾットには、ソースの仕上げや食べる直前にすりおろしたチーズを加えるものが多い。今回このページで使ったのはグラーナ・パダーノ（写真）。熟成期間がパルミジャーノ（2年前後）よりも短く、約1年半の硬質チーズである。完成された風味とコクをもつパルミジャーノは、使い方によっては料理全体のバランスをくずしかねないが、グラーナ・パダーノには若いフレッシュ感があって主張しすぎず、それぞれに個性がある。いずれにしてもチーズは、使う分量だけをその日にすりおろすのが基本である。

トウモロコシとマスカルポーネ・チーズのフェットゥッチーネ
Fettuccine con salsa di granoturco

●ロンバルディア地方で口にしたパスタ料理。イタリアではトウモロコシを粒々のままの状態で調理することは少なく、ほとんどを乾燥させて粉にして用いる。そのことから判断して、この調理法は比較的新しいものではないだろうか。
●セージの葉をバターでゆっくりと加熱して香りを充分に引き出すことがポイント。ソースが乳製品主体であるため、このセージの風味がアクセントとして重要な位置を占める。●味に深みをもたせるために、スーゴ・ディ・カルネは欠かせない。●トウモロコシをつぶし、ドロッとした状態のソースに仕立てることもできる。その場合には濃度が濃くなるので、パスタとの味のバランスに、いっそう注意しなければいけない。

調理　室井克義

●材料● 4人分
フェットゥッチーネ………320g
トウモロコシ（缶詰）………140g
セージ………4～5枚
バター………大さじ2杯
クリーム………120cc
マスカルポーネ・チーズ……80g
スーゴ・ディ・カルネ………40cc
粉チーズ（グラーナ・パダーノ）
塩
黒粒コショウ

1 フライパンにバターを溶かしてセージの葉を入れ、ゆっくりと炒めて香りを引き出す。

2 汁気をきったトウモロコシを入れ、スーゴ・ディ・カルネを加え混ぜる。

3 マスカルポーネ・チーズを加え、よく混ぜて煮溶かす。

4 クリームを入れ、塩、コショウで味をつけて少し煮つめ、続いて粉チーズをふり入れてソースのでき上がり。

5 ゆで上げたフェットゥッチーネを水気をきって加える。

6 フェットゥッチーネとソースをよくからめ、皿に盛る。黒粒コショウを少し多めに挽きかけるとよい。

鯛とホタテ貝のラヴィオリ、セージ風味
Ravioli di dentice e capesante alla salvia

調理　室井克義

●ラヴィオリはそもそも食事の残りを詰めものにして作った料理。その発祥からしても、中に入れる詰めものに決まりがあるわけではない。材料同士の相性とパスタの具としてのバランスがよければ、いろいろと応用がきく。●詰めものが柔らかければ、まわりの生地を薄くするなど、包み込むパスタの厚さや大きさも、詰めものの歯ごたえや大きさとのバランスを計りながら決めていく。●ここで紹介した鯛とホタテ貝の詰めものは、上品ながらしっかりとした味なので、ソースはシンプルに、セージの香りのバターソースに仕立てた。また、ここでは、皿に盛りつけた時の色合いを考えて、トマトペーストを練り込んだ生地を使っているが、好みで変化をつけてもよい。

●材料● 2人分
ラヴィオリ……24個
　（166〜168頁参照）
ソース用
　バター………45g
　セージ………6枚

1　トマトペーストを練り込んで作った生地に、マダイとホタテ貝を用いた具を詰めて作ったラヴィオリ。

2　フライパンにバターを溶かしてセージを加え、弱火で煮るようにして香りを充分に引き出し、ソースを作る。

3　ゆで上げた1のラヴィオリをソースの中に入れて和え、皿に盛る。

RISOTTO

ミラノ風リゾット
Risotto alla milanese

調理　室井克義

● 「ミラノ風リゾット」といわれる料理にはいろいろな作り方があり、ここに紹介した調理方法もその中のひとつととらえたほうがよいだろう。黄金に見立てた料理といういわれがあるように、皿の上で金色に光輝いている豪華さが、この料理の身上。サフランは質のよいものを使ったほうがきれいな黄金色に仕上がる。
● あらかじめ米を洗うと旨みが流出してしまうので、そのまま洗わずに用いる。また、米が一番初めに吸収する水分にどのようなものを用いるかが、リゾットの仕上がりに大きく関わるので、ブロードは吟味したものを用いる。● 日本の米は糊化しやすい。それを少しでも避けるため、火力を常に一定に保ちながら、ブロードは少しずつ分けて入れる。● バターは鍋を火からおろしてから加え、余熱で溶かして米の表面にからませたほうが、ツヤのある状態に仕上がる。

● 材料 ● 4人分
米………280g
牛の骨髄………70g
バター………40g
タマネギ………30g
ブロード………650cc(目安)
白ワイン………大さじ2杯
サフラン
粉チーズ(グラーナ・パダーノ)
仕上げ用バター………40g

1 タマネギを米粒よりも小さいみじん切りにする。これをバター(40g)で焦がさないように炒める。

2 骨から取り出して、1cm角ほどに切った牛の骨髄を加えて、さらに炒める。上質のゼラチン質である骨髄を加えることで、コクのある仕上がりになる。

3 米を加え、木杓子でかき混ぜながら少し透き通るまで炒める。米は洗ったり、といだりせず、そのまま用いる。

4 米がヒタヒタにひたる程度に熱いブロードを注ぎ、表面が泡立つくらいの状態で煮る。水分が少なくなったらブロードを少しずつ加え、米の状態をこまめにみながら煮続ける。

5 鍋底や鍋肌に焦げつかないように時々軽く混ぜ、ブロードを足すことを繰り返す。ブロードは必ず熱い状態のものを加え、米の温度を下げないようにする。

6 米の煮え具合を確かめ、八割がた煮えたところで、30cc(分量内)ほどのブロードに浸しておいたサフランをブロードごと加え混ぜる。

7 味が濃くなりすぎるようであれば、ブロードの代わりに湯を加えて調整する。

リゾットに使う米について

リゾットの米は洗わずに使う。あらかじめ水分を吸ってしまうと、油やブロードを充分に吸収できないからである。また、油で米を炒めるのは、油膜を作ることでブロードの吸収速度を遅らせ、煮くずれを防ぐため。適度な水分量の中で、ゆっくりとブロードを吸収させながら、米に火を通していくのがリゾットの基本である。米は最低限、割れたり欠けたりしていないこと。水分の多い新米よりも古米が望ましいが、米の状態によって、炒め方やブロードの加え方を調整できる感覚を身につけるべきである。写真はイタリアでよくリゾットに使われる米、ヴィアローネ・ナーノ(左)とアルボーリオ(右)、上は日本のササニシキ。大きさ、色、水分量など、すべて微妙に異なる。

タマネギについて

リゾットの主役はあくまでも米である。米の粒を楽しみ、米を味わうためには、タマネギの存在はむしろ邪魔になる場合もある。そのため、タマネギはできるだけ細かく、米粒よりも小さいみじん切りにする。そして焦がさないように弱火でゆっくりと炒めて甘みを出す。しかも、必要以上に多く使わないのが原則。作るリゾットによって、また人によっては、タマネギを入れないケースもあるし、魚介のリゾットにはポロネギを、キノコのリゾットにはエシャロットをと、材料によって使い分ける考え方もある。しかし、いずれにしても、"リゾットの主役は米"であることに変わりはない。宴会などで大量にリゾットを作る場合には、底面積の広い大きい鍋を使うと、均一に仕上がる。

ミラノ風リゾット

8 火からおろす直前に白ワインを加え、さらに少し煮てアルコール分を飛ばす。

9 火を止めて、仕上げ用のバター（40g）を加え、空気を入れ込むようにして混ぜ、ツヤを出す。

10 粉チーズを加え混ぜて、旨みとコクをつけて仕上げる。

11 ミラノ風リゾットのでき上がり。米全体がサフランの色に染まって黄金色に光輝いている状態が理想。

ブロードについて

リゾットにおけるブロードは、非常に重要な存在である。リゾットとは、米にブロードの旨みを含ませていく料理。ものによっては、専用のブロードを用意することもある。そして米には、最初に触れた液体の味が最後まで残るため、ブロードには味をつけておく。ただし、煮つまり分、最後に加えるバターやチーズの塩分を差し引いておかなければならない。濃度が出てからでは、塩味も入っていかない。また、ブロードは、必ず熱い状態のものを加える。冷たいブロードを加えると米の温度が下がり、吸収が悪くなって、粘りの出る原因ともなる。ベストな状態に仕上げるためには、最後には、スプーンに1杯ずつブロードを加えるくらいの慎重さが必要である。

仕上げ用のバター、チーズ

リゾットは仕上げにバターやすりおろしたパルミジャーノ・チーズを加え、空気を入れ込むようにして力強く鍋をゆすり、適度な粘りとツヤを出して全体をつなぐ。このことをマンテカーレ・コン・ブッロ（mantecare con burro）、マンテカーレ・コン・パルミジャーノ（mantecare con parmigiano）などという。しかしこれは、イタリアの米を使った場合に特に必要な手法。つまり、米自体に粘りが少ないため、最後に強くかき混ぜて粘りを出すというこの動作を行なうのである。いっぽう日本の米を使った場合には、すでにある程度粘りが出ているので、むやみにかき混ぜずに、米粒をつぶさないように注意しながら混ぜ、バターをからめてツヤを出すくらいが適当である。

ポルチーニ茸といろいろなキノコのリゾット
リゾット　アイ　フンギ　ミスティ
Risotto ai funghi misti

調理　室井克義

●生のキノコの歯ざわりと乾燥ポルチーニ茸の滋味豊かな香りをふんだんに盛り込んだリゾット。キノコの味のバランスをとるため、タマネギとニンニクを炒めて甘みとコクをつけ、さらにトマトソースのもつ酸味を隠し味にする。●キノコは季節感が強いので、シーズンメニューとして組むには最適である。天然のキノコを用いる場合は、一種類のキノコだけを用いてリゾットに仕立て、風味を強調したほうがよい。

ポルチーニ茸といろいろなキノコのリゾット

●材料● 4人分
米………200g
ブロード………700cc（目安）
乾燥ポルチーニ茸………20g
ポルチーニ茸のもどし汁
　………150cc
シメジタケ………20g
マイタケ………20g
シイタケ………20g
マッシュルーム………20g
タマネギ（みじん切り）
　………大さじ1杯
ニンニク（みじん切り）
　………小さじ1杯
トマトソース………大さじ1杯
白ワイン………大さじ2杯
オレガノ
バター………45g
塩
コショウ
クリーム………大さじ2杯
粉チーズ（グラーナ・パダーノ）
　………大さじ2杯
仕上げ用バター………40g

1 キノコ類の種類は、好みで自由に。ここでは通年でそろえられる組合せにした。シメジタケとマイタケは小株に分け、シイタケとマッシュルームは薄切りにして用いる。

2 鍋にバター（15g）を溶かし、米粒よりも小さなみじん切りにしたタマネギを焦がさないように炒めて香りを引き出し、さらにニンニクを加えて炒める。

3 切り分けた4種類の生のキノコを入れる。

4 塩、コショウ、オレガノ、白ワインを加え、中火で2〜3分間煮て、キノコの旨みを充分に引き出す。煮つまったらブロード100ccを加える。

5 トマトソースを加え混ぜる。トマトソースの酸味が隠し味になり、全体の味を引き締める。

6 もどしたポルチーニ茸（乾燥ポルチーニ茸を150ccほどのぬるま湯に浸けてもどしておく）をもどし汁ごと加え、さらに煮込む。塩をして心持ち濃いめの味つけにしておく。

7 別の鍋にバター（30g）を入れ、溶け始めたところで米を加え、バターをからませるようにかき混ぜながら炒める。

8 熱したブロード（約400cc）を、米を覆う程度に注ぎ入れる。

9 表面が泡立つくらいの状態で煮る。木杓子で鍋底をかくようにして時々全体を混ぜる。熱したブロードを使うことで、沸騰の立ち上がり時間を短くする。

10 米が水分を吸収し始めたら、6で煮込んでおいたキノコ類を加え混ぜる。

乾燥ポルチーニ茸について

乾燥ポルチーニ茸は、品質で等級が細分化されており、一般には形の整っているもののほうが、くずれているものよりも価格が高い。生産者は、フレッシュのキノコをいかに薄く、均一の厚さに切り、白く仕上げるかに躍起になっているようだが、香りは、姿形とは関係がない。要は、キノコの形が必要かどうかで使い分ければよく、風味だけを生かすなら、形にこだわる必要はまったくない。使う時には、ゴミなどを取り除いてから水に浸けてもどし、多くはその浸け汁ごと料理に加える。ただし、浸け汁にもゴミや泥が残っている場合があるので、一気に鍋に加えず、必ずこして、細かい砂などを除くこと。開封した乾燥ポルチーニ茸は、冷凍庫で保存するのがよい。

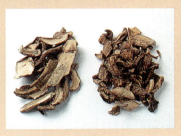

11 ブロードを加え、さらに煮含める。

12 米の煮え具合いと味を確かめながら、ブロードを少量ずつ足していく。この段階であまり強くかき混ぜると、米が糊状になってしまうので注意する。

13 米がブロードを吸収し、まだ少し芯が残っている状態。このくらいになったら、特に慎重にブロードを足していく。味をこまめに確かめ、濃くなりすぎるようなら、湯を加えてもよい。

14 クリームを混ぜ合わせ、火を止めて仕上げ用のバターを加え、鍋をふって全体にからめ、ツヤを出す。この段階では加熱する必要はない。

15 さらに粉チーズを加えて、コクをつけて仕上げる。

魚介類のリゾット
Risotto ai frutti di mare

調理　室井克義

●貝や甲殻類をいろいろと取り合わせて用いると、味が極端に変動することなく、リゾットにしてもパスタにしても全体の調和を取りやすい。しかし、貝にしても甲殻類にしても、加熱しすぎると味が半減してしまうので、火の入れ加減には注意を要する。イカの身と足も時間をずらして煮込むなど、それぞれの素材に合わせて加える順序を微妙に調節することが大切である。●貝類の旨み成分であるコハク酸は、ともするとチーズの旨み成分であるアミノ酸とかち合いがちなので、チーズの分量は控えめにしたほうが無難。種類も熟成したパルミジャーノ・チーズよりも若いグラーナ・パダーノのほうが向いているようだ。

●材料● 4人分
米………200g
エビ………120g
ヤリイカ………60g
ホタテ貝（貝柱）………100g
アオヤギ………60g
ムール貝………8個
アサリ………350g
カニ肉………50g
タマネギ………20g
バター………30g
ブロード………800cc（目安）
トマトソース………50cc
クリーム………大さじ2杯
粉チーズ（グラーナ・パダーノ）
　………大さじ2杯
イタリアンパセリ
仕上げ用バター………40g

1 鍋にバターを溶かし、タマネギのみじん切りを入れ、甘みが出てくるまでよく炒める。

2 米を加えてからめるようにし、透明感が出てくるまで中火で炒める。米がヒタヒタにひたるくらいの分量の熱いブロード（約360cc）を加えて煮る。

3 火加減は、液面がふつふつと煮立っている状態にする。

4 トマトソースを加え混ぜる。カニ肉は味が出るので、この段階で加えておく。

5 2回目のブロード（約180cc）を加え、さらに90ccを2回に分けて加えて煮る。この段階ではブロードを足しては吸収させることを繰り返す（ブロードの分量は目安）。

6 イカの足から順に残りの魚介類を加えていく。

7 アオヤギと輪切りにしたヤリイカの身を加えて煮る。

8 殻をむいて背ワタを抜いた小ぶりのエビも加える。途中、適宜水分の加減をみて、煮つまったら少しずつブロードを注ぐ。

9 さいの目に切ったホタテ貝、あらかじめ白ワインで蒸し煮にしたムール貝とアサリのむき身を加える。

10 ここで最後の味をととのえる。火を止め、仕上げ用のバターを加えてツヤを出す。

11 さらに粉チーズ、クリームを加え混ぜて余熱で溶かす。

12 イタリアンパセリのみじん切りを加えて仕上げる。

GNOCCHI

ジャガイモのニョッキ、フォンティーナ・チーズのソース
Gnocchi alla bava
（ニョッキ　アッラ　バーヴァ）

調理　室井克義

●フォンティーナ・チーズを用いたこのニョッキは、アルプスに近いイタリア北部の料理で、バーヴァとは「牛のよだれ」の意。チーズが溶けて糸を引いている様子からの命名だろう。●ニョッキの大きさは決まっているわけではなく、ソースとの相性で調節すればよい。ここではたっぷりのフォンティーナ・チーズを使ったモタッとしたソースであるため、ニョッキも3～4cmと大きなものにした。このくらいが最大で、これ以上大きくなると食べにくい。また、小さなニョッキは一般にニョッケッティといって呼び分けられている。●ニョッキの生地は、小麦粉を多く加えるほどまとまりやすいが、ニョッキ特有のモソッとしていて、かつフワッとした柔らかな触感からはほど遠いものになってしまう。

●材料● 4人分
ジャガイモ………500g
小麦粉………120g
塩………小さじ2杯
粉チーズ（グラーナ・パダーノ）
　………30g
ナッツメグ
フォンティーナ・チーズ…150g
クリーム………50cc
バター………30g
黒粒コショウ

1 ジャガイモを皮付きのまま水からゆでる。旨みが溶け出してしまうので、必ず皮付きでゆでる。竹串を刺してスーッと通る状態になったらよい。

2 熱いうちに皮をむき、裏ごしにかける。熱い状態で裏ごしにかけないとフワッとした柔らかい触感に仕上がらない。

3 裏ごししたジャガイモ、粉チーズ、塩、ナッツメグをボウルに入れ、ふるった小麦粉を加える。粉はあとから足して調整できるので、ここでは多くなりすぎないように注意する。

4 木杓子でさっくりと混ぜ合わせる。練ってしまうと、小麦粉に含まれるグルテンが粘り気をおびて糊のような触感になってしまう。

5 4の生地を麺台にあけ、両手で一つにまとめていく。ここで試しにニョッキを一つ作って湯の中に入れて状態をチェックする。もしすぐに散ってしまうようなら、小麦粉を足す。

6 麺台に打ち粉をし、その上で生地をころがして直径2cmほどの棒状にする。小口から2cmくらいの幅をもたせてスケッパーなどで切り分ける。

7 手のひらに軽く小麦粉をまぶし、6の生地を一つずつ角を取る程度に丸める。

8 指の腹で少しくぼみをつけておく。

ニョッキのポイント

ニョッキは、一般的にはゆでて裏ごししたジャガイモに、小麦粉や粉チーズを混ぜ合わせて作るが、味の決め手は根菜類の持つ甘み。ジャガイモなら必ず皮付きのまま丸ごとゆでる。皮をむいて小さく切ってゆでたほうが早く火が通るが、それでは水っぽくなり、デンプン質のほっくりとした甘みが引き出せない。また、粉を多く入れればまとまりやすいが、触感は悪くなる。さらに、ニョッキはフワッとした触感を出したいので絶対に練らないことが大切。さっくりと混ぜて生地を作ったら長くはおかず、手早くゆでて、いったん水にとり、水気をきって冷蔵庫でストックするのがよい。なお、ゆでる際、あまり強火にすると、くずれてしまうので注意が必要。

ジャガイモのニョッキ、フォンテーナ・チーズのソース

9 フォークをくぼんでいる側を上に向けて持ち、8の生地をフォークの歯元に置き、人差し指で軽く押さえたまま、歯先のほうへころがして成型する。

10 鍋にたっぷりの湯を沸かし、成型したニョッキを入れてゆでる。入れると、いったん底に沈むが、火が通ると表面に浮かび上がる。あまり煮立てると、ニョッキが崩れてしまうので注意する。

11 ゆで上がったら網ですくい上げ、冷水に浸けて冷ます。冷水に浸けると、表面に付いた余分な打ち粉が落ちる。

12 冷めたら引き上げてペーパータオルなどに取り、水気を取る。ラップ紙で覆って冷蔵庫でストックする（2～3日は可能）。

13 注文が入ったら、フライパンにバターを溶かし、クリーム（牛乳でもよい）を加える。

14 フォンティーナ・チーズ。牛乳から作られる栗のような風味のあるマイルドなチーズ。アオスタ産が有名。フォンドゥータ（フォンデュ）やポレンタに用いる。

15 フォンティーナ・チーズをあらかじめ1cm角くらいに切りそろえておく。

16 チーズを13のフライパンに加え、分離しないようにごく弱火の状態にして木杓子でかき混ぜながら溶かす。できれば湯せんにして溶かしたほうがよい。

17 チーズが完全に溶けて糸を引く状態にする。

18 ゆでてストックしておいた12のニョッキを、再度湯通しして温めてからソースと和える。皿に盛りつけて黒粒コショウを挽きかける。

サーモン入りのニョッキ、オーロラソース
Gnocchi di patate e salmone con salsa aurora

調理　室井克義

●ニョッキのバリエーションの一つとして、スモークサーモンをほぐし混ぜて作った。ほんの少量ながら、スモークの風味がほどよく効いている。サーモンの分量が多すぎると、ニョッキらしさが薄れ、かつ風味が強くなりすぎるので、加える割合に注意すること。●ソースはサーモンの色に合わせて、淡いピンク色をしたオーロラソースを取り合わせた。このソースは用途が広く、ニョッキに用いる時にはクリームでつなぐが、グラタンの場合にはベシャメルソースと合わせて使う。●ニョッキというと、ジャガイモが一番ポピュラーだが、ホウレン草を練り込んだものやカボチャで作ったものも知られている。カボチャは水分含有量の個体差が大きいので、ほかの材料よりもむずかしい。

サーモン入りのニョッキ、オーロラソース

●材料● 4人分
ジャガイモ………500g
小麦粉………100g
卵………1個
スモークサーモン………100g
コショウ
トマトソース………250cc
クリーム………80cc
塩………スモークサーモンの塩分
　　　　によって調節

1 ジャガイモを皮付きのままゆで、熱いうちに裏ごしし、ふるった小麦粉、卵、コショウを加えて一つにまとめる。粗みじんに切ったスモークサーモンを加えて棒状にし、小口から切る。

2 切り分けた生地を一個ずつ軽く丸めて角をなくす。これをフォークを使って成型する。

3 鍋にたっぷりの湯を沸かし、2のニョッキを入れてゆでる。

4 鍋に入れてすぐは、いったん底に沈む。

5 表面に浮かび上がったら、中まで火が通っている。

6 ざるに上げ、冷水に浸けて冷ましたのち、水気をよくきる。ラップ紙をかけ、冷蔵庫でストックする。

7 オーロラ・ソースを作る。まず、フライパンにトマトソースを入れて加熱する。次にクリームを注いで混ぜ合わせる。

8 好みのピンク色に仕上げ、味をととのえる。

9 ストックしておいた6のニョッキを、再度湯通しして温めて8のソースに加える。

10 熱い状態のソースとニョッキをよくからめて仕上げる。長く加熱するとニョッキが溶けてしまうので注意すること。

PIZZA・FOCACCIA

【ピッツァの生地を作る】

●材料●
薄力粉………1kg
水………600cc前後
生イースト………60〜70g
（ぬるま湯）
塩………20g
砂糖
オリーブ油………大さじ2〜3杯

1 薄力粉は計量し、ふるいでふるって大理石の上に置く。中央にくぼみを作り、そこに塩と砂糖少量を入れる。

2 生イーストをぬるま湯で溶かし、常温に10分間ほど置いて発酵を活発にさせてから、粉のくぼみに流し入れる。

3 オリーブ油を加える（これは好みでよい）。生地にオリーブ油を加えると、焼き上げた時に表面がサクッとした状態になり、焼き色もつきやすい。

4 中央に水を流しながら、周囲の粉を少しずつくずし混ぜる。混ぜ合わせた生地の固さを指で確認し、固すぎる場合にはこの段階で加水して調節する。

5 できるだけ素早く均一に粉に水を練り込む。

6 片方の手で生地を押さえ、もう一方の手のひらを使って前から向こうに押し出すようにして生地を練ることを繰り返す。徐々に全体が一つにまとまる。

7 次に生地を持ち上げて大理石に打ちつけては折り込むようにして生地に弾性をもたせる。しばらく続けると生地がなめらかになり、ツヤが出てくる。生地を練る時間は合計30分くらいが目安。

8 表面をきれいにならし、丸い形に整える。

9 粉をふったボウルに入れ、ぬらした布巾を固く絞って上からかぶせ、温かいところに置いて発酵させる。

10 発酵し、ふっくらと膨らんだ生地。発酵前の2倍くらいの大きさが目安。それ以上は発酵させないようにする。

ピッツァ・マルゲリータ
Pizza Margherita

●イタリア国王ウンベルト一世（1844〜1900）の后の名を冠したピッツァ。トマト、バジリコ、チーズの配色が、イタリアの三色旗をあらわすといわれる。ここではトマトソースを使ったが、ニンニクを効かせたマリナーラソースを用いてもよい。●このピッツァはモッツァレッラ・チーズが輸入されるようになってから急速に日本でも浸透してきた。モッツァレッラ・チーズの原料は、本来水牛の乳だが、現在出まわっているものの大半は牛の乳である。●ピッツァの発祥の地、ナポリのピッツァ協会では、ピッツァの生地は小麦粉、イースト、塩、水のみをこねて作ると定めているが、オリーブ油を練り込んだほうが、焼き上がりがサクッと香ばしくなる。

調理　吉川敏明

●材料●20cm 1枚分
ピッツァの生地………100g
トマトソース………30cc
モッツァレッラ・チーズ…50g
オリーブ油
パルミジャーノ・チーズ
バジリコ

1 発酵した生地をボウルから取り出し、手のひらで押してガス抜きをする。1枚分（ここでは100g）を取り分け、団子状にしたのち、麺棒を使ってのばす。

2 のばした生地をパイ皿にのせ、生地を指先で押さえるようにして成型する。

3 トマトソースを生地の表面に均一にぬる。トマトソースの水分が多いと、焼き上げたピッツァがすぐに水分を吸収して柔らかくなってしまうので注意する。

4 薄切りにしたモッツァレッラ・チーズと、手でちぎったバジリコを散らしてのせ、パルミジャーノ・チーズ、オリーブ油をふりかける。オーブンを最高温度にして焼き上げる。

フォカッチャ
フォカッチャ
Focaccia

調理　吉川敏明

●フォカッチャはピッツァの生地を使って焼く一種のパン。しかし、もともとフォカッチャもピッツァも、パンの生地から派生したもので、たまたまナポリでトマトと合体したものがピッツァとして一つのジャンルを確立したと考えると、ピッツァがフォカッチャの一種であるともいえる。フォカッチャは、地方によっては、スキアッチャータ（schiacciata）とも呼ばれる。

●フォカッチャには、厚さや大きさに取り立てて規定があるわけではないが、ピッツァの生地の倍くらいの厚さを目安にするとよい。

●薪窯で焼くならそのままでよいが、パイ皿に敷いて焼く場合には、あらかじめ皿に薄くオリーブ油をぬる。加熱時間が長いので底が焦げついてしまうからである。

●材料●20cm 1枚分
ピッツァの生地………200g
オリーブ油
塩

1　ピッツァと同じ生地200gを取り分け、丸い形にする。これを手のひらと麺棒を使い、ピッツァの倍くらいの厚さの円形にのばす。

2　パイ皿に薄くオリーブ油をぬり、その上にのばした生地を置く。

3　指先で生地を中心部から外側へのばし、周囲を高く肉厚の状態にする。

4　のばし終わったら、表面にオリーブ油をまんべんなく薄くぬる。

5　表面にごく少量の塩をふりかける。

6　生地に均等に火が通るように、表面全体に指先でくぼみをつける。

7　くぼみにオリーブの実やローズマリーの葉などをのせてバリエーションをつけることもできる。高温のオーブンで焼く。

ピッツァの粉について

　小麦粉は、日本では大きく薄力粉、中力粉、強力粉に分かれるが、一般にピッツァの生地用には、グルテンの含有量の多い強力粉が適しているといわれている。現在のところ、イタリアの小麦粉はごくわずかしか輸入されていない。そのため、国内で流通している小麦粉でまかなうのが、一番現実的である。ピッツァ専用のミックス粉も販売されているが、フランスパン用の強力粉を用いている店も多い。というのも、フランスパンも本来、石窯で焼くのが一番よいといわれているため、原料である小麦粉も石窯で焼いたパンに近いものになるような開発が進んでいるからだ。つまり、石窯で焼くと、外が固くしっかりとして内はフンワリと焼き上がる。この焼き上がりの状態がピッツァにも求められることから、フランスパン用の粉が適していると判断されているようだ。しかし、これが最も適しているということではなく、あくまでもどのようなピッツァを焼き上げたいかによって小麦粉の質も決まってくる。中には強力粉と薄力粉を独自にブレンドして生地にするケースもあるなど、一様ではない。薄力粉だけでもオリーブ油を混ぜ合わせたり、こねる時のグルテンの引き出し方によっては、カリッとしたピッツァを焼き上げることも可能である。

オーブンについて

　ピッツァ用の窯は、熱源の違いにより三つに分けられる。一番古くからあるのが薪で、ほかにガスと電気がある。現在、イタリアでも、ミラノなどではガスや電気の窯が増えているが、ナポリのピッツァ協会ではいまだに薪窯を使うことを会員の条件にしている。ピッツァを焼く熱源として、どれが一番適しているかというと、薪窯に優るものはないようだ。薪窯の庫内の中央の温度は350～400度Cで、ほかの二つの熱源ではこれほど高くはならない。しかも、薪窯の場合、この温度でピッツァを1分間前後という短い時間で焼き上げることで、粉っ気のない、表面がカリッとして内側はフワッとした状態を作り出す。

　このように薪窯はピッツァを焼くのには適しているが、薪の確保や排煙筒の設置とメンテナンスなど、クリアしなければならない問題も多い。そのため、都内のテナントビルなどに出店する店ではガスや電気の窯が多くなっている。ガス式の窯は薪窯の形を踏襲して作られているため、外見上は薪窯と変わらない。電気式は窯といっても、むしろ製パン用の窯を小型にしたような形をしている。なお、専用の窯ではなく、通常の厨房設備の中で考えるなら、最高温度にして焼くというのがベストな方法である。

ホントは知らない
イタリア料理の常識・非常識
⓫

料理のコースは「メヌ」進路や講座のコースが「コルソ」

　お客が料理を一品一品自由に選ぶア・ラ・カルト（一品料理）に対して、前菜からデザートまでを店側が組み立ててセットで提供するのがコースです。もともと、レストランというのはその日のおすすめ料理を聞き、自分のおなかの減り具合や気分を考えて、自由に注文するア・ラ・カルトが中心でしたが、上流社会の会食のスタイルであったコースの概念が一般のレストランにも持ち込まれたのです。いまでは両方をそろえているところがほとんどで、なかにはコースだけに絞っている店もあります。

　このコース料理のことを、イタリア語では「メヌ menù」といいます。フランス語の「ムニュ menu」をイタリア語読みにしたものです。メニュー表も同様に「メヌ」で、ワインリストは「リスタ・デイ・ヴィーニ lista dei vini」といいます。最近のレストランでちょくちょく目にするのが、コース料理の意味で「コルソ corso」と書いているメニュー表です。日本の日常会話では英語の「コース」を使っているので、それにあたるイタリア語のコルソを採り取り入れてしまったのでしょう。しかし、これはまちがい。イタリア語のコルソは「進路、航路、授業、講座などのコース」であって、料理のコースの意味はありません。料理は、あくまでメヌ。おまかせの少量多皿コースは「メヌ・デグスタツィオーネ menù degustazione」といいます。

『ホントは知らない イタリア料理の常識・非常識』吉川敏明著 柴田書店 2010年初版より

項目別に整理する
アチェート（酢）の基礎知識

バルサミコだけが酢ではない。最近、耳にするようになった言葉である。確かに、生産国イタリアでさえそれほど知名度の高くないこの酢が、日本では正確な知識のないままに、有名になりすぎたようだ。ここでは、アチェート・バルサミコを中心とした酢の基礎知識を、項目別に整理する。

●アチェート・バルサミコとは……

エミリア・ロマーニャ州の、モデナとレッジョ・エミリアの一帯で、昔から上流階級の専有物として珍重されてきた高級な酢。ブドウの果汁を煮つめたモストコットという液体を、酢酸発酵させ、種々の樽で長期間熟成させた熟成酢である。長期間といっても通常の時間感覚ではなく、10年、20年、長いものになると、100年、200年の年代ものもあるという特殊な酢である。

もともとこの酢は、自分自身のため、子孫のため、ごく少数の親しい知人のためだけに作られ、受け継がれ、使用されてきたもので、売買されるようなことはけっしてなかった。近年になって、イタリアでもごく限られた範囲で脚光を浴びるようになり、それが日本などで、爆発的な人気となった。この人気も手伝って、伝統的な製造方法とは異なる近代的な方法で、この酢を大量生産する工場が増え、特に日本をはじめとする海外諸国で、アチェート・バルサミコは非常に大衆的なものになったといえる。

しかし今日でも、自家消費用として、何十年もの熟成を経たアチェート・バルサミコを所有している上流階級人は多いと思われる。ただ、これらの酢は、自家のアチェタイア（熟成室）で人知れず眠っているケースがほとんどであるため、その実態はつかめない。

●アチェート・バルサミコ（aceto balsamico）と呼べるもの

①生産地はエミリア・ロマーニャ州の、モデナ、あるいはレッジョ・エミリアに限られる。
②伝統的な技術と、少なくとも10年以上熟成したアチェート（ワインヴィネガー）をある割合入れることによって、濃縮したブドウ液にアルコール発酵および酢酸発酵を促し、典型的なaceto balsamicoの味と香りを持つものにする。熟成のための樽は、品質のよい、たとえば樫、栗、桑、ネズ等を利用する。
③以下の性質を要する。
　(a)濃い褐色の液体で、甘酸っぱく、アロマの強いもの。
　(b)酢酸が6％以上。
　(c)アルコール度が1.5％以下。
　(d)1リットルにつき30g以上の糖分を含む。
④カラメルを加えることを認める。
　①～④すべての条件を満たすもの。
　（1965年に発令されたイタリアの省令・法律による規定）

●アチェート・バルサミコ・トラディツィオナーレ（aceto balsamico tradizionale）と呼べるもの

⑤直接加熱したブドウ液（モストコット）を原料とする。ブドウの品種は、モデナ、レッジョ・エミリア地域で栽培されるトレッビアーノ種、オッキオ・ディ・ガット種、スペルゴラ種、ベルツェミーノ種、ランブルスキ種のブドウに限られる。
⑥添加物をいっさい加えないものに限る。
⑦モデナ、レッジョ・エミリア地域で最低12年以上の熟成を必要とする。
⑧熟成にはさまざまな容量とさまざまな木の種類の樽に移しかえる作業を行ない、その環境は風通しがよく、気温の落差があること。
⑨スピランベルト・アチェート・バルサミコ生産者組合が組織する委員会の審査に通った製品であること。
⑩モストコットの製造は、同地域のマルサラ酒製造工場、あるいはモストコット専用場で生産されたものに限る。
以上⑤～⑩の条件と、①～④の条件すべてを満たすもの。

(1965年、1983年、1986年に発令されたイタリアの省令・法律による規定)

●一般のワインヴィネガーとアチェート・バルサミコはどこが違うのか？

・ワインヴィネガーは、ブドウ液から作ったワインを原料とし、種酢を加えて酢酸発酵させる。いっぽう、アチェート・バルサミコは、ブドウ液を煮つめた液体＝モストコットに種酢となるものを加えて、アルコール発酵から酢酸発酵までを同じ樽の中で行なう。

・伝統的なアチェート・バルサミコの製造工程では、樽の移しかえが行なわれるが、一般的なワインヴィネガーでは行なわれない。また、熟成期間も、アチェート・バルサミコの5年、6年という数字に比べて、ワインヴィネガーは数カ月と短い。ただし、一部には、長期間熟成させたワインヴィネガーもあり、中には熟成中に樽を取りかえるものもある。

・一般にアチェート・バルサミコは、艶やかな暗褐色をしており、とろりとしたシロップ状態。花にたとえられるかぐわしい香りと、まろやかな甘み、複雑な風味を身上とする。長期熟成タイプのワインヴィネガーは、濃厚ではなく、サラッとしているが、アチェート・バルサミコとはまた違った木樽の香りや、熟成によるまろやかで複雑な風味をもつ。

●伝統的なワインヴィネガーと、工場生産のワインヴィネガーの製法の違い

伝統的なワインヴィネガーの作り方は、ワインを木の樽（ワイン用の樽でよい）に詰め、生きた酢酸菌が入った種酢を加えて放置し、酢酸発酵させるというもの。しかし、酢酸発酵には酸素が必要で、酢酸菌は空気に触れるところでしか活動できない。よってワインの表面部分だけでしか発酵が行なわれず、完成までには数カ月を要することになる。

大量生産の工場では、この工程を効率的にすすめるため、ワインを入れたステンレスタンクに、強制的に空気を送り込むエアーレーションを行ない、さらに酢酸発酵がすすみやすいようにコンピュータで温度をコントロールして、短期間でワインヴィネガーを完成させる。現在一般にはこの速醸法を用いているメーカーがほとんどで、2日もかからずにワインヴィネガーを作ることができる。

●大量生産のアチェート・バルサミコが急増した背景

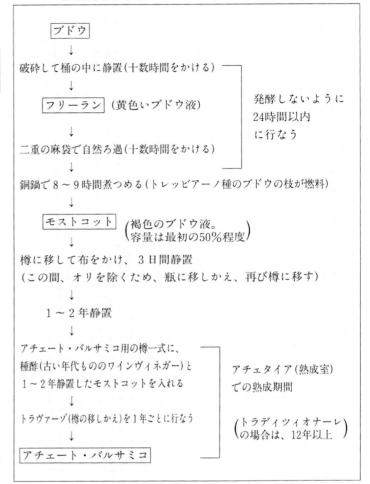

伝統的なアチェート・バルサミコの製造工程

ブドウ
↓
破砕して桶の中に静置（十数時間をかける）　┐
↓　　　　　　　　　　　　　　　　　　　　│ 発酵しないように
フリーラン（黄色いブドウ液）　　　　　　　│ 24時間以内
↓　　　　　　　　　　　　　　　　　　　　│ に行なう
二重の麻袋で自然ろ過（十数時間をかける）　┘
↓
銅鍋で8～9時間煮つめる（トレッビアーノ種のブドウの枝が燃料）
↓
モストコット（褐色のブドウ液。容量は最初の50％程度）
↓
樽に移して布をかけ、3日間静置
（この間、オリを除くため、瓶に移しかえ、再び樽に移す）
↓
1～2年静置
↓
アチェート・バルサミコ用の樽一式に、種酢（古い年代もののワインヴィネガー）と1～2年静置したモストコットを入れる
↓
トラヴァーゾ（樽の移しかえ）を1年ごとに行なう
↓
アチェート・バルサミコ

アチェタイア（熟成室）での熟成期間

（トラディツィオナーレ）の場合は、12年以上

・アチェート・バルサミコの熟成時の条件（樽の移しかえなど）や、熟成期間についての法的規定がなく、ラベル表示も義務づけられていない。

・添加物の規制についての法的規定がなく、カラメルの添加は法律で認められている。

●アチェート・バルサミコのクオリティを決めるもの

・原料のブドウの収穫時期と品質

アチェート・バルサミコの原料となるブドウは、トレッビアーノ種を中心とする白ブドウである。トレッビアーノ種は、モデナ、レッジョ・エミリアの特産的なブドウで、甘みの強いことが特徴である。ワインにももちろん利用されるが、甘みだけが突出した味のため、価値としてはテーブルワイン的なものだという。この甘さをさらに強調するため、収穫はやや遅く、十月の半ば過ぎに行なう。質のよいアチェート・バルサミコに仕上げるには、傷のあるブドウや、しぼんだものはいっさい使わな

いことが大切である。

・フリーラン（ブドウ液）の扱い

　伝統的な製造方法では、収穫したブドウは、種子や皮を付けたまま破砕し、桶に入れてそのまま放置する。そしてできるだけ圧力をかけないように、二重の麻袋に入れて吊るし、自然の力でこす。これが大量生産の工場では、圧力をかけながらフィルターを通し、セパレーターにかけるなど、効率を優先させた機械作業が中心となる。また、ブドウの実の破砕からろ過が終わるまでは、ブドウ液が発酵しないように、通常24時間以内で作業を行ない、連続的にすぐに煮つめる工程へと移していかなければならない。しかし、大量生産の工場では、それがむずかしいので、品質維持のために、いったんフリーランを冷凍して保管するのが一般的になっている。

・モストコットの製造法

　近年、近代的な設備と製法のもとで、モストコットの製造をする工場や協同組合が増えている。小規模な工場で使うモストコットの製造を、まとめて協同組合が請け負うことも認められており、実際そういうケースも多い。

・熟成用の樽の種類と個数

　アチェート・バルサミコの品質を決める要素の中で、熟成用の樽の果たす役割は大きい。樽のシリーズの構成（樽材、順番、個数、容量）はすべて、作る人間の好みで決められるだけあって、生産者の個性がもっとも表われる部分である。

・熟成期間の長短

　熟成期間の長短も、アチェート・バルサミコの品質に大きく関わる。通常は、5〜6年が多いが、中には10年、20年というものもめずらしくない。一般に熟成年数が長くなるほど、アチェート・バルサミコの熟成された香味は増すが、ただ、50年、100年、200年と、どんどんよい状態で熟成が進むかといえば、それは疑問である。通常、100年を越え始めると、アチェート・バルサミコの「力」が弱くなってくるので、新たに古い——たとえば50年熟成、100年熟成のワインヴィネガーを加えていくことが多いという。

●トラヴァーゾ（樽の移しかえ）とは……

　アチェート・バルサミコにおけるもっとも特徴的な工程。原料となるモストコットは、アルコール発酵、酢酸発酵がすすむと、種酢（ここでは古い年代もののワインヴィネガー）とともに、いよいよアチェート・バルサミコ用の樽のシリーズに入れられる。1シリーズの樽は、最低でも3個、多くは5個から7個ぐらいから成り、多い場合には30個にのぼることもある。これらの樽は、それぞれ容量も材質も異なる。樽材は主に、樫、桑、栗、ネズ、桜、ニセアカシア、トネリコなどで、それぞれ固有の特性をもっている。この樽の中身を、1年ごとに移しかえる作業を、トラヴァーゾという。1年ごとに異なった樽に移されることで、それぞれの樽材の作用を受け、アチェート・バルサミコの複雑な風味が生まれるのである。このシリーズの構成（樽材の種類、順番、個数、容量）は、すべて作る人間の経験と好みで決められ、それが製品の個性となる。

●樽の大小、トラヴァーゾのからくり

　アチェート・バルサミコを熟成させる樽のシリーズは、なぜすべて同じ大きさではなく、大小が必要なのだろうか。最低限の3個の樽のシリーズ（小さい順からA、B、Cとする）を例にとってみよう。最初に入れる種酢は樽の容量の四分の一。それにモストコットを加えて、樽の容量の四分の三にする。どういう段階でも、常にこれ以上は中身を入れないことが原則である。

　1年後、それぞれの樽に入れたモストコットは、自然に蒸発して、分量が減っている。そこでまず、Aの樽の減少分を、Bの樽から補充する。さらに、Bの樽の減少分（蒸発による減少分と、Aの樽へ補充した分）を、Cの樽から補充する。Cの樽の減少分（蒸発による減少分と、Bの樽へ補充した分）は、新しいモストコットで補う。ここで問題なのは、Aの樽に補充すべき量よりも、Bの樽に補充すべき量のほうが多いということ。このように、補充すべき量が、加速度的に増えていくのである。そのため、樽を並べる順に、容量の大小が必要なのである。

　翌年にまたこのトラヴァーゾ（樽の移しかえ）を行なうと、初年に最大容量のCの樽に仕込んだモストコットの一部が、Bを経て、Aの樽へと進んだことになる。この時初めて、Aの樽からアチェート・バルサミコの完成品といえるものが少量取り出せる。つまり、樽が3個であったならば、最低でも2年を経なければ、完成品といえるものはできない。もし樽が7個のシリーズであったなら、最低でも6年が必要ということになる。

項目別に整理する
オリーブ油の基礎知識

エクストラ・ヴァージン・オリーブ油という言葉もすっかり定着し、オリーブ油の市場は益々拡大している。そこで確認しておきたいのは、オリーブ油の品質の見分け方である。ブランドに走らず、自分自身で適切な選択をしたい。ここでは、オリーブ油の基礎知識を項目別に整理する。

●ヴァージン・オリーブ油とは……

ヴァージン・オリーブ油とは、いっさいの「化学的処理を施さず、搾ったままのオリーブ油」。一番搾りという言葉で表現することができる油である。しかし、実際にはこの一番搾りの油の中にも、いろいろな品質のものが含まれている。イタリアの法律では、ヴァージン・オリーブ油の中で、酸価が4％以下のものを食用と認めており、さらに酸価によって、細かく分類をしている。
・酸価が1％以下のもの＝エクストラ・ヴァージン・オリーブ油。

・酸価が4％以上の油を精製して、酸価を0.5％以下にしたもの＝精製オリーブ油。
・ヴァージン・オリーブ油と、精製オリーブ油をブレンドして、酸価を1.5％以下にしたもの＝ピュア・オリーブ油。

●酸価とは……

オリーブ油の品質を示すよりどころとなる値。オリーブ油に含まれる脂肪酸（オレイン酸が主で、そのほかリノール酸、リノレン酸などがある）が遊離している度合いであり、酸価が高いということは、すなわち遊離脂肪酸が多く、酸素と結合しやすい状態にあることを意味している。つまり、酸化のしやすさを示した値といってよいかもしれない。小さいほうが品質が高い。

●オリーブ油の色

オリーブの品種によって、オリーブ油の色も異なる。北部はやや緑がかった黄色、中部はライトグリーン、南部にいくにしたがって黄色が強くなると、おおよその傾向はつかめるものの、その時のオリーブ油の状態によっても微妙に異なってくるので、一概にはいえない。また、同じ地方の、同じ品種を使ったオリーブ油でも、搾り立ての新しいオリーブ油は濁っている。いずれにしても、オリーブ油の色は、その品質とはまったく関係がない。

●保管方法

ガラスの容器に入れ、蓋をしっかりしめておく。光、熱から遠く、温度14～20度Cくらいの冷暗所に保存するのがよい。いずれにしても消費期限内（一般に搾油されてから24カ月以内）に使いきるようにする。輸入年月日の新しいものを選ぶことも忘れずに。

●テイスティングの目的

オリーブ油のテイスティングは、ディフェット（欠陥）を見つけるために、主としてエクストラ・ヴァージン・オリーブ油について行なわれるものである。1993年に施行された法律では、エクストラ・ヴァージン・オリーブ油として販売をするためには、酸価が1％以下であるという条件に加えて、専門家によるテイスティングが義務づけられた。基本的には10人のオリーブ油の鑑定家（所轄の商工会議所に登録されている）のグループによって、同じ条件で1日1回だけテイスティングされる。

●ディフェット（欠陥）はどうして生じるのか。

ディフェットは本来あってはならないものである。ディフェットが生じるのは、オリーブ油の製造が正しい方法で行なわれていないことの証しであり、逆にいえば、正しい

方法で製造されたオリーブ油には、ディフェットは生じないのである。健康なオリーブを、適切な方法で、適切な時期に収穫しているかどうか。機械のメンテナンスがきちんと行き届いているかどうか。これらができていれば、ほぼ80％はディフェットのないオリーブ油が得られるとする説もある。

●主なディフェット（欠陥）

オリーブ油をテイスティングして見つかる代表的なディフェットには、次のようなものがある。

- 酸化臭…熟しすぎたメロンやカボチャの、舌を刺すような刺激をともなったいやな感じ。これは古くなったオリーブ油にみられるもので、光や熱、酸化によるもの。
- カビ臭…搾油する以前のオリーブの実の状態が悪い場合にみられる。唾液を妨げるような感じ。
- 加熱臭…搾油する以前のオリーブの実の状態が悪い場合、もしくは搾油時の温度が高い場合、さらに、油と果汁を分離する際に湯を使った場合などにみられる。豆類をゆでて再加熱したような感じ。
- 酸…ブドウ酒をしみこませたような酸を感じるもの。搾油所でオリーブの実が押しつぶされて発酵した場合などにみられる。酢のような強い刺激。
- 油カス…自然の沈殿物と長い間接触していた汚れた感じ。ろ過不足によって生じる。
- 粗悪…調和に欠け、洗浄されていない感じ。オリーブの実が適度な成熟を迎えていない時に収穫されたものか、保存がよい状態でなかった理由によるもの。

●オリーブ油のテイスティング方法

国際オリーブオイル協会が定めたテイスティングの方法によると、もっとも簡単な方法は、パンの切れ端にエクストラ・ヴァージン・オリーブ油を浸して、口に含んでみるという方法である。正式には、スプーン1杯のオリーブ油を口の中に入れる。少し温めて香りが出たところで、オリーブ油は飲まずに、空気をのどの奥に吸い込み、鼻から息を抜く。そうして、ディフェット（欠陥）がないかどうかをチェックする。また、別の研究団体によるテイスティング

ホントは知らないイタリア料理の常識・非常識 ⑫

穴があってもなくてもマカロニ、短くても長くてもマカロニ

いま、私たちがマカロニといっているのはマカロニグラタンやマカロニサラダでおなじみの「穴あきショートパスタ」です。しかし、歴史をさかのぼると、穴があってもなくても、ロングでもショートでも、みんなマカロニ（イタリア語ではマッケローニ）と呼んでいた時代がありました。スパゲッティ状のものも、耳たぶ形のようなひと口パスタも、ペンネのような穴あきショートパスタも個々に名前がつけられていたわけではなく、詰めものパスタ以外はみんなまとめてマカロニだったのです。文章として残された記録からすると、少なくとも12～13世紀にはマカロニの呼称があったようです。

時代をへて、1600年代の初め頃にナポリで型から絞り出すロングパスタが作られるようになると、これらはヴェルミチェッリ（スパゲッティの前身の名）と呼ばれるようになってマカロニから独立します。そのうちひと口パスタにも名前がつき始め、ついには穴あきショートパスタだけがマカロニとして残ったというわけです。

最近、日本で人気になっているロングパスタに「キタッラ」がありますね。ギター状に何本もの細い弦を張った器具にシート状のパスタ生地を押し通して作りますが、正式名を「マッケローニ・アッラ・キタッラ」といいます。穴がないし、ロングなのにマッケローニなのは、まさに前途の名残り。フリウリ＝ヴェネツィア・ジュリア州ではいまだにニョッキを「マカロンス」と呼んだり、マルケ州で極細のロングパスタを「マッケロンチーニ」と呼んだりするのも同じで、昔の名前で出ているパスタも各地にポツポツと残っているのです。

『ホントは知らない イタリア料理の常識・非常識』吉川敏明著 柴田書店 2010年初版より

の方法は、以下のように定められている。

①スプーン1杯のエクストラ・ヴァージン・オリーブ油を、デグスト（オリーブ油のテイスティング用に開発された、デミタスカップくらいの大きさの、ステンレス製の容器）に入れる。
②1～2分間、両手の手のひらで温める。
③ほとんどオリーブ油に触れるくらいまで、デグストの中に鼻を入れ、2～3回ゆっくりと息を吸い込みながら、オリーブ油から立ちのぼってくるアロマ（香り）をきく。デグストを口にもってきて、ほんの少量（約10滴）、舌にすべらせるように入れ、その後かむようにして口全体に動かす。5～6秒してオリーブ油を出し、舌を水でゆすぐ。

●オリーブ油のクオリティを決めるもの

オリーブ油のクオリティを決める要因には、どのようなものがあるのだろうか。主な要因のいくつかについて、みてみよう。

・収穫時期（熟成の度合い）
オリーブの実の適切な収穫時期は、早いところでは10月下旬、遅いところでは2月下旬くらいと、地方によってかなり差がある。たとえばイタリア北部のリグーリアで12月～2月、中部のウンブリア、トスカーナで11月～1月とされるが、ひとつの土地に限ってみると、厳密な最適時期は、1カ月ほどの期間に限定される。いずれにしても、オリーブの実が、搾油をするのにもっとも適した状態に熟した時を逃さず、搾油をすることが大切である。そして収穫後、24時間以内に、清潔な機械で搾油する。

・収穫方法
現在行なわれている収穫方法は、大きく三つある。
①手摘み
②何らかの手段で木から実を落とす
③自然落下した実を集める

もっともよいのは、いうまでもなく手摘みである。実をまったく傷つけることなく、ひとつひとつの状態を確かめながら収穫できる。しかし、これは大変に手間暇のかかる作業で、実際にこの方法で収穫している農家はほんのわずかであると思われる。

②の実を落とすやり方は、もっとも広く行なわれている方法である。長いさおを使ったり、振動を利用したり、いろいろ手段はあるが、いずれにしても地面にマットを敷くなどして、落下した実に傷がついたり、土がついた

りしないように心がける必要がある。

③は、オリーブ油に最適な、完熟の一歩手前の時期に収穫できないだけでなく、落下後もしばらく放置される可能性があり、腐敗した果実の混入率が高くなってくる。

この他、搾油法（遠心分離法と圧搾法）、品種、運送方法、保存方法なども、オリーブ油のクオリティに影響をおよぼす。

基本的なオリーブ油の製造工程

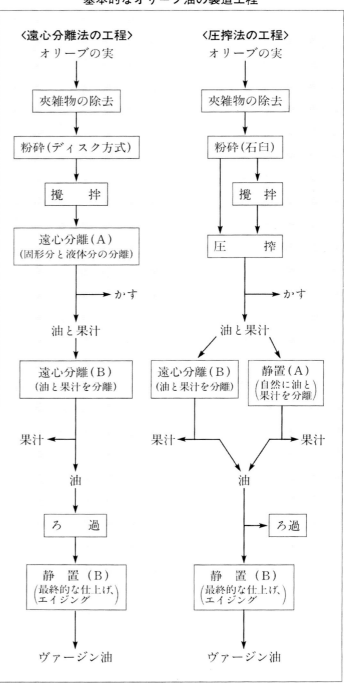

月刊専門料理'87年5月号「オリーブ油はこうして作られる」笠井宣弘より

技法からのアプローチ
主素材別 料理名さくいん

【肉類】

牛
- タン（舌） …………… ボッリート・ミスト　19
- モモ肉 ……………… ボッリート・ミスト　19
  - ピアチェンツァ風ストラコット　58
- 挽き肉 ……………… サルサ・ボロニェーゼのガルガネッリ　49
- トリッパ …………… トラステヴェレ風トリッパの煮込み　56
- フィレ肉 …………… ミックス・グリル　90
  - 牛フィレ肉の紙包み焼き　104

仔牛
- ロース肉 …………… ボッリート・ミスト　19
- バラ肉 ……………… ジェノヴァ風チーマ　24
- 骨付きロース肉 …… ミラノ風仔牛のカツレツ　42
- オッソブーコ ……… ミラノ風オッソブーコ　64
- モモ肉 ……………… 仔牛のスカロッピーネ、ロンバルディア風　74
  - アーティチョーク詰め仔牛のインヴォルティーニ　74
  - サルティンボッカ、ローマ風　75
  - ミックス・グリル　90
- 腎臓 ………………… 腎臓のソテー　88
  - ミックス・グリル　90
- レバー ……………… ヴェネチア風レバーのソテー　86

仔羊
- 脳みそ ……………… 脳みそと胸腺肉のフリット　38
- 胸腺肉 ……………… 脳みそと胸腺肉のフリット　38
- モモ肉 ……………… 仔羊のブロデッタート　62
- 骨付きロース肉 …… 仔羊のカッチャトーラ　80
  - ミックス・グリル　90

鶏
- 胸肉 ………………… ミックス・グリル　90
- 丸鶏 ………………… ボッリート・ミスト　19
  - 鶏の悪魔風　94
- モモ肉 ……………… 鶏のジャンボネット、猟師風　83

畜肉加工品
- 生ハム ……………… サルティンボッカ、ローマ風　75
- コテキーノ ………… ボッリート・ミスト　19
- サルシッチャ ……… カッスーラ　60

豚
- 耳 …………………… ローマ風コッパ　26
  - カッスーラ　60
- タン（舌） ………… ローマ風コッパ　26
- 頬肉 ………………… ローマ風コッパ　26
- スペアリブ ………… カッスーラ　60
- 骨付き肩ロース肉 … アリスタ　100

【野菜類】
- アーティチョーク … アーティチョークのユダヤ風　32
- チリメンキャベツ … カッスーラ　60
- ナス ………………… カポナータ　54
  - ナスのパルミジャーナ　106

【魚介類】
- アカザエビ ………… ズッパ・ディ・ペーシェ　67
- アサリ ……………… ズッパ・ディ・ペーシェ　67
  - 海の幸のマリネ　110
- イイダコ …………… ズッパ・ディ・ペーシェ　67
- エビ ………………… 魚介のフリット　34
  - ズッパ・ディ・ペーシェ　67
  - 海の幸のマリネ　110
- 黒カサゴ …………… ズッパ・ディ・ペーシェ　67
- 舌平目（小）……… 魚介のフリット　34
- スズキ ……………… スズキの香草焼き　97
- スミイカ …………… イカ墨のリゾット　70
- ヒシコイワシ ……… ヒシコイワシのオイル漬け　114
- ホウボウ …………… ズッパ・ディ・ペーシェ　67
- 的ダイ ……………… ズッパ・ディ・ペーシェ　67
- ムール貝 …………… ズッパ・ディ・ペーシェ　67
  - 海の幸のマリネ　110
- メカジキ …………… メカジキのインヴォルティーニ　92
- メバル ……………… ズッパ・ディ・ペーシェ　67
- 紋甲イカ（小）…… 魚介のフリット　34
  - 海の幸のマリネ　110
- ワカサギ …………… 小魚の甘酢漬け　36

【その他】
- モッツァレッラ・チーズ …… モッツァレッラ・チーズの重ね揚げ　40

【下処理のページ】
- アーティチョーク　29
- イイダコ　68
- ウイキョウ　108
- 仔牛骨付きロース肉　43
- 仔牛モモ肉　76
- 仔羊の脳みそと胸腺肉　39
- 仔羊骨付きロース肉　81
- スズキ　98
- スミイカ　71
- 鶏一羽　95
- 鶏モモ肉　84
- トリッパ　57
- ヒシコイワシ　115
- 豚の耳、豚のタン、豚の頬肉　27
- 豚骨付き肩ロース肉　101
- ホウボウ　68
- 的ダイ　68

【部位図】
- 牛　103
- 仔牛　103
- 仔羊　66
- 鶏　84
- 豚　101

メニューを書くための
イタリア語入門

　イタリア料理を勉強するためには、イタリア語の知識が不可欠だが、語学の参考書をみても、学ぶべき事項は実に膨大である。そこで、ここではまず、その足がかりとして、"メニュー（お品書き）"にスポットを当てる。客としてレストランへ行った時に最初に出会い、料理を注文するために一番大切なのがメニューであろう。イタリア語を学ぶにあたっては、他にも覚えなければならないことが多々あるが、まずは入門編として、メニューを書く際に必要なイタリア語の基礎文法をピックアップし、初心者向けにできるだけわかりやすく解説していく。

　イタリア語のメニューを書くためには、文法をきっちり学習することはもちろん大切な事ですが、実際に表現したい料理の内容に近い、イタリア語で書かれたメニューをお手本にして、自分なりのメニューを作っていくのもよいでしょう。イタリアに行く機会があれば、レストランで実際のメニューを見ておさらいし、できれば手に入れることをお勧めします。一見複雑そうなイタリア語のメニューも、いくつかの規則と文法の基礎さえ学べば、各自の個性を自由に表現できます。
　ここでは、お手本となるポピュラーなメニューを参考に、いくつかの規則と基礎文法についてできるだけやさしく解説していきます。

メニューの書き方の基本

　ほとんどのイタリア語のメニューは、それぞれのメインとなっている料理名や素材名といった名詞が文頭に置かれています。次に（名詞が単独の場合もありますが）、この名詞を修飾する形容詞か、前置詞をともなった名詞や形容詞が続きます。
　また、メニューはリチェッタ（作り方）とは違ってお客様に提供する皿の状態や、分量がわかるように表現するのが一般的です。ですから、実際のものと違った表現があれば、お客様からクレームが出ても仕方ありません。特に単数、複数の扱い方は、何人分かの複数を基本にしたリチェッタとは違って、一人前を基本に表現します。そのへんを混同しないように注意しましょう。

　では、メニューを書く時の基本となる形を代表的なコースメニューを例にとって見てみましょう。右頁のメニュー表を見て下さい。

1. 名詞と形容詞の性・数は一致

（1）名詞の性・数による語尾の変化

　イタリア語の名詞には男性形と女性形があります。男性名詞の語尾がoで女

―― Menù del giorno（本日のメニュー）――[*1]

Antipasto（前菜）

　　Prosciutto crudo con melone　生ハムとメロン
　　　名詞　　　形容詞　前置詞　名詞
　　　(男・単)　(男・単)　　　(男・単)

Primo piatto（プリーモ・ピアット〈一皿目の料理〉）

　　Spaghetti alla carbonara　スパゲッティ・カルボナーラ
　　　名詞　　　前置詞　形容詞
　　　(男・複)　　　　　(女・単)

Secondo piatto（セコンド・ピアット〈二皿目の料理〉）

　　Saltimbocca alla romana　ローマ風サルティンボッカ
　　　名詞　　　前置詞　形容詞
　　　(女・単)　　　　　(女・単)

Contorno（付合わせ）

　　Fagioli lessi　ゆでたいんげん豆
　　　名詞　　形容詞
　　　(男・複)　(男・複)

Dolce（デザート）

　　Gelato di fragola　イチゴのアイスクリーム
　　　名詞　前置詞　名詞
　　　(男・単)　　　(女・単)

*1
Menù del giornoに代わる言い回し
・Suggestioni del giorno
　本日のお勧め
・Il consiglio d'oggi
　今日のお勧め
・Oggi proponiamo〜
　今日私どもが提供するのは
・Menù a sorpresa
　即興メニュー
・Specialità d'oggi
　今日の特別料理
・Oggi, dal mercato
　本日、市場からの特別料理

性名詞の語尾はaです。prosciutto（ハム）、piatto（皿）は男性形です。fragola（イチゴ）、pizza（ピッツァ）は女性形です。そしてこれらに属さない例外が少しあります。melone（メロン）や、pesce（魚）は語尾はeですが男性名詞単数です。lepre（野ウサギ）、alice（アンチョビー）は女性名詞単数です。

　複数になると、語尾がoの男性名詞はprosciutti、piattiと語尾がiに変化し、語尾がaの女性名詞はfragole、pizzeのように語尾がeに変化します。語尾がeの男性名詞単数 meloneやpesceは、meloni、pesciとeがiに変化し、語尾がeの女性名詞単数 lepre、aliceも、lepri、aliciとeがiに変化します。

　まとめてみると、次のようになります。

男性名詞の語尾変化　o（単数）→i（複数），e（単数）→i（複数）[*2]
女性名詞の語尾変化　a（単数）→e（複数），e（単数）→i（複数）

　これらの他に、主に外来語や合成語のなかに数によって変化しない言葉があります。avocado（アボカド）、cacao（カカオ、ココア）、caffè（コーヒー）、chef（シェフ）、bagnomaria（湯せん）は、男性名詞単数で無変化です。fame（空腹）、brioche（ブリオシュ）は女性名詞単数で無変化です。

（2）名詞の性・数と冠詞

　メニューを書く場合の冠詞の使い方ですが、一般的に冒頭の冠詞は省かれます。特別にオリジナリティや素材の生産地等を強調する時は定冠詞が用いられます。

　　Il formaggio nostrano　自家製チーズ
複数は　I formaggi nostrani
　　La torta di Nadia　ナディアのケーキ
複数は　Le torte di Nadia

*2
これらの法則に属さない語尾変化
〔男性形〕
gnocco→gnocchi　ニョッキ
(ニョッコ)　(ニョッキ)
fungo→funghi　キノコ
(フンゴ)　(フンギ)
goccio→gocci　一滴
(ゴッチォ)　(ゴッチ)
formaggio→formaggi　チーズ
(フォルマッジョ)（フォルマッジ）
olio→oli　オイル
(オーリオ)　(オーリ)

〔女性形〕
bistecca→bistecche　ビフテキ
(ビステッカ)　(ビステッケ)
acciuga→acciughe　アンチョビー
(アッチューガ)　(アッチューゲ)
arancia→arance　オレンジ
(アランチア)　(アランチェ)
ciliegia→ciliegie　サクランボ
(チリエージア)（チリエージェ)
　　　　　　ciliege
　　　　　　(チリエージェ)

定冠詞の種類は次の表の通りです。

	単数	複数	後ろの名詞の始まり音
男性形	il	i	子音
	lo	gli	s＋子音、z
	l'(loの略)	gli	母音
女性形	la	le	子音
	l'(laの略)	le	母音

（3）名詞の性・数による形容詞の語尾変化

名詞の性・数によって名詞の後に置かれる形容詞の語尾が変化します。

prosciutto crudo　生ハム
プロシュット クルード

prosciutti crudi　数種の生ハム
プロシュッティ クルーディ

fragola fresca　新鮮なイチゴ
フラーゴラ フレスカ

fragole fresche　数個の新鮮なイチゴ
フラーゴレ フレスケ

（4）単数形と複数形

皿に盛られる料理の数で主となる名詞が単数形か複数形か決まります。リチェッタは何人前かの複数で表わされているのが一般的ですが、メニューでは一人前の料理を書きますから、これをふまえて単数か複数か料理別に見てみましょう。[*3]

1．メニューの項目

antipasti（前菜）、primi piatti（一皿目の料理）、secondi piatti（二皿目の料理）、contorni（付合せ）などの項目は、複数で書くのが一般的です。この場合、いくつかの料理が並んでいるので複数になります。

2．パスタ類

spaghetti（スパゲッティ）、tagliatelle（タッリアテッレ）、gnocchi（ニョッキ）などは、スパゲッティを1本だけゆでたり、ニョッキを1個だけ盛りつけることはありませんから複数形で表わします。ただし、時には、Raviolo aperto（オープン・ラヴィオリ）のように大きなラヴィオリ1個の場合や、Lasagna abruzzese（アブルッツォのラザーニャ）のように単数扱いされる例外もあります。

3．スープ、米料理

zuppa di pesce（魚のスープ）、risotto（リゾット）などは単数形で表わします。zuppe di pesceと複数になると、魚を使った数種のスープとなります。

4．魚介料理

丸ごと1尾の場合は単数形、2尾以上なら複数形です。ただし、tonno（マグロ）やpesce spada（メカジキ）、salmone（サーモン）のように切り身で料理される魚は、皿に複数の切り身が盛りつけられていても、1尾の魚を切り身にしてあるため、単数形で表わします。[*4]

5．肉料理

一般的に肉料理は肉の部位や状態をそのまま単数形で表わします。bistecca（ビーフステーキ）、filetto（ヒレ肉）、lombata（ロース肉）など。costate（肩ロース）やcostolette（リブロース）は部位では複数扱いですが、メニューでは肉の種類や切り身の数によって単数形、複数形の扱い方が決まります。[*5]

---

*3
特定のものではない総称的な意味の言葉として、ある単語をとらえる場合は、単数で表わします。この場合、本来は冠詞がつきますが、メニューでは一般的に省かれます。
Crostata di frutta　果物のタルト。このタルトがある特定の数種の果物で作られている場合は、Crostata di frutte　となります。

*4
この場合、1尾の小魚や中ぐらいの魚をあえて切り身で料理する時は、複数の切り身という意味のfilettiが使われます。
Filetti d'acciughe
アンチョビーのフィレ
Filetti di sogliola fritti
舌ビラメの（切り身の）フライ
Filetti di triglia impanati
パン粉をまぶしたヒメジの（切り身の）フライ
大きい魚についても詳しく表現するならば、filettoを使います。ただし（魚の大きさからも一人前一切れで出されることが一般的ですが）複数ならばfilettiです。
Filetti di salmone
サーモンの切り身
また、切り方によってfilettoの他にfettina（薄切り、複数はfettine）、troncoまたはtrancia（筒切り、複数はtronchiまたはtrance）という表現もできます。
Fettine di orata cruda
真鯛の刺身
この料理は別名Carpaccio di orata（真鯛のカルパッチョ）と表わせます。

6．野菜

豆類は、皿に豆粒を1個盛ることはありませんから、複数形で表わします。fagioli（インゲン豆）、fave（空豆）などです。葉菜類以外の野菜も一般的には複数形です。zucchine〈またはzucchini〉（ズッキーニ）、melanzane（ナス）、peperoni（ピーマン）。ただし近頃の創作料理に見られるように、皿に盛る数が1個ならば単数形で表わします。葉菜類は一般的にcavolo（キャベツ）のように単数形で表わすものと、rucola（ルーコラ）、prezzemolo（イタリアンパセリ）など、束で使うものでもあえて単数形で表わすものと、spinaci（ホウレン草）のように複数形で表わすものがあります。

2．前置詞の使い方

a、di、da、in、su、con、per、といった前置詞の中でメニューに頻繁に使われる前置詞は a、di、in、conです。使い方の決まりを覚えましょう。5つの前置詞　a、di、da、in、suは、後ろに定冠詞が続くと次のように結合形になります。

	il	lo	l'	la	i	gli	le
a	al	allo	all'	alla	ai	agli	alle
di	del	dello	dell'	della	dei	degli	delle
da	dal	dallo	dall'	dalla	dai	dagli	dalle
in	nel	nello	nell'	nella	nei	negli	nelle
su	sul	sullo	sull'	sulla	sui	sugli	sulle

（1） di

主な素材を表わす場合

di～（～でできた、～の）を使います。
　　Gelato di fragola　イチゴのアイスクリーム
　　Prosciutto di spalla　豚肩ロース肉のハム

（2） a

①様式・やり方を表わす場合

alla～（～風、～好み、～流の）を使います。これは alla maniera di～（～のやり方で）または alla moda di～（～の様式で）の略された形で、後ろに職種または地名の形容詞か、名詞のままの人名がきます。maniera や moda が女性形なので、後ろにくる形容詞も常に女性形になります。

<職種>　Spaghetti alla carbonara　スパゲッティ・カルボナーラ（炭焼き風スパゲッティ）…carbonaro（炭焼き）
　　　　Pollo alla cacciatora　鶏肉の狩人風…cacciatore（狩人）
　　　　Agnello alla pecorara　仔羊の羊飼い風…pecoraro（羊飼い）
　　　　alla mugnaia（粉屋風）… mugnaio（粉屋）
　　　　alla pescatora（漁師風）… pescatore（漁師）

<地名>　Saltimbocca alla romana　ローマ風サルティンボッカ…Roma

---

*5
肉の大きさによって皿に盛る数が変わると、次のような扱い方の違いがでます。
Costoletta di vitello alla milanese
ミラノ風仔牛のカツレツ
この場合のcostolettaは、骨付き仔牛のリブロース一切れが一人前ですから、単数で扱っています。
Costolette d'agnello
仔羊の骨付きロース肉
仔羊のcostolettaは肉の大きさから、一人前として数枚出されるので、複数扱いになります。

*6
all'arrabbiata（アッララッピアータ　辛みのきいた）は、（2）の②の〈単数の場合〉の、～風味のグループに入りますが、arrabbiataは名詞でも地名の形容詞でもありません。「arrabbiare 怒る」という動詞の形容詞です。この言い回しは、主に二つの料理で使われます。
Penne all'arrabbiata
辛みのきいたペンネ
Bistecca all'arrabbiata
辛みのきいたビフテキ

*7
Melanzane alla parmigiana は、パルミジャーノ・チーズを使ったパルマ風のナスの料理ですが、parmigianaが名詞となって文頭にでた
Parmigiana di melanzane は、ナス、モッツァレッラ・チーズ、パルミジャーノ・チーズなどを使った、ナスのパルマ風とは異なる南イタリアの料理です。
また、ナス料理以外でも、al parmigiano とある場合は、本文にあるal formaggioと同じ使い方で、"パルミジャーノ・チーズ味"の料理を意味します。混同しやすいので気をつけましょう。

*8
all'amatricianaは、alla matricianaとも記されます。Amatriceは、ラツィオ州リエーティ県にある町の名で、この町に由来する料理といわれています。（グアンチャーレまたはパンチェッタ、赤トウガラシ、トマトで作ったソースの料理でBucatini all' amatricianaというパスタ料理が有名）。

Fegato alla veneziana　ヴェネツィア風仔牛のレバー…Venezia
Melanzane alla parmigiana　ナスのパルマ風…Parma[*7]
alla fiorentina（フィレンツェ風）…Firenze
alla sarda（サルデーニャ風）…Sardegna
all' amatriciana（アマトリーチェ風）…Amatrice[*8]

<人名>　Maccheroni alla Rossini　ロッシーニ風マカロニ
　　　　Spaghetti alla Norma　ノルマ風スパゲッティ

②調味料や副素材を表わす場合

　a＋定冠詞＋〜　（〜風味の、〜で調理した、〜をあえた）を使います。

<単数の場合>

　数を数えられない液体や粉末の材料、バター、チーズのように塊の一部を切り取って使うもの、またレモンやトマトのように数えられても搾ったり、液体やペースト状にして使うものなどは単数形で表わします。

： al curry（カレー風味）、al burro（バター風味）、al basilico（バジル風味）、al formaggio（チーズ味）、al miele（蜂蜜風味）、al latte（牛乳で調理した）、al pepe（コショウ味）、al riso（ライス入り）、al vino（ワイン風味）、al caviale（キャヴィア添え）、al pomodoro（トマトソースで調理した）、al tartufo（トリュフ風味）： allo zafferano（サフラン風味）、allo spumante（スプマンテ風味）、allo speck（スモークハム風味）、allo strutto（ラードで調理した）： all' alice（アンチョビー風味）、all' anatra（鴨肉風味）、all' erba（薬草風味）： alla crema（クリームを使った）、alla menta（ミント風味）

<複数の場合>

　数えることのできる数個の材料や何種類もの材料を使った時には複数形で表わします。

： ai frutti di mare（海の幸を使った）、ai tartufi（トリュフ添え）、ai formaggi（数種のチーズであえた）、ai funghi（キノコ添え）、ai carciofi（アーティチョーク入り）： agli spinaci（ホウレン草をあえた）： alle erbe（数種の香草入り）、alle olive（オリーブ添え）、alle alici（アンチョビー入り）

<al＋ワインの銘柄>

　特定の銘柄のワインを使った時は、al vino di〜（〜のワインを使った）という形が省略されて、al＋ワイン名となります。

　　Brasato di bue al Barolo　牛肉のバローロ煮
　　Piccione al Porto　鳩のポートワイン風味
　　Quaglie al Cognac　ウズラのコニャック風味
　　Scaloppine di vitello al Marsala　仔牛のマルサラ酒風味

③調理器具名や調理法を表わす場合

　a＋定冠詞＋〜　（〜焼き、〜煮）を使います。

： al cartoccio（紙包み）、al vapore（蒸し煮）： alla brace（炭火焼き）、alla griglia（網焼き）： allo spiedo（串焼き）： ai ferri（網焼き）

（3） con

　前置詞 a をともなった場合も（〜添え）の意味がありましたが、con にも同様の意味があります。ただし、a を使った場合は、副素材がメインとなる素材の

調理や味に深く関わっている場合です。いっぽうconは、単に副素材をメイン素材に組み合わせる時に使うとよいでしょう。

　　　　Prosciutto crudo con melone　生ハムのメロン添え

この場合生ハムはメロンにただ添えられているだけです。
もう少し詳しく、conとaの違いを同じ素材を使った料理で見てみましょう。

　　　　Spaghetti ai funghi porcini　ポルチーニ茸風味のスパゲッティ
　　　　Spaghetti con funghi porcini　ポルチーニ茸入りスパゲッティ

両方ともポルチーニ茸を使っていますが、一般的に ai のほうはポルチーニ茸で作ったソースで調味されたスパゲッティで、料理全体にポルチーニ茸の風味が強く感じられます。いっぽう con は、スライスしたポルチーニ茸をソテーしてスパゲッティとあえた料理と考えるのが一般的です。

conはeやコンマ（,）と置き換えることができます。ただしこれは、メニューの文の流れを大切にする書き手の主観によるもので、はっきりした決まりはありません。多くは同じ前置詞が重ならないようにしています。

　　　　Carpaccio con rucola e grana　カルパッチョ、ルーコラとグラーナチ
　　　　Carpaccio, rucola e grana　　　ーズ添え

最近の傾向では一般的に con は定冠詞と結合しませんが、con＋il＝col, con＋i＝coi の場合だけは結合形が使われているようです。また con の後ろにくる定冠詞は省かれることが一般的になっています。

(4) in

調理形態を表わす場合

in～（～仕立て、～の中で調理した、～で包んだ）を使います。
この場合の in には定冠詞がともないません。

① (～煮込み、～仕立て)

　　　　Baccalà in umido　干ダラの煮込み
　　　　Agnello in agrodolce　仔羊の甘酢仕立て
　　　　Minestra in brodo di pesce　魚のスープ仕立てミネストラ
　　　　in guazzetto　トマトを使った煮込み
　　　　in zimino　（魚介用ソース）仕立て

② (～の中で調理した)

　　　　Carciofi in tegame　アーティチョークの浅鍋煮
　　　　Pesce spada in tortiera　メカジキのパイ皿焼き
　　　　in padella　フライパンでソテーした
　　　　in gratella　鉄板焼き
　　　　in graticola　網焼き（＝alla griglia）

③ (～で包んだ)

　　　　Spigola in crosta　スズキのパイ皮包み

こうしてイタリア語のメニューを書くために必要な基礎文法やいくつかの決まりを学んだら、お手本となるイタリア語のメニューを参考にして伝統料理やオリジナリティあふれる創作料理のメニューにトライして下さい。

（構成・稲垣洋子）

メニュー項目のいろいろな言い回し
Antipasti＝Piatti d'apertura
　（オードヴル）
Primi piatti＝Minestre
　（スープ、パスタ、米料理の総称）
　Paste asciutte
　　（スープではないパスタ料理）
　Zuppe
　　（スープ）
　Risi e paste
　　（米料理とパスタ料理）
Secondi piatti＝Pietanze
　（メインディッシュ）
　Carni
　　（肉料理）
　Pesci e crostacei
　　（魚介類）
　Servaggine
　　（ジビエ）
Contorni＝Verdure
　（野菜）
Dolci＝Desserts
　（デザート）
　Pasticcerie
　　（菓子）

メニューによく登場する言い回し
Menù completo　コースメニュー
Alla carta　アラカルト
Menù degustazione　試食メニュー
Menù di tradizione　伝統料理メニュー
Menù di creativita　創作料理メニュー
Coperto　テーブルチャージ
Servizio incluso (compreso)
　サービス料込み
Piatto assortito　盛合せ皿
～fatto in casa　自家製～
Il nostrano～　自家製～
～alla casalinga　自家製～

編集後記

▼この本は、あくまでも、日本でイタリア料理を学ぶための入門書としてまとめたものです。イタリアにおいても、日本においても、現在業界にはさまざまなタイプの料理や店が混在していますが、ここではできるだけ伝統的な料理を取り上げて、その根底に流れる"イタリア"を探ろうと考えました。また、この本でイタリア料理としてとらえているのはレストラン料理ですが、もともとイタリア料理は素朴な家庭料理から発展したものであること、そしてどの料理も地方性を抜きにしては語れないことを頭の片隅にとめおきつつ、基礎技法の参考書としてご活用いただければ幸いです。▼編集にあたってご指導をいただいた3名のシェフの方々は、日頃の営業や指導活動の中で、常にイタリアを意識し、尊重されています。自分のものさしで測る前に、まず相手のものさしで測ってみる。それを頭に入れた上で、自分のものさしで図面を引いていく。このような謙虚で前向きな姿勢が、特に他国の料理を学ぶ人間にとっては必要なのだと、強く感じました。

別冊専門料理
イタリア料理の技法

平成9年4月25日発行　　Ⓒ1997

- 編集人　網本祐子
- 発行人　野本信夫
- 発行所　株式会社 柴田書店
  〒113 東京都文京区本郷3-28-8
- 電話　編集部 03-5684-5028
  　　　FAX 03-5684-5014
  　　　営業部 03-5684-5036
  　　　FAX 03-5684-5038
  　　　振替口座 00180-2-4515
  　　　（雑誌・単行本のご注文、問合せは営業部まで）
- 印刷所　共同印刷株式会社

- 撮影　髙橋栄一
- デザイン・レイアウト　田島浩行
- 編集　永田雄一　藤生久夫　河合寛子
- 校正　菅沼淳江
- 広告　阿部貞三　名取千恵美　丹野雄二　早野進　戸井田慎也　十川修一　池本恵子
- 営業　温井正義　牟田浩二郎　高村美千子　田島一正　鍋倉由記子
- イラスト・カット　小幡栄子

この「イタリア料理の技法」は、「月刊専門料理」('95年3月号〜'96年1月号）に連載された企画「伝統料理に学ぶ」に、新たな取材を加えて編集したものです。

Tecnica della Cucina Italiana

SHIBATA PUBLISHING CO., LTD.
28-8 HONGO 3CHOME
BUNKYO-KU TOKYO
JAPAN 113
TEL 03-5684-5028
FAX 03-5684-5014

イタリア料理の技法（復刻版）

2016年12月1日発行

編者 ⓒ 柴田書店
発行者 土肥大介
発行所 株式会社 柴田書店
　　　　〒113-8477 東京都文京区湯島3-26-9
　　　　電話　営業部 03-5816-8282
　　　　　　　書籍編集部 03-5816-8260
　　　　URL http://www.shibatashoten.co.jp

印刷・製本 大日本印刷株式会社

ISBN 978-4-388-06254-6
落丁・乱丁はお取替えいたします。
Printed in Japan